El Evangelio según Juan

Editado por el Departamento de Educación Teológica
de la Editorial Universitaria Libertad

El Evangelio según Juan

Copyright © 2016 by Editorial Universitaria Libertad

All rights reserved. No part of this book may be reproduced or transmitted in any form or by any means without written permission of the author.

Madrid, España.

INTRODUCCIÓN

Quizás ningún otro libro de la Biblia haya tenido un efecto tan profundo en tantas personas como el evangelio de Juan. Fue escrito algún tiempo después de los tres primeros evangelios y, aparentemente, da por sentado que el lector conoce su contenido. Aparte de esto, ofrece muchos detalles que no están registrados en los otros libros acerca de las enseñanzas, los milagros y la vida de Jesús. De los cuatro evangelios que existen, al de Juan con frecuencia se le llama "el evangelio espiritual".

Este evangelio nos ofrece una exposición clara y sencilla de la salvación. Casi todo cristiano puede decir de memoria el tan conocido "evangelio en pocas palabras": "De tal manera amó Dios al mundo, que ha dado a su Hijo unigénito, para que todo aquel que en él cree no se pierda, sino que tenga vida eterna" (3:16). Al mismo tiempo, los que examinan este evangelio se encuentran cara a cara con Dios mismo, escudriñando en las profundidades de su existencia incomprensible.

Propósito

Algunos eruditos dicen que el autor escribió su evangelio para dirigirlo especialmente a las necesidades de los que no eran judíos, es decir, de los cristianos de esos días que solamente hablaban griego. Para los griegos, la idea de la Palabra (en griego: logos) ya tenía un significado filosófico ("el principio que gobernaba el cosmos"), lo que hizo que le prestaran atención al uso que Juan le daba. Otros eruditos dicen que el autor escribió para contrarrestar las herejías de esos días que negaban ya sea la divinidad completa de Jesús o toda su condición humana. El autor les dio una respuesta a las dos herejías: "El Verbo era Dios" (1:1) y "El Verbo se hizo carne" (1:14).

Sin embargo, el único propósito que los lectores de hoy en día necesitan saber para este evangelio es el que el autor mismo le dio: "Pero estas (señales milagrosas) se han escrito para que creáis que Jesús es el Cristo, el Hijo de Dios, y para que, creyendo, tengáis vida en su nombre" (20:31)

Autor

La iglesia primitiva reconoció al apóstol Juan como el autor de este evangelio. Varios de los padres de la iglesia del segundo siglo lo confirman y lo respalda la evidencia del evangelio mismo. El escritor es un discípulo allegado a Jesús, es aquel "a quien amaba Jesús", el que se recostó en su pecho en la última cena (21:20, 24). No es Pedro (21:20), y Santiago murió como mártir antes de que este evangelio fuera escrito. El otro discípulo de los tres que eran más allegados a Jesús (Pedro, Santiago y Juan) era Juan. Algunos estudios que se llevaron a cabo de una manera más completa han confirmado, casi sin lugar a duda, que el apóstol Juan escribió este evangelio.

Fecha

A diferencia del resto de los Doce, el discípulo Juan vivió hasta una edad avanzada y falleció de muerte natural aproximadamente en el año 100 d.C. La opinión general es que Juan escribió el evangelio en una época tardía de su vida y que lo hizo en la ciudad de Éfeso, probablemente entre los años 85 y 90 d.C. Ya sea o no necesario insistir en esta fecha tardía, es virtualmente cierto que Juan escribió algún tiempo después de haber sido puestos en circulación los otros evangelios.

Dígase lo que se diga de este evangelio, antes de estudiar el texto mismo, se debe tener la seguridad de que el viaje con Jesús a través de esta revelación será una verdadera experiencia espiritual, que va a aumentar la fe y a producir vida. Léalo ahora. Crea y viva.

Tema y Bosquejo

CREA Y VIVA LA PALABRA DEL EVANGELIO DE JUAN

I. Idea central: El Verbo revela a Dios (1:1–14).

A. El Verbo es Dios (1:1–3).

B. El Verbo es la luz y la vida (1:4–9).

C. El Verbo abre el camino hacia Dios (1:10–13).

D. El Verbo se hace carne (1:14).

II. Juan el Bautista les da su testimonio a los primeros discípulos, y ellos siguen a Jesús (1:15–51).

A. Jesús supera a Juan (1:15–18).

B. Juan prepara el camino para Jesús (1:19–28).

C. Jesús es el Cordero de Dios (1:29–34).

D. Andrés y Pedro se acercan a Jesús (1:35–42).

E. Felipe y Natanael se acercan a Jesús (1:43–51).

III. Jesús comienza su ministerio público con señales y enseñanzas (2:1–4:54).

A. Jesús convierte el agua en vino (2:1–11).

B. Jesús predice su muerte y su resurrección (2:12–25).

C. Jesús le enseña a Nicodemo acerca de la regeneración (3:1–21).

D. Juan el Bautista le cede el paso a Jesús (3:22–36).

E. Jesús instruye a la mujer samaritana acerca del agua de vida (4:1–42).

F. Jesús sana al hijo de un noble (4:43–54).

IV. Jesús encuentra dudas y oposición (5:1–6:71).
A. Jesús sana al paralítico de Betesda (5:1–14).
B. Jesús les responde a los judíos que desean matarlo (5:15–47).
C. Jesús alimenta a más de cinco mil (6:1–15).
D. Jesús atemoriza a los discípulos al caminar sobre el agua (6:16–24).
E. Jesús les ofrece el pan de vida a los equivocados judíos (6:25–59).
F. Muchos de los discípulos abandonan a Jesús (6:60–71).
V. Jesús se enfrenta a las ya crecientes amenazas contra su vida (7:1–11:57).
A. Jesús demora su ida a Judea (7:1–13).
B. Jesús confunde con sus enseñanzas a los incrédulos (7:14–8:11).
C. Jesús da testimonio contra los judíos incrédulos (8:12–59).
D. El ciego ve y los que pueden ver son ciegos (9:1–41).
E. Jesús es el buen pastor (10:1–21).
F. Los judíos incrédulos tratan de apedrear a Jesús (10:22–42).
G. Jesús resucita a Lázaro (11:1–44).
H. Los fariseos conspiran para matar a Jesús (11:45–57).
VI. Jesús prepara a los discípulos para su muerte (12:1–17:26).
A. María unge a Jesús (12:1–11).
B. La entrada triunfal de Jesús a Jerusalén (12:12–19).
C. Jesús predice su muerte (12:20–36).
D. Muchos judíos siguen en la incredulidad (12:37–50).
E. Jesús les lava los pies a sus discípulos (13:1–17).

F. Jesús predice que Judas Iscariote lo va a traicionar (13:18-30).
G. Jesús predice que Pedro lo negará (13:31-38).
H. Jesús consuela a sus discípulos (14:1-14).
I. Jesús promete el Espíritu Santo (14:15-31).
J. Jesús pide que sus creyentes permanezcan en él (15:1-17).
K. Jesús advierte acerca de la persecución que sufrirán sus seguidores (15:18-27).
L. El Espíritu Santo guiará a los discípulos hacia toda la verdad (16:1-15).
M. La tristeza de los discípulos se convertirá en gozo (16:16-33).
N. Jesús ora por sus seguidores (17:1-26).
VII. Jesús termina su ministerio en la cruz (18:1-19:42).
A. Jesús es arrestado y llevado ante Anás (18:1-14).
B. Pedro niega a Jesús (18:15-18).
C. Jesús da testimonio ante Anás (18:19-24).
D. Pedro niega a Jesús dos veces más (18:25-27).
E. Pilato declara a Jesús inocente pero lo sentencia a morir en la cruz (18:28-19:16).
F. Jesús es crucificado (19:17-27).
G. Jesús muere (19:28-37).
H. Jesús es sepultado (19:38-42).
VIII. Jesús resucita de entre los muertos y fortalece la fe de sus discípulos (20:1-21:25).
A. Los seguidores de Jesús descubren que la tumba está vacía (20:1-9).
B. Jesús se le aparece a María Magdalena (20:10-18).
C. Jesús se les aparece a sus discípulos (20:19-23).

D. Jesús se le aparece a Tomás (20:24-31).

E. Jesús se les aparece y ocasiona una pesca milagrosa (21:1-14).

F. Jesús restablece a Pedro (21:15-25).

Tabla del Contenido

Parte I 1

Parte II 15

Parte III 31

Parte IV 63

Parte V 89

Parte VI 137

Parte VII 187

Parte VIII 205

Bibliografía 221

Parte I

IDEA CENTRAL: EL VERBO REVELA A DIOS (1:1-14)
El Verbo es Dios (1:1-3)

1:1-3. Las palabras casi saltan de la página para captar su atención: "En el principio... el Verbo... Dios... vida... todas... hechas...". Cuando uno comienza a leer este libro de las Escrituras de Dios, siente que ha penetrado en un nuevo nivel de la verdad de Dios en Jesucristo. Juan toca una nota clave en su evangelio, a diferencia de cualquiera de los otros evangelios. Él anuncia al Cristo y la gloria de Dios en él. Él prende los reflectores y nos pone frente al drama de la obra de la salvación que Dios llevó a cabo.

El drama comienza "en el principio", cuando todavía no existía nada. Esto nos hace recordar las palabras iniciales del libro de Génesis, que hablan del mismo período en el que solamente Dios existía y cuando toda la creación no era más que una página en su plan eterno. "En el principio" marca un punto de referencia que es absoluto para toda la historia, la presencia de Dios que es eterna y anterior a la historia.

"En el principio era el Verbo". Lo que sigue es una rápida sucesión de acontecimientos que son un desafío a la razón humana.

Juan hace que nuestra atención se concentre en el "Verbo". Aunque este término es abstracto, dentro de poco Juan identificará al Verbo como el Señor Jesucristo, que es la segunda persona de la Trinidad. Entonces, el "Verbo" es un título de Jesús, y nos dice cosas importantes acerca de él.

"El Verbo" nos dice que Jesús es Dios. Aun antes de que Juan diga: "El Verbo era Dios", sabemos que lo era porque estuvo "en el principio" cuando solamente Dios existía. Ese Verbo era Dios, dice Juan, dándole un énfasis adicional a la palabra *Dios* en el idioma original.

El Verbo no solamente era Dios, sino que estaba *con* Dios. Miraba a Dios cara a cara; coexistía con el Padre; era distinto, y sin embargo era uno con el Padre. Aquí tenemos a Dos personas divinas relacionadas entre sí. El Verbo estaba junto con Dios, y sin embargo, el Verbo era Dios. Lo que era el Verbo, Dios también lo era, y lo que Dios era, el Verbo también lo era: la misma esencia. Aquí tenemos a un Dios y dos de las tres personas de lo que llamamos la Trinidad. Posteriormente en este evangelio se hablará del Espíritu.

Que todos los que dudan de la divinidad de Cristo lean el evangelio de Juan y crean. Juan no deja ningún lugar a duda. Él le respondió al hereje Cerinto de ese tiempo, que enseñaba que Jesús era sólo hombre. Juan tiene la respuesta para Arrio, que es de una época posterior, y que deliberadamente cambió el significado de este texto, en vez de confesar que Jesús era el verdadero Dios. Por eso los testigos de Jehová, los mormones, los unitarios y otros de hoy en día, que ven a Jesús sólo como un ser humano especial o, en el mejor de los casos, como "un dios", encontrarán la verdad en el evangelio de Juan, si lo escuchan por un momento.

Pero no nos debemos sorprender ni dejarnos engañar por la oposición. Juan dijo que el Verbo estaba con Dios y que el Verbo era Dios. Como dice Lutero: "Por último, solamente el Espíritu Santo desde lo alto de los cielos puede crear oidores y discípulos que acepten esta doctrina." Aún hoy, existe por la inspiración de Dios, y el Espíritu crea la fe en nosotros para que la creamos.

El título "Verbo" por sí mismo nos dice aún más acerca Jesús. Realmente, como está tan lleno de significado en el idioma original, algunos eruditos bíblicos prefieren usar aquí el término griego sin traducirlo.

Ese término es *logos*, del que proviene nuestra palabra *lógica*. *Logos*, o *Verbo*: sólo podemos empezar a sondear las profundidades de su significado, porque al hacerlo estaremos tratando de penetrar en la esencia de Dios mismo. La "lógica" de Dios llega a nosotros por medio de su Logos o Verbo.

El Verbo es el medio por el que Dios se comunica con nosotros. Es su mensaje para nosotros, su revelación divina, su consejo sabio. Él nos da todo esto a través de su Hijo. El estudioso de la Biblia pensará en la Palabra que permanece registrada: las muchas veces que la "palabra de Jehová" llegó a los profetas (vea Jeremías 1:4; Ezequiel 1:3; Amós 3:1). Pensamos en el salmista que confiesa: "Lámpara es a mis pies tu palabra y lumbrera a mi camino" (Salmo 119:105). Sabemos que Dios lleva a cabo cambios por medio de su Palabra: La "palabra que sale de mi boca: no volverá a mí vacía, sino que hará lo que yo quiero y será prosperada en aquello para lo cual la envié" (Is. 55:11)". Lo que aprendemos de la Palabra que está registrada nos ofrece un conocimiento más profundo de Cristo como Verbo o Palabra. Entonces también podemos ver la similitud inequívoca que existe entre la Palabra en este pasaje y la sabiduría divina, que fue "establecida desde la eternidad, desde antes que existiera el mundo" (Proverbios 8:23, NVI).

La Palabra de Dios, que tiene gran significado y que cumple su voluntad, está personificada en Cristo. Expresado de una manera sencilla: no podemos conocer a Dios sin Cristo, que es el Verbo, o la Palabra. Dicho de una manera positiva: Jesucristo nos revela la verdad de Dios. Si usted quiere ver a Dios, mire a Jesús. Si usted quiere acercarse más a Dios, acérquese a Jesús. Si usted quiere vivir de acuerdo a la voluntad de Dios, viva con Jesús. Jesucristo es el Verbo. "El Verbo era Dios". "Cristo es la imagen del Dios invisible" (Colosenses 1:15; vea Tito 2:13).

Como todos sabemos, los mensajes que las personas poderosas envían tienen poder. El jefe envía un memorándum; el juez pronuncia la sentencia; el capitán da una orden. Todos sus mensajes conllevan el poder de sus oficios y de sus personalidades. De manera similar, pero en un grado divino, la Palabra crea y tiene poder. Ilumina, da vida y la sostiene. Derrama luz. Por ejemplo, el escritor del libro de Hebreos dice: "El Hijo es el resplandor de la gloria de Dios, la fiel imagen de lo que él es, y el que sostiene todas las cosas con su palabra poderosa" (1:3, NVI).

Por lo tanto, no nos sorprendemos al saber que "todas las cosas por medio de él fueron hechas, y sin él nada de lo que ha sido hecho fue hecho". Solamente existen dos tipos de esencia: la creada y la no creada. Solamente hay dos tipos de seres: las criaturas y su Creador. El Verbo o la Palabra, Cristo, no fue creado; él hizo la creación. Él es Dios. El Padre, por medio de él, "hizo el universo" (Hebreos 1:2). "Por medio de él fueron creadas todas las cosas en el cielo y en la tierra, visibles e invisibles" (Colosenses 1:16, NVI). El poder del Verbo o Palabra le dio existencia a toda la creación. "Por la palabra de Jehová fueron hechos los cielos" (Salmo 33:6). Entonces, cuando oímos en el libro de Génesis que "Dijo Dios... y fue así (Génesis 1:1-31), identificamos correctamente que Cristo estuvo activo en la creación. Dios habló, y su Palabra creó todas las cosas de la nada.

El Verbo es la luz y la vida (1:4-9)

1:4-5. "En él estaba la vida". Cuando el Verbo hizo todas las cosas, les dio vida a todos los seres creados. Sin embargo, el término *vida* que se usa aquí, significativamente quiere decir más que la vida biológica, más que el corazón que late y más que la sangre que corre por las venas. Aquí, y 35 veces más en su evangelio, Juan usa esta palabra en particular como un término espiritual, que con frecuencia se refiere a "la vida eterna".

La vida de la que habla Juan viene en conexión con la Palabra. El Verbo o la Palabra pone a Dios en una relación de amistad con la humanidad. Al hacerlo así, el Verbo nos da la vida que solamente podemos tener con Dios.

Naturalmente, podemos decir que todos los seres humanos tienen vida. Lo decimos también de las aves, de los animales y de las plantas. Esa es nuestra manera de decir que ellos existen y que tienen ciertas propiedades de crecimiento, con la habilidad de consumir alimentos para su nutrición o que tienen ciertas propiedades químicas, a las que científicamente identificamos con las cosas vivas. Esta vida también proviene de Dios. Él se la da a todas las personas, independientemente de que crean o no crean en él.

Sin embargo, los que conocen a Dios y creen en él por medio de la Palabra (Cristo) tienen una nueva vida con Dios, una vida que es plena y que dura para siempre. Tienen una vida completa tal como Dios quería que nosotros la tuviéramos en su creación perfecta, antes de que el pecado trajera la muerte. Tienen una vida verdadera, del tipo que Dios quiere para nosotros. Ellos están en comunión con Dios mismo.

Aquí Juan toca la nota clave de su evangelio. Nos presenta al Verbo eterno, que es Dios, y en quién hay vida y luz. Cuando creemos en la Palabra, recibimos vida y luz. Sin embargo, esto es sólo una variación de apertura, porque Juan nos dice más.

"La vida", que existe en el Verbo, "era la luz de los hombres". Esta combinación de la luz con la vida nos hace pensar en una planta que está puesta en la ventana del lado oscuro y que lucha por recibir su dosis de sol. Ponga esta planta en la oscuridad total, y pronto morirá. Así es con nosotros y Cristo. Su luz nos da vida.

Aquí debemos hacer una pausa y preguntarnos: "¿Quiénes somos nosotros sin Cristo? Quiten a Cristo, y no tenemos ningún conocimiento salvador de Dios; no tenemos ninguna vida verdadera, porque no tenemos luz. Observemos de qué manera tan cercana se relacionan estos pensamientos entre sí y lo absolutos que son. Aparte del Verbo, Jesucristo, sólo existe la separación de Dios, la muerte, la destrucción y la oscuridad total.

La vida y la luz están en el Verbo. En otras palabras: encontramos vida y luz sólo cuando creemos en Cristo. Sin embargo, nosotros, los seres humanos, nos resistimos a la verdad de Cristo debido al pecado. Algunos nunca ven la luz. De una manera significativa Juan cambia al tiempo presente para decirnos "la luz resplandece en las tinieblas". La luz continúa brillando hoy en día. Sin embargo, Juan agrega: "La luz resplandece en las tinieblas, y las tinieblas no la dominaron." El verbo "dominar" probablemente debe ser traducido como "comprender": Las tinieblas no *comprendieron* la luz (vea La Biblia de las Américas).

¿Es esto posible? ¿Acaso la luz no penetra automáticamente en la oscuridad y revela la verdad? Nuestra mente puede quedar atrapada en los detalles del cuadro, y eso puede llevar a algunas dificultades. Sin embargo, cuando recordamos el cuadro completo, tenemos las respuestas. Tenga presente que la luz es la vida que está en el Verbo o Palabra. Dicho de una manera más sencilla: la Palabra trae la luz. No obstante, los que están en la oscuridad no pueden entender lo que trae la Palabra y, por lo tanto, permanecen en la oscuridad. Precisamente fue por eso que el oscuro mundo del pecado y de la incredulidad no pudo entender que Jesús era el Cristo prometido. Ni siquiera los líderes religiosos de Israel pudieron ver la luz y optaron por quedarse en la oscuridad. Ellos llegaron hasta el extremo de crucificar al Verbo en un intento de silenciarlo para siempre.

Algunos de los que luchan con la imagen de las tinieblas que están "entendiendo" la luz, nos ofrecen la explicación que encontramos en la Reina—Valera. La palabra griega que probablemente se debe traducir como "comprender" posiblemente tiene el significado de "dominar". Usando esta traducción, algunos hacen énfasis en la hostilidad que existe en esencia entre la luz y la oscuridad, y notan que la oscuridad, o las tinieblas, no han podido vencer ("apagar") la luz. Con este significado, entendemos que al oponerse a Jesús y al llegar a crucificarlo, la oscuridad no tuvo éxito en el intento de extinguir su luz. Él todavía resplandece para nosotros.

Ambas explicaciones son válidas, porque revelan la gloria de Dios en Cristo. Ambas identifican la luz con la Palabra. La luz ahuyenta nuestros temores, revela el amor salvador de Dios y nos guía por el camino que lleva a la vida eterna. Esa luz hace que se desvanezcan la muerte y las tinieblas de la oscuridad, que nos llevan al infierno. Esa luz ilumina el sendero que lleva al cielo y solamente se encuentra en el Salvador.

Y como los seres humanos por naturaleza se resisten a la verdad que hay en Cristo, ¿de qué manera encuentran la luz y prosperan en la vida? Es una tontería decirles a los que están separados, a los que están muertos y a los que están entenebrecidos, que escojan la Palabra, la vida y la luz; ellos no tienen elección. Así estábamos nosotros. Pero la Palabra ha venido a nosotros, nos ha dado vida y ha llenado nuestra oscuridad con su luz. Ahora les debemos presentar esta Palabra a otros, vivir la vida y dejar que la luz brille para ellos. La Palabra dejará su huella, y el Espíritu Santo dará la fe y el entendimiento.

1:6-9. El apóstol Juan todavía no ha identificado con exactitud quién es el Verbo que tiene la luz. En vez de eso, nos presenta a un hombre que Dios envió para que diera testimonio de la luz. El nombre de ese enviado, así como el nombre del escritor de este evangelio, era Juan, el que nosotros conocemos como Juan el Bautista (1:19-28). Juan el Bautista es diferente del Verbo. El Verbo ya existía en el principio; Juan existió temporalmente. El Verbo era Dios; Juan era solamente "un hombre", es decir un ser humano. El Verbo era la luz del mundo; Juan "no era la luz"; él vino solamente "para dar testimonio de la luz".

Para el apóstol Juan era importante identificar el papel del Bautista porque, aparentemente, algunas personas seguían al Bautista en vez de seguir a Cristo o, de otro modo, confundían la misión de cada uno de ellos (Hechos 19:3, 4; Mateo 21:25; Lucas 9:18, 19). Sin embargo, era más importante que Juan estableciera que había testigos confiables, comenzando con el Bautista, que habían dado testimonio de la luz. Después de cuatro siglos de silencio por parte de los profetas de Dios, el Bautista proclamó la venida de la luz al mundo. Este evangelio revela su testimonio y el de otros con un propósito, precisamente como se dice aquí del Bautista, "a fin de que todos creyeran por medio de él".

En realidad, Juan el Bautista no era la luz, sino que a través de su testimonio la luz "verdadera", o sea la "auténtica" luz, resplandeció. Por causa de esa luz, el Verbo Jesucristo, Juan tenía la esperanza realista de que "por medio de él (Juan) todos creyeran" (NVI). Esta es la esperanza de todo testigo de Cristo hoy en día, y también es el propósito de la obra de evangelización y de la obra misionera, es decir, el de ser agentes o focos reflectores para que "todos [crean]" y puedan llegar a la luz de su Salvador.

Es necesario que le mostremos la luz de Jesucristo a la gente de todas partes. Sólo así podrán creer. Juan escribió su evangelio para edificar la fe en Jesucristo. Él lo aclara en esta nota clave de su discurso, y lo sintetiza de nuevo cerca del final: "Pero estas (señales milagrosas) se han escrito para que creáis que Jesús es el Cristo, el Hijo de Dios, y para que creyendo, tengáis vida en su nombre" (20:31). Crea en Cristo y viva.

Este evangelio repite el verbo *creer* aproximadamente cien veces, más que cualquier otro libro de la Biblia. Crea, crea, crea en la Palabra, en la vida, en la luz. No existe otro medio de acercarse a Dios. Con las señales y los testimonios que van a venir más adelante en este evangelio, la gente será guiada a creer, porque se enfrentará cara a cara con el Verbo, conocerán a Dios y confiarán en él con una confianza plena. Conocer a Dios, aceptarlo y confiar en él forman parte de creer en él, que es la luz.

Esta luz, la "luz verdadera" (no simplemente los que la reflejan, ni los testigos) "que alumbra a todo ser humano, venía a este mundo" (como lo traduce NVI). Al principio lo vimos antes de la creación e implicado en la creación. En realidad, por medio de él se creó la luz del día. Ahora podemos ver por qué también lo podemos conocer, porque él venía al mundo para hacer resplandecer su luz sobre nosotros. Nadie está excluido; él "alumbra a todo hombre", es decir, a todo ser humano. Él no limita su luz; sólo los que se niegan a verla debido a su incredulidad viven sin ella. Esta luz "venía a este mundo" para que todos pudieran conocerlo (a Jesús).

El Verbo abre el camino hacia Dios (1:10–13)

1:10–13. Por medio de la Palabra, "fue hecho" el universo creado ("el mundo"). A su debido tiempo, como Dios lo había prometido, el Verbo vino al planeta tierra ("el mundo", el hogar de la humanidad) y "en el mundo estaba". Sin embargo, los seres humanos pecadores e incrédulos ("el mundo") "no lo recibieron". Se negaron a saber quién era. Las criaturas no reconocieron a su Creador y Redentor.

Fue a su país, a "lo suyo"; y "los suyos". Pero los de su propio pueblo, que por haber recibido la revelación de Dios debía haber estado esperándolo, "no le recibieron". Lo que se dijo anteriormente acerca de las tinieblas, que no entienden la luz, resultó en una verdad del pueblo escogido de Dios, Israel, al no reconocer ni recibir al Verbo en medio de ellos. El pueblo que había recibido la promesa rechazó el cumplimiento de la promesa.

Sin embargo, el rechazo no fue universal. Otros, incluyendo a algunos que no eran de su propio pueblo, recibieron al Verbo, y a todos los que "lo recibieron...les dio potestad de ser hechos hijos de Dios".

Esto describe la vida que encontramos en la Palabra o Verbo, la vida como amados hijos de Dios. La luz que todo el mundo necesita es la luz que Dios hace resplandecer para sus hijos. Cuando recibimos al Verbo, Jesucristo, tenemos el derecho y el poder de convertirnos en miembros de la familia de Dios y de reclamar las bendiciones que le corresponden a esta familia.

Este mensaje se dirige a muchos que hoy en día no han disfrutado de una buena vida familiar. Podemos ver la evidencia creciente de que la familia ideal de padre, madre e hijos, que viven y crecen juntos en amor y en armonía, es un ideal que está en caos. En su lugar, tenemos familias fragmentadas y gente que se pregunta cómo es "la verdadera vida familiar". Entonces, aquí tenemos la revelación más maravillosa. Dice que en Cristo todo el mundo puede ser hijo de la verdadera familia ideal: todo el mundo puede ser hijo de Dios. El Padre de esta familia cumple el papel de ambos padres terrenales. Él ama, provee, nutre, alimenta, consuela, protege. Siempre está cerca cuando lo necesitamos. Él enseña y guía por medio de sus sagradas Escrituras, y en su cielo nos da una herencia eterna. Todo esto, y más, le pertenece a la persona que "recibe" a Jesucristo.

Pero, ¿qué significa *recibir* a Jesús?, ¿y qué significa no recibir a Jesús? Juan explica inmediatamente que los que lo recibieron (al Verbo) fueron los que "creyeron en su nombre". No exigió ningún esfuerzo especial de parte de ellos. No poseían un gran intelecto ni un pasado moral que fuera recto. Ellos simplemente lo vieron, lo escucharon y confiaron el él. Creyeron porque el Espíritu de Dios obró la fe en ellos. "Nadie puede exclamar: '¡Jesús es el Señor!', sino por el Espíritu Santo" (1 Corintios 12:3).

Algunos dicen que recibir a Jesús significa saber de él, después aceptarlo, y que una vez que hemos tomado esta decisión, recibimos el privilegio de ser hijos de Dios. Sin embargo, Juan hace énfasis en que cuando nos convertimos en hijos de Dios, somos hijos que "no nacieron de sangre, ni por voluntad de carne, ni por voluntad de varón, sino de Dios". Los creyentes no tienen ningún lazo de sangre directo con Dios. Nada que produzca estos hijos. Estos vástagos tampoco reciben su existencia porque algún ser humano, incluyéndolos a ellos mismos, haya decidido que se conviertan en hijos de Dios. Ellos nacen "de Dios". Así como no elegimos a nuestros padres terrenales, tampoco de ninguna manera elegimos a Dios como nuestro Padre; él nos eligió a nosotros. Cuando creemos en Jesús, nuestro nacimiento espiritual está completo. Como dice Santiago: "Nos hizo nacer por la palabra de la verdad" (1:18).

El Verbo se hace carne (1:14)

1:14. Todo lo que es importante en la vida espiritual viene a ser nuestro en conexión con el Verbo o Palabra (Cristo). Este evangelio les mostrará a los lectores este Verbo y hará que crean para vida eterna. Por lo tanto, así como toda la primera sección (1:1-14) toca la idea central de este evangelio, el versículo 14 es la oración clave de esta sección. No hubiéramos podido hacer un comentario sobre los versículos anteriores sin anticiparnos a éste, y el resto del evangelio brota de este versículo: "Y el Verbo se hizo carne y habitó entre nosotros lleno de gracia y de verdad; y vimos su gloria, gloria como del unigénito del Padre." "Cuando vino el cumplimiento del tiempo, Dios envió a su Hijo, nacido de mujer" (Gálatas 4:4).

"El Verbo", que estaba con Dios y que era Dios, "se hizo carne". Y el evangelio seguirá dando testimonio: él no dejó de ser lo que era, es decir, verdadero Dios; pero también se hizo verdadero hombre, un verdadero ser humano. Se encarnó, es decir, "se hizo carne". El Verbo asumió la naturaleza humana y recibió el nombre de Jesús. Nació en la carne como todo ser humano, con todas las emociones, debilidades y necesidades humanas. Por lo tanto, en su vida lo veremos llorar, dormir, comer, sentir dolor y morir.

Sin embargo, el Verbo se hizo carne pero libre de algo que todo ser humano había tenido: el pecado. La carne de todos los seres humanos desde Adán y Eva está esencialmente corrupta por el pecado. Por medio de su milagroso nacimiento virginal, Jesús "se hizo carne", sin la mancha del pecado. Vino a vivir libre de pecado en nuestro lugar.

El Verbo nació en la carne y "habitó entre nosotros". Vivió en esta tierra junto con los otros seres humanos. De una manera significativa, el idioma griego dice que él estableció su tabernáculo o tienda entre nosotros. Para el que estudia la Biblia, esta frase fortalece el significado de este pasaje. Es difícil que uno no pueda ver un paralelo con el Tabernáculo que Dios le mando a su pueblo Israel construyera en el desierto. Refiriéndose a esa tienda, el señor le dijo a Moisés: "Me erigirán [los israelitas] un santuario, y habitaré en medio de ellos" (Éxodo 25:8). Cuando terminaron de construir el Tabernáculo, Moisés nos informa que "entonces una nube cubrió el Tabernáculo de reunión, y la gloria de Jehová llenó el Tabernáculo" (Éxodo 40:34).

Por consiguiente, cuando Jesús nació, el Señor (Yahvé o Jehová) vino a morar en persona entre nosotros. Él era Emanuel, que significa: Dios con nosotros, y "vimos su gloria". Esto no quiere decir que una luz resplandeciente brilló alrededor de Jesús y del establo en Belén como sucedió con la presencia de Dios en el Tabernáculo. No, la Biblia nos dice que la gloria de Dios brilló desde los cielos, para que los pastores la vieran; pero en el establo encontraron a un bebé cuya apariencia externa no era diferente de la de los demás bebés.

Sin embargo, este niño vino a ser "la luz verdadera que alumbra a todo hombre". Este pequeñito vino a revelar la gloria de Dios de una manera en que los seres humanos la pudiéramos mirar sin ser cegados y creyéramos. Después de haber esperado tantos años Dios nos iba a permitir ver su gloria al darnos a su único Hijo, Jesucristo. Y Jesús iba a revelar la gloria de Dios por medio de su obra de salvación.

Juan escribe su evangelio basado en su propia experiencia. Nosotros, dice él, "vimos su gloria". Este "nosotros" son los apóstoles y los evangelistas a quienes Dios usó para que registraran las Escrituras del Nuevo Testamento. En verdad, Juan, junto con Pedro y Santiago, vieron una manifestación única (para los que estamos en esta tierra) de esa gloria, cuando Jesús se transfiguró (Mateo 17:1-9).

No obstante, hoy podemos leer el testimonio de Juan y saber que nosotros también hemos visto la gloria del Verbo hecho carne, "gloria como del unigénito del Padre". Su venida hizo que eso fuera posible. Todos los creyentes en Cristo Jesús han visto la gloria que vino del Padre; la vemos en Jesús con los ojos de la fe. Vemos el amor de Dios tan maravilloso e incomparable en nuestra salvación eterna.

El evangelio identifica a Jesús como el "unigénito" que venía del Padre. Dios Habla Hoy dice "el Hijo único" del Padre, como también lo dice la *New International Version* en inglés ("The One and Only"). En el griego es un término que se emplea para identificar no sólo a un "hijo único" sino a alguien que es el "único" de su especie (Lucas 7:12; 8:42; 9:38; Hebreos 11:17). Así que el Verbo era únicamente del Padre desde la eternidad y de la misma esencia que el Padre. La venida a la existencia del Hijo, es decir su engendramiento por el Padre, es un misterio de Dios que está cubierto por el velo de su preexistencia eterna. Aquí Juan hace énfasis en que el Verbo hecho carne es este Hijo único.

Una manera por la que podemos contemplar la gloria del Verbo encarnado es viendo que él es "lleno de gracia y de verdad". Juan destaca dos términos más: *gracia y verdad*, para que sirvan para el cumplimiento del propósito de este evangelio.

Parte I

Hagamos una pausa breve y recordemos las palabras importantes que hemos visto hasta ahora: *Verbo, vida, luz, creer, gloria*, y ahora *gracia y verdad*. El efecto acumulativo de estas palabras puede llenar el corazón de un respeto reverencial, y el asombro aumenta cuando comenzamos a remover las capas de significado de cada término, lo cual nos permite ver más de Dios mismo.

Realmente el Señor Jesús está lleno de gracia y de verdad, es la personificación misma de la gracia y de la verdad. Cuando ustedes piensen en la gracia, háganse algunas preguntas:

- "¿Por qué se hizo carne el Verbo?"
- "¿Por qué el eterno Hijo de Dios se tenía que preocupar por los seres humanos, dado que él sabía que le iban a ser hostiles?"
- "¿Qué había hecho el ser humano para merecer su atención?"
- "¿Por qué se preocupa Dios por mí cuando no pasa ni un solo día en que yo no peque contra él?"

¿Comienza usted a entender el significado de la imagen? Aquí está obrando el amor; un amor tan grande que obra sobre los que no tienen ninguna base para reclamar que los amen; sí, sobre los que no aman ni son dignos de ser amados, los que nadie puede amar. Este amor inmerecido es la gracia. Jesús está lleno de gracia para con nosotros.

Jesús también es la personificación de la verdad. En todas partes la gente piensa en la verdad, y la busca. Los filósofos tratan de captar la realidad; los grandes pensadores tratan de explicar la verdad de Dios, siempre lo están intentando, pero nosotros no tenemos que ir muy lejos. No necesitamos pensar profundamente ni ampliar los límites de nuestro cociente intelectual para tener la verdad, ni para conocer a Dios. Sólo necesitamos creer en Jesús, el Verbo hecho carne. Él nos revela todo lo que necesitamos saber acerca de Dios y de su verdad salvadora. Jesús vino para mostrarnos la verdad.

Parte II

JUAN EL BAUTISTA LES DA SU TESTIMONIO A LOS PRIMEROS DISCÍPULOS, Y ELLOS SIGUEN A JESÚS (1:15–51)

Jesús supera a Juan (1:15–18)

1:15-18. Juan el Bautista fue el primer proclamador destacado de la verdad de Jesucristo, y por eso el apóstol Juan vuelve a su testimonio. El Bautista no sólo dejó un testimonio para nosotros; él clamó perentoriamente, apremiando a que todos escucharan, y sus palabras le hablan con el mismo apremio a todas las generaciones. Él dirige nuestra atención al Verbo hecho carne y lo identifica como el Salvador que es humano y divino. El Verbo era Jesús, que venía después de Juan. Juan había nacido antes que él y se convirtió en un profeta notable antes que él. Sin embargo, Juan agrega: "(Él) es antes de mí, porque era primero que yo".

Es posible que a muchos oyentes les haya parecido que Juan el Bautista hablaba con acertijos o adivinanzas. Jesús venía después de Juan, pero era antes que Juan y había llegado primero que Juan. Tal vez eso era como un acertijo, pero aun así, se cumplió en el Dios hombre. El Verbo era el Dios eterno, y como tal vivió en la eternidad y sobrepasó a Juan en todo. Ahora los oyentes iban a ver a Jesús que venía después de Juan, y era importante que entendieran quién era realmente Jesús.

Jesús venía para traer bendiciones más allá de toda medida. "De su plenitud recibimos todos, y gracia sobre gracia."

La plenitud de Jesús era la plenitud de Dios que moraba en él, una plenitud con la que él también nos bendice, para que lleguemos "a una humanidad perfecta que se conforme a la plena estatura de Cristo" (NVI, Efesios 4:13; vea también Colosenses 1:19; 2:9, 10). Las palabras del Bautista repiten las del versículo 14, "lleno de gracia y de verdad". Esta plenitud nos trae las ricas bendiciones de la gracia de Dios.

Aunque parezca difícil medir o describir esta gracia, aquí Juan usa una expresión que nos puede ayudar a valorarla más. La traducción que tenemos es "gracia sobre gracia", pero parece ser débil al lado de la traducción literal, "gracia en vez de gracia". O piense en esto en términos de "gracia en lugar de gracia". El insondable amor de Dios, que él nos da a pesar de nuestra indignidad, nunca se termina. Usamos un poco de este amor, y ya hay mucho más reemplazando al que acabamos de usar, para que lo usemos en otra oportunidad. Está allí para consolarnos cuando nos sentimos atribulados. Nos perdona cuando pecamos. Nos alivia cuando nos sentimos culpables. Nos da fuerza cuando sentimos temor. Nos da todo a nosotros que no podemos dar nada, ni para merecerlo, ni para retribuirle. El amor de Dios es tan grande que el Verbo eterno se hizo carne y se sacrificó a sí mismo en la cruz por nosotros. Jesús nos da gracia en lugar de gracia. Siempre tenemos su amor. Por mucho que lo usemos, nunca se agota el suministro de su amor.

La venida de Jesucristo hizo que se cumpliera todo lo que había sido ordenado por Dios y todo lo que él había prometido. Los judíos de la época de Jesús miraban a Moisés para saber de Dios. Sin embargo, ahora, el Bautista da testimonio y tenemos algo mejor: "Porque la Ley fue dada por medio de Moisés, pero la gracia y la verdad vinieron por medio de Jesucristo". Moisés dio la ley moral que revela la voluntad de Dios y que también revela nuestro pecado. Dio leyes ceremoniales que presagiaron la obra redentora de Cristo. Él dio profecías que prometían que iba a venir un Salvador.

Ahora ya ha venido el Salvador. En su gran gracia o misericordia, él ha cumplido perfectamente la ley moral en lugar nuestro. Él ha ofrecido el único sacrificio que es necesario para todo el tiempo y por todo el pecado. Él ha convertido las promesas de Moisés en una realidad viva y ha establecido la verdad de Dios para siempre.

Jesús ha venido para revelarnos a Dios y para hacer que seamos sus hijos. "A Dios nadie lo ha visto jamás; el unigénito Hijo, que está en el seno del Padre, él lo ha dado a conocer." Como Jesús mismo dijo: "Y nadie conoce al Hijo, sino el Padre, ni nadie conoce al Padre, sino el Hijo y aquel a quien el Hijo se lo quiera revelar" (Mateo 11:27). El Logos, el Verbo, la Palabra vino para hacer conocer al Padre. El Verbo, que estaba con Dios y que es Dios, nos revela al Padre.

Ningún mero ser humano puede hacer que conozcamos a Dios como Jesús lo hace, porque nadie, ni siquiera Moisés, ha visto a Dios en toda su plenitud y gloria. Jesús es "el Unigénito". Él es el único Hijo del Padre, de la misma esencia o ser que el Padre, engendrado desde la eternidad. Él es el "que vive en unión íntima con el Padre" (NVI), literalmente, "está en el seno del Padre". Él tiene una relación íntima, completa y personal con el Padre. Él hace que conozcamos a Dios. Miren a Jesucristo y vean a Dios.

Juan prepara el camino para Jesús (1:19–28)

1:19–23. El apóstol continúa su narración con más información acerca del testimonio de Juan el Bautista. Juan ya había estado llevando a cabo por un tiempo su ministerio en el desierto y estaba atrayendo sobre sí la atención de los más importantes líderes religiosos. Las autoridades Judías, que representaban a los judíos como un grupo, siempre se unían para oponerse al testimonio acerca de Jesús. Esta vez enviaron a sacerdotes y levitas, que también llevaban a cabo sus deberes sacerdotales en el Templo, para que le hicieran preguntas. El padre de Juan, Zacarías, era sacerdote; y Juan, por ser su descendiente, también lo era. Tal vez ellos se querían enterar de por qué Juan no estaba haciendo el trabajo de un sacerdote como ellos.

Le preguntaron: "¿Quién eres tú?" Era una pregunta que estaba cargada de significado. Era evidente que ellos sabían que él era Juan, el hijo de Zacarías, pero querían saber cuál era la razón por la que estaba predicando y bautizando en el desierto. ¿Qué era lo que afirmaba ser? ¿Qué era lo que buscaba obtener?

Juan comprendió cuál era la intención de los que le hicieron la pregunta. No retrocedió ante sus preguntas; no habló de ninguna gloria personal, les confesó abiertamente: "Yo no soy el Cristo". Él sabía que muchos de los judíos esperaban que el Mesías (el "Cristo") guiara a su pueblo y los liberara de la opresión de los romanos. Sabía que ellos se preguntaban si él decía que era el Mesías. "Yo no soy el Cristo", les dijo, poniendo un énfasis especial en la palabra "Yo". Tal vez pensaba para sí mismo: "Yo no lo soy, pero hay uno que viene pronto y que sí lo es."

"¿Eres tú Elías?" "¿Eres tú el profeta? Los judíos querían saber si Juan decía que era uno de los grandes líderes que ellos esperaban, porque así lo decían las profecías del Antiguo Testamento. Dios había hecho esta promesa: "Yo os envío al profeta Elías antes que venga el día de Jehová, grande y terrible" (Malaquías 4:5). Ellos esperaban que Elías reencarnara, pero Juan no decía que él era Elías. En verdad, Jesús va a identificar más tarde a Juan como "Elías" (Mateo 11:14; 17:9-13), pero no como el profeta reencarnado del Antiguo Testamento, sino como el ángel Gabriel dijo cuándo le prometió el nacimiento de Juan a Zacarías, "Irá adelante [del Señor]... con el espíritu y el poder de Elías" (Lucas 1:17).

De manera similar, Juan negó que fuera "el profeta". Moisés había profetizado: "Un profeta como yo te levantará Jehová, tu Dios, de en medio de ti, de tus hermanos; a él oiréis" (Deuteronomio 18:15). Algunos pensaban que ese profeta iba a ser el precursor del Mesías y otros pensaban que iba a ser el Mesías mismo. "El profeta" iba a ser el Mesías, pero no era Juan el Bautista. La manera en que iban las preguntas y respuestas no estaba llevando a los sacerdotes y a los levitas a ninguna parte; necesitaban tener una respuesta para llevársela a las autoridades judías que los habían enviado, así que preguntaron sencillamente: "¿Quién eres?"... "¿Qué dices de ti mismo?"

Parte II

Juan les dio una respuesta directa y defendió su oficio, basándose en la profecía de Isaías: "Voz que clama en el desierto: '¡Preparad un camino a Jehová!'" (40:3). Juan no tenía otro propósito más que entregar su mensaje, ser una voz. Estaba llevando a cabo un ministerio para otro, para el Señor, reuniendo multitudes en el desierto cerca del río Jordán. Era mucho más que eso, le estaba pregonando su mensaje a un mundo que espiritualmente se había convertido en un desierto estéril debido al pecado y a la incredulidad.

"¡Prepárense!" gritó Juan. "¡Despejen el camino! Ya viene un rey que es el Señor."

A falta de caminos pavimentados, como los que disfrutamos hoy en día, los caminos de entonces (que muchas veces eran solamente senderos) eran desiguales, llenos de baches. Algunas veces eran interrumpidos porque había piedras o escombros, y eran peligrosos. Siempre que un rey iba a visitar, era necesario que prepararan los caminos y que todo estuviera en buenas condiciones para que el rey disfrutara de comodidad en su viaje. Esta imagen encajaba perfectamente en el propósito del ministerio de Juan. Ya venía Cristo el Rey, y Juan le tenía que decir al pueblo que preparara el camino.

La exhortación de Juan no era para que literalmente prepararan un camino; él estaba hablando en un sentido espiritual. Esa preparación comienza cuando uno reconoce y confiesa su condición profunda y terrible de pecador. Incluye el pesar por los pecados y la fe que busca el perdón del Señor a quién Juan proclamaba. Ya viene el Cristo. ¡Arrepiéntanse; bautícense; crean!

1:24-28. Algunos fariseos que también habían sido enviados, al parecer aparte de los sacerdotes y levitas, ahora empezaron a hacerle preguntas. Se hubiera esperado que los fariseos hicieran preguntas más a fondo que los otros, debido a su posición como élite religiosa entre los judíos. Nadie sabía más acerca de Dios ni de las tradiciones religiosas que un fariseo. Nadie parecía esforzarse tanto en guardar la ley de Dios como uno de ellos. Si a alguien se le pudiera llamar santo, seguramente debía ser a un fariseo. Entre los judíos, los fariseos eran las personas religiosas que se preocupaban más de las apariencias externas y eran los expertos religiosos.

Ahora ellos preguntaron: "¿Por qué, pues, bautizas, si tú no eres el Cristo, ni Elías, ni el profeta?" Parecía que ellos no se oponían al bautismo, pero se preguntaban si Juan tenía la autoridad para hacerlo. Tal vez recordaban una profecía que decía: "Esparciré sobre vosotros agua limpia y seréis purificados de todas vuestras impurezas" (Ezequiel 36:25). Tal vez ese bautismo era la limpieza prometida. Si esto era así, Juan debía presentar las credenciales que lo autorizaban para hacerlo.

En respuesta a esa pregunta, Juan desvió la atención de la gente lejos de sí mismo y la concentró en Cristo. Sí, él, Juan, bautizaba con agua, y era un bautismo válido que hacía que la gente quedara limpia, tal como Ezequiel lo había profetizado. Pero el asunto de su autoridad no venía al caso, porque ellos necesitaban ver a alguien que era mucho más importante que él. "En medio de vosotros está uno a quien vosotros no conocéis. Éste es el que viene después de mí..., del cual yo no soy digno de desatar la correa del calzado." Los esclavos de esos días tenían la obligación de desatar las sandalias de sus amos. Juan se sintió indigno hasta de ser un esclavo de Cristo. Juan no tenía que presentar sus credenciales personales, tenía que anunciar a un Salvador. En nuestros días los predicadores, los profesores y otros testigos de Jesús deben seguir el ejemplo de esa humildad desinteresada que vemos en Juan.

En ese entonces Cristo ya estaba entre ellos, entre la gente. Juan ya lo había bautizado. Sin embargo, Cristo es el que le da el poder al Santo Bautismo y el que nos limpia del pecado para siempre. Él es aquel que hizo que el bautismo que daba Juan fuera más que sólo un símbolo, y ha hecho del sacramento del bautismo un medio para nuestra salvación hasta el fin de los tiempos. Ya había llegado el tiempo de dejar de concentrarse en Juan el Bautista y de buscar a Jesús el Cristo.

Ahora el apóstol Juan identifica el lugar donde tuvo lugar todo esto, es decir, en Betábara, al este del río Jordán (que no se debe confundir con la Betania, que estaba cerca de Jerusalén). Desde esa ubicación, a Juan le fue fácil bautizar en el río Jordán. Sin embargo, el solo hecho de que él bautizaba en el río de ninguna manera prueba que el bautismo fuera necesariamente por inmersión, como algunos insisten en afirmar. Es muy probable que Juan vertiera agua o que la rociara sobre la persona que era bautizada, mientras estaba de pie en el río. El término bautizar, que significa "aplicar agua para lavamiento", incluye la inmersión y también verter, salpicar, o rociar. Dios no estableció de qué manera se debe aplicar el agua.

Jesús es el Cordero de Dios (1:29-34)

1:29-31. Al día siguiente Juan tuvo la oportunidad de dar testimonio del Mesías de una manera más clara y más enfática, cuando Jesús se acercó a donde estaba Juan. Tan pronto Juan como vio a Jesús, dijo: "¡Éste es el Cordero de Dios, que quita el pecado del mundo!" Desde entonces, está sola oración ha establecido el principio o norma para toda la predicación cristiana. El predicador que es fiel dirigirá siempre la atención al "Cordero de Dios, que quita el pecado del mundo".

Jesús es el Cordero de Dios que se entregó a sí mismo como el sacrificio que obtuvo el perdón para todo el mundo pecador. Él es el Cordero de la Pascua cuya sangre nos salva de la muerte (Éxodo 12:1-13). Él es el cordero de la ofrenda diaria (Éxodo 29:38-41), el holocausto "sin defecto" (Levítico 1:10), la ofrenda de paz (3:6, 7). Él es la ofrenda por el pecado por medio de la que recibimos el perdón (4:32-35). Como Isaías lo había profetizado, fue "como un cordero...llevado al matadero" (53:7).

Jesús vivió en la carne y sin pecado, "como de un cordero sin mancha y sin contaminación" (1 Pedro 1:19), y cumplió de esta manera la ley de Dios en nuestro lugar. Entonces, con su sacrificio de sangre en la cruz, el Cordero de Dios, que vino de Dios y que era Dios, satisfizo la ira justa de Dios contra el pecado de todo el mundo. Él levantó el pecado, lo puso sobre sus propios hombros y cargó con él en la muerte. Todavía hoy quita nuestra iniquidad, y siempre lo hará, por los méritos de su santo sacrificio. "El Cordero que fue inmolado es digno de tomar el poder, las riquezas, la sabiduría, la fortaleza, la honra, la gloria y la alabanza" (Apocalipsis 5:12).

Entonces Juan podía decir que Jesús venía después que él, y sin embargo, Jesús lo superó. Jesús nació después que Juan y comenzó su ministerio después que él; sin embargo, Jesús era el Verbo desde el principio y el Cordero de Dios. Dios le había revelado a Juan que Jesús era el Cristo, para que Juan pudiera predicar el arrepentimiento y el bautismo, y para que de esa manera pudiera guiar al pueblo de Israel hacia Jesús.

1:32-34. Una vez más Juan cumplió con la misión de ser una "voz" para el Cristo y dio testimonio acerca de Jesús: "Vi al Espíritu que descendía del cielo como paloma, y que permaneció sobre él." Juan se refería al día en que Jesús acudió para ser bautizado en el río Jordán y el Espíritu Santo descendió sobre Jesús en la forma de una paloma. Es significativo que el Espíritu permaneciera sobre Jesús, porque Dios el Padre le había dicho a Juan que estuviera atento, y que esta señal identificaría al "que bautiza con el Espíritu Santo" (NVI).

A Juan se le había dicho que estuviera vigilante a la espera del Espíritu. Cuando él vio que el ser que parecía una paloma descansó sobre Jesús, supo que eso era lo que Dios había querido decir. Primero, los cielos se habían abierto, y de ellos había descendido el Espíritu. Después se oyó una voz que venía del cielo abierto y decía: "Tú eres mi Hijo amado; en ti tengo complacencia" (Lucas 3:22).

La paloma fue la señal prometida por Dios. Juan conocía al Cristo y usó entonces este conocimiento para ayudar a otros a ver y a creer. "Y yo lo he visto", afirmó de una manera enfática, "y testifico que este es el Hijo de Dios." Juan quería que todo el mundo supiera la razón por la que Jesús lo había superado y también la razón por la que podía quitar los pecados del mundo:

Jesús era el Hijo de Dios. El apóstol Juan también quería que sus lectores (¡nosotros!) viéramos esta verdad, creyéramos y viviéramos (20:30, 31).

Este testimonio de Juan explica la razón por la que Juan había dicho anteriormente que él "no lo conocía" a Jesús, si no hubiera sido por la señal que vino de los cielos. Es seguro que Juan sabía que Jesús era pariente suyo, pero la señal segura de que Jesús era el Cristo (el Ungido), el Hijo mismo de Dios, fue la manifestación del Espíritu de Dios sobre Jesús. "Como Dios ungió con el Espíritu Santo y con poder a Jesús de Nazaret" (Hechos 10:38; vea Lucas 4:16–21).

Andrés y Pedro se acercan a Jesús (1:35-42)

1:35-39. Al día siguiente Juan el Bautista estaba allí con dos de sus discípulos, cuando vio otra vez a Jesús que caminaba cerca de ellos, y volvió a decir: "¡Éste es el Cordero de Dios!" No tuvo que incluir las palabras "que quita el pecado del mundo" porque los dos que estaban con él ya las habían escuchado el día anterior y esta vez las recordarían. Ellos sabían que Juan les estaba señalando al Mesías prometido.

Los dos discípulos entendieron la intención de Juan. Fue como si él les hubiera dicho: "Miren, allí está el hombre al que ustedes deben seguir. Allí está el tan esperado Salvador. ¿Por qué están aquí conmigo? ¡Vayan a él ahora mismo!" La meta de Juan no había sido la de conseguir discípulos para él mismo, sino la de guiar a la gente hacia Jesús. Entonces los dos discípulos, después de haber escuchado la Palabra, dejaron a Juan y siguieron a Jesús.

Cuando ellos comenzaron a seguir al Señor, Jesús se volvió y vio que lo seguían. Tal vez ellos titubearon al acercarse a él. De cualquier manera, Jesús tomó la iniciativa y se acercó. Les preguntó: "¿Qué buscáis?" Tal vez hubiera sido lo más natural que les hiciera esa pregunta a dos extraños que repentinamente hubieran decidido seguirlo y estar con él. También era una pregunta profunda, hecha con la intención de hacer que los que siguen a Jesús piensen en lo que esperan obtener de él. Pronto nos vamos a enterar de algunos que querían obtener de Jesús lo que él no había venido a dar: prosperidad terrenal, poder político y la liberación de la opresión del gobierno romano. ¿Qué es lo que estos dos buscaban conseguir de Jesús?

Antes de escuchar su respuesta, pensemos en cómo podríamos responder nosotros. Hasta estos días vale la pena repetirle la pregunta de Jesús a todo aquel que lo sigue. "¿Qué buscáis?" ¿Quieren que los ayude a sobrellevar las cargas diarias? ¿Quieren que su vida sea más fácil? ¿Quieren saber cómo deben enderezar su vida? ¿Quieren el perdón de los pecados y la vida eterna? ¿Qué es lo que buscan en Jesús? Si tienen ideas preconcebidas, es posible que se sientan desilusionados.

Con su respuesta, estos dos discípulos nos muestran cuál es la mejor manera de responder a la pregunta. Le dijeron: "Rabí", que literalmente significa "mi gran Señor" y que Juan traduce como "maestro" para sus lectores que son gentiles: "Rabí, ¿dónde vives?"

La respuesta hizo que el centro de atención fuera Jesús. Ellos querían quedarse con Jesús, aprender de él y recibir lo que él tenía para ofrecerles. Se habían acercado porque Juan había identificado a Jesús como "el Cordero de Dios, que quita el pecado del mundo". Querían estar con el Cordero de Dios y llegar a conocerlo. ¿Es que cualquier discípulo puede querer algo más?

"Venid", les dijo Jesús, "y ved". Con esa invitación les dio la bienvenida a su lado a sus dos primeros discípulos. "Era como la hora décima". No podemos determinar con precisión cuándo era la hora décima. Si Juan estaba usando el tiempo judío, eran las 4:00 pm; si era la hora romana, eran las 10:00 a.m. Y como Juan escribió para los gentiles y los discípulos se quedaron "aquel día" en vez de "aquella tarde", lo más sensato sería optar por la hora más temprana.

Puede ser que aquí la hora exacta sea menos importante que la mención que hace Juan de la hora. Este detalle sugiere que él estaba allí, que él era uno de los dos discípulos. Esta idea cobra fuerza cuando, a su vez, él nombra sólo a uno de los dos, lo que es una decisión extraña, a menos que él simplemente haya guardado cierta consistencia en no nombrarse a sí mismo en su evangelio.

1:40-42. Finalmente, podemos saber que uno de los dos discípulos era Andrés, el hermano de Simón Pedro. Es muy probable que el discípulo cuyo nombre no se dice fuera Juan. Note usted la manera en que Juan dio por sentado que sus lectores podían reconocer quiénes eran Andrés y Simón Pedro. Por lo tanto, escribió suponiendo que los lectores ya tenían un conocimiento de los otros evangelios que se habían escrito antes.

Andrés había oído el testimonio que Juan el Bautista había dado acerca de Jesús. Después escuchó por largo tiempo las palabras de Jesús. La palabra de Cristo convenció a Andrés e inmediatamente fue a decírselo a su hermano Simón: "Hemos encontrado al Mesías". No solamente se lo dijo, sino que lo llevó a Jesús.

Así es cuando la palabra de Dios nos dice quién es Jesús. La fe comienza y crece por medio de la Palabra, y el discípulo que ha "encontrado al Mesías" casi no puede esperar para compartir las buenas nuevas con alguien más. Aún hoy vemos que esa escena se repite con frecuencia, en especial en la vida de los que acaban de conocer a Jesús como el Salvador. Para algunos de nosotros que tal vez hayamos perdido este ánimo, hacerle una buena visita a Jesús por medio de la Palabra será de gran ayuda.

Una vez más Juan se acordó de traducir el término arameo para sus lectores griegos. Andrés había encontrado al "Mesías", que es el "Cristo". En español ambas palabras significan "el Ungido". Este Jesús era el que había sido ungido para ser nuestro Profeta, Sacerdote y Rey, el que había sido prometido para nuestra salvación.

Se nos dice que lo "primero" que hizo Andrés después de oír a Jesús fue en busca de su hermano. Sin embargo, este pasaje permite otras posibilidades para el significado de la palabra "primero", y debemos mencionar una de ellas. La palabra "primero" podría significar que Andrés fue "primero" y trajo su hermano Simón, implicando así que el otro discípulo, Juan, fue después y trajo a su hermano Santiago.

Cuando Jesús vio a Simón, lo llamó por su nombre y le anunció proféticamente que su nombre iba a ser "Cefas", que en el idioma griego es "Pedro" y que significa "piedra" o "roca". Sin embargo, sabemos suficiente acerca de Simón Pedro para llegar a la conclusión de que Jesús no estaba diciendo que Simón iba a tener su nuevo nombre debido a que su carácter era como el de una roca. Con mucha frecuencia esa roca se tambaleará y se desmoronará, como ocurrió cuando negó al Señor Jesús. No obstante, Pedro iba a ser uno de los doce apóstoles y también iba a ser una piedra angular de la iglesia. Mediante la fe en Cristo, y por la gracia de Dios, a Pedro se le comparará con una roca firme y eso por Cristo que es la Roca.

Felipe y Natanael se acercan a Jesús (1:43-51)

1:43-46. Andrés, Simón y Juan no guardaron para ellos mismos las noticias acerca de Jesús el Cristo. Es muy probable que Andrés y Pedro, que eran del mismo pueblo que Felipe, ya hubieran hablado con él acerca de Jesús. Sin embargo, ahora Jesús tomó la iniciativa y halló a Felipe. Así es como el Señor toma la iniciativa con todos nosotros y por medio de su Palabra nos invita a que lo sigamos.

Al igual que Andrés, Felipe estaba tan contento de convertirse en discípulo de Jesús, que inmediatamente le comunicó las buenas nuevas a un amigo. Él pasó la antorcha que hoy nos pertenece a usted y a mí, para que se la pasemos también a otros. "Felipe encontró a Natanael y le dijo: 'Hemos encontrado a aquel de quien escribieron Moisés, en la Ley, y también los Profetas: a Jesús hijo de José, el de Nazaret' ". Al identificar el Antiguo Testamento con la ley de Moisés y las palabras de los profetas, Felipe basó su fe en las palabras seguras de las Escrituras; compartió la convicción que tenían Andrés y Simón de que Jesús era aquel que había sido anunciado, que había sido descrito y prometido por Dios en el Antiguo Testamento.

Natanael (a quién también se le da el nombre de Bartolomé en los otros evangelios) no estaba muy seguro. "¡De Nazaret"! exclamó. "¿Acaso de allí puede salir algo bueno?" (NVI). Él no sabía de ninguna profecía de las Escrituras que vinculara al Mesías con Nazaret. ¿Cómo podría un pueblito de las montañas como Nazaret de Galilea figurar en algo tan importante como el Mesías?

Felipe no discutió el asunto. Sencillamente invitó al escéptico Natanael, como Jesús había invitado a Andrés y a Juan, a ir y ver. No hay otra manera de hacerlo; no podemos discutir ni obligar a nadie a que tenga fe en Jesús. Sólo le podemos mostrar a Jesús, como él se ha revelado a sí mismo por medio de su Palabra, y dejar el resto a la obra del Espíritu Santo. Hoy en día no podemos hacer más y tampoco podemos hacer menos que Felipe. Podemos invitar a todos los que escuchen, con las mismas palabras: "Ven y ve".

1:47–49. Natanael fue con Felipe, y cuando se acercaba a Jesús, él tomó una vez más la iniciativa. Identificó a Natanael como un verdadero creyente en las promesas del Antiguo Testamento, "un verdadero israelita". Natanael no pertenecía al grupo del que Pablo advirtió después: "No todos los que descienden de Israel son israelitas" (Romanos 9:6). Natanael era franco y verdadero en su fe. No era "falso"; era "bienaventurado" como dice el salmista, porque en su "espíritu no hay engaño" (Salmo 32:2).

Natanael quedó impresionado con el conocimiento que tenía Jesús de él. Era la primera vez que se veían, y sin embargo Jesús lo estaba describiendo con toda exactitud. "¿De dónde me conoces?" le preguntó Natanael.

Entonces Jesús le reveló a Natanael su omnisciencia divina: "Antes que Felipe te llamara, cuando estabas debajo de la higuera, te vi."

Bajo el ardiente sol mediterráneo, la gente usualmente buscaba la sombra protectora de una higuera, para meditar y orar (Vea 1 de Reyes 4:25; Miqueas 4:4). No era necesariamente una revelación trascendental el hecho de que Jesús hubiera ubicado a Natanael cuando él estaba debajo de una higuera. Sin embargo, era claro que al identificar el lugar y el tiempo, Jesús también sabía cuál fue el tema de la meditación y de la oración de Natanael. ¿Acaso él había estado orando para que viniera el Escogido de Israel? ¿Es que había estado orando por el bienestar eterno de su alma? ¿Es que tal vez había pedido ver el cumplimiento de las profecías de Dios? Fuera lo que fuera, Jesús lo sabía.

Estas palabras de Jesús fueron la clave para Natanael, porque vinculaban claramente a Jesús con la confesión de Felipe como Aquel de quién habían escrito Moisés y los profetas. Natanael creyó y confesó: "¡Rabí, tú eres el Hijo de Dios! ¡Tú eres el Rey de Israel!"

Cuando Jesús nació, unos magos del oriente habían ido a rendirle homenaje al que había nacido "rey de los judíos" (Mateo 2:2). El escritor del segundo salmo mesiánico citó a Dios mismo cuando dijo: "Yo he puesto mi rey sobre Sión" y después, "Mi hijo eres tú" (versículo 6, 7; vea también el Salmo 110; Miqueas 5:2; 2 Samuel 7:12-16). Ahora, este Rey, el Hijo de Dios mismo, estaba frente a Natanael y éste lo había reconocido como tal. Juan escribió esto para que nosotros también creamos "que Jesús es el Cristo, el Hijo de Dios" (20:31).

1:50-51. Jesús aceptó como verdadera la confesión de Natanael, y le prometió aún mayores cosas. Le habló primero a Natanael, pero ahora se dirigió a todos los que estaban presentes. "De cierto, de cierto [en verdad] os digo" comenzó a decir, usando una expresión (que literalmente es "amén, amén") que va a repetir con frecuencia, siempre que esté a punto de destacar una verdad solemne. Por lo común, los judíos repetían una expresión para darle énfasis algo. Así afirmó: "Escuchen con mucho cuidado, ustedes pueden confiar en que lo que sigue es verdad."

Parte II

"Veréis el cielo abierto", continuó diciendo, "y a los ángeles de Dios subiendo y bajando sobre el Hijo del hombre". Sin duda estaba haciendo alusión al sueño de Jacob cuando éste estaba en Betel después de haber huido de la ira de Esaú (Génesis 28:12). Jesús les ofreció el cielo abierto como lo mejor que les podría dar a Natanael y a los otros. Sí, él era "el Hijo de Dios". Él era "el Rey de Israel". Y como tal, él era el único camino para llegar al cielo. En su sueño, Jacob había visto que los ángeles de Dios subían y bajaban por una escalera que llegaba desde la tierra hasta el cielo. En otras palabras, Jesús les estaba diciendo: "Yo soy la escalera que une el cielo y la tierra".

Aunque Jesús aceptaba los títulos de "Mesías" e "Hijo de Dios", él se llamaba a sí mismo "el Hijo del hombre", un término que usa ocho veces más en el evangelio de Juan y un total de 55 veces en todos los evangelios. Junto a las palabras iniciales del evangelio de Juan, este título nos pone frente al maravilloso misterio del Dios-hombre. "El Verbo era Dios". Natanael lo vio, correctamente, como "el Hijo de Dios", Sin embargo, no debemos olvidar que también es "el Hijo del hombre".

Como el Hijo del hombre, Jesús era en esencia un ser humano como nosotros. Tenía las mismas emociones, las mismas debilidades, las mismas necesidades físicas. Sin embargo, también era como los seres humanos debían haber permanecido desde la creación, es decir, sin pecado. Como el Hijo del hombre, Jesús podía llevar la vida perfecta que el resto de nosotros no podemos llegar a vivir, y podía sufrir la muerte que nosotros merecíamos padecer. Como el Hijo del hombre él vino para obtener el perdón de los pecados para todos, no sólo para Israel.

Parte III

JESÚS COMIENZA SU MINISTERIO PÚBLICO CON SEÑALES Y ENSEÑANZAS (2:1-4:54)

Jesús convierte el agua en vino (2:1-11)

2:1-5. Tres días después de haber llamado a sus primeros discípulos, Jesús asistió con ellos a una boda que se celebraba en Caná de Galilea, en la parte norte del centro de la región, a medio camino entre el mar de Galilea y el mar Mediterráneo. Es posible que Jesús haya ido con seis de sus discípulos: Andrés, Pedro, Juan, Santiago, Felipe y Natanael. La madre de Jesús también estaba en la boda. No sabemos cuál era la conexión que ellos tenían con la boda, excepto que la madre de Jesús de alguna manera estaba relacionada con los novios, porque tenía algo que ver con la responsabilidad de servir y tenía alguna autoridad sobre los sirvientes.

Durante la celebración de la boda sucedió algo poco común, se terminó el vino. Es difícil saber con exactitud cuándo se terminó. En una boda Judía era común que la celebración se extendiera por toda una semana en la casa del novio, después de la procesión que se iniciaba en el hogar de la novia para terminar en el hogar del novio. Y como el vino era algo básico que acompañaba la comida, el hecho de quedarse sin él sería un motivo de gran vergüenza. Algunos piensan que el vino se había terminado antes, lo que podría indicar que la pareja recién casada era pobre. Otros piensan que Jesús y sus discípulos llegaron como invitados inesperados y por eso se acabó la comida, que ya de por sí era escasa.

Sin embargo, lo que realmente importa es que ya el escenario estaba listo para el primer milagro del ministerio de Jesús. Su madre acudió a él y le dijo: "No tienen vino". María le habló a Jesús acerca de la falta del vino, con toda la esperanza de que él hiciera algo. Pero, ¿hacer qué? No se nos dice, de modo que cualquier respuesta implica algo de conjetura. No podemos descartar que ella esperara un milagro; recordemos que ésta era la madre virgen que se había enterado por medio de un ángel de que iba a dar a luz al Salvador. Esta era María, que guardaba en su corazón todas las cosas acerca de Jesús. Ella creía en él como Aquel que había sido enviado por Dios.

La respuesta de Cristo indica que sabía que María quería que obrara un milagro, en caso de ser necesario. De otra manera no hubiera tenido razón para desanimarla cuando le dijo: "Mujer, ¿eso qué tiene que ver conmigo? ... Todavía no ha llegado mi hora" (NVI).

La respuesta de Jesús literalmente significa algo más de lo que parece. Lo que él realmente estaba preguntando era: "¿Cuál es el interés común que tenemos en que yo actúe aquí?" María quería cubrir una necesidad inmediata y evitar la vergüenza cuando le habló como madre. Jesús necesitaba revelarse a sí mismo como el Mesías para fortalecer la fe de sus discípulos, y cuando se dirigió a ella le habló como su Salvador. El propósito de cada uno era diferente en esencia, aunque el de él también iba a satisfacer el de ella. La hora de actuar también era un poco diferente; Jesús debía actuar a la hora que había establecido para él el Padre que está en los cielos, y en el momento indicado Jesús obrará un milagro. También en el tiempo establecido por el Padre, tres años después, Jesús dará su vida por los pecadores perdidos.

María creía y confiaba en Jesús, y les ordenó a los sirvientes del banquete: "Haced todo lo que él os diga". Hacemos una pausa en estas palabras y pensamos en lo importantes que son para todos hasta estos días.

2:6-10. La fe de María estaba bien puesta y la escena ya estaba lista. "Había allí seis tinajas de piedra para agua, dispuestas para el rito de purificación de los judíos". Para purificarse, los judíos se lavaban las manos antes y después de comer, y lavaban las copas, las jarras y la vajilla que usaban para la comida (Marcos 7:3, 4). Aunque el tamaño real de la medida que se usaba para las tinajas es incierto, tenían la suficiente capacidad para proveer a todos los invitados a la boda. Probablemente la cantidad de 75 a 110 litros por tinaja sea correcta, un total de 450 a 660 litros (hasta el cálculo más conservador permite un total de 220 litros).

Al conocer el tamaño de las tinajas también nos podemos dar una idea de la generosidad del regalo de Jesús. Él les ordenó a los sirvientes que llenaran las tinajas, y ellos lo hicieron "hasta arriba", es decir, hasta el borde. Jesús iba a convertir todos esos litros de agua fresca en vino para la boda.

¡Una cantidad tan grande de vino! Para algunos es difícil imaginar a Jesús haciendo eso. ¿Podría él permitir y promover este uso del alcohol? Sí podía, y lo hizo, al nivel de la necesidad del banquete y de su generosidad divina. El vino tal vez podría durar varios días más, y sólo podemos suponer cuánta gente lo pudo consumir. Las Escrituras nos advierten que no lo bebamos en exceso (Proverbios 23:20; 23:29-35), pero no nos prohíben la ingestión del alcohol en general. Como lo pudo comprobar el encargado del banquete, Jesús les dio una cantidad grande de vino de muy buena calidad para que se usara de la manera apropiada.

Jesús hizo que los sirvientes sacaran de las tinajas el agua convertida en vino y se la llevaran al encargado del banquete, el hombre que había organizado la celebración y supervisaba el servicio de alimentos y de bebidas. Los sirvientes sabían que Jesús había obrado un milagro, pero no el encargado del banquete. Fue el primero en probar el vino, como tenía que hacer con toda la comida que se servía en el banquete, y se maravilló de que sacaran tan *buen vino* cuando la celebración ya estaba avanzada.

El encargado del banquete le dijo al novio que por lo general en las bodas se hacen las cosas de una manera diferente. Al principio, la gente bebe el buen vino en abundancia; después, cuando el sentido del gusto se ha embotado por tanta bebida, incluso hasta la borrachera, sacan el vino más barato. ¡Pero no había sucedido así en esta boda! Aquí el mejor vino se había guardado para después.

La expresión "cuando han bebido mucho" les preocupa a algunos lectores. Nadie se quiere imaginar a Jesús en una boda donde hay invitados que estén borrachos; por lo tanto, algunos estudiosos traducen la expresión verbal como "se ha bebido libremente", que es una posibilidad. Pero el problema desaparece cuando se dan cuenta de que el encargado del banquete estaba recalcando cuán refrescantemente diferente de lo que él había descrito era la boda de Caná.

2:11. Los cristianos con frecuencia citan este relato para demostrar la manera en que Jesús estima el matrimonio y da regalos espléndidos cuando menos se los espera. Esos pensamientos son buenos, pero Juan nos ha contado este relato para mostrar la manera en que Jesús comenzó a obrar las señales que iban a revelar su gloria. El milagro tenía un propósito, para el que la boda fue solamente un escenario. Fue una señal.

Una señal dirige la atención hacia algo. Esta señal proporcionó una manera física de señalar una verdad espiritual, es decir, la gloria del único Hijo de Dios. Esta acción de convertir el agua en vino probó la divina autoridad de Jesús y su majestad.

El primer milagro de Jesús tuvo lugar en el oscuro pueblito de Caná de Galilea. Podríamos haber esperado que comenzara en Jerusalén. En ese tiempo, la señal fue principalmente para sus discípulos. Al parecer, sólo los sirvientes y la madre de Jesús sabían lo que Jesús había hecho. Tal vez podríamos haber esperado que lo viera una gran multitud de testigos guiados por los dignatarios más importantes del momento, pero en vez de eso, sin ninguna fanfarria, Jesús llevó a cabo lo que Dios de antemano ya había establecido que él hiciera.

Y dio resultado: "Manifestó su gloria; y sus discípulos creyeron en él"; ellos tenían una nueva evidencia de que Jesús era el Mesías prometido. Vieron la gloria de Dios (1:14) por medio de este milagro, y creyeron en Jesús de una manera más firme.

Los discípulos ya habían llegado a la fe cuando se unieron a Jesús, y habían creído. Pero ahora comenzó el proceso de edificar su fe, de instruirla y de confirmarla. Lo mismo sucede con nosotros hoy en día, cuando nos enteramos de los milagros de Jesús.

Jesús predice su muerte y su resurrección (2:12-25)

2:12-13. Después de la boda, Jesús bajó a Capernaum, acompañado de su familia y de sus discípulos. Probablemente visitó el hogar de Pedro y de Andrés (Marcos 1:21, 29; Mateo 8:5, 14) o el de Santiago y Juan, que tenían un negocio de pesca en esa área. Después, Jesús fue a Capernaum. El viaje fue literalmente en descenso ya que comenzó en la región montañosa y terminó abajo en la orilla norte del mar de Galilea. Allí Jesús se quedó por unos días hasta que llegó el momento de ir a celebrar la Pascua en Jerusalén.

Los hermanos de Jesús estaban con él. Desde los primeros tiempos la iglesia ha especulado acerca de la manera en que los hermanos de Jesús estaban relacionados con él. Algunos dicen que eran hijos de un matrimonio anterior de José, otros dicen que probablemente eran primos, porque la palabra griega para hermanos también puede significar primos. Finalmente, algunos suponen que los hermanos de Jesús eran hijos de María y de José, que nacieron después de Jesús. Cualquiera de estas tres especulaciones es posible. De otro modo, en ausencia de razones convincentes, parece razonable pensar en hijos propios de María y de José (vea Marcos 6:3, donde se nombra a cuatro hermanos, y se menciona también a las hermanas. En esta parte, y más adelante, la ausencia notoria de José puede sugerir que él ya había muerto).

Jesús salió pronto de Capernaum para asistir a la Pascua judía que tenía lugar en Jerusalén. Todos los varones judíos, a partir de los doce años de edad, acostumbran hacer este peregrinaje durante la Pascua. Iban para conmemorar la liberación de los israelitas de la esclavitud en Egipto (vea Éxodo 12). La celebración duraba siete días e incluía el sacrificio de un cordero macho de un año, sin mancha, para la fiesta. Los participantes recordaban la manera en que la sangre del cordero de la primera Pascua había salvado a los israelitas primogénitos del ángel de la muerte. Ahora el mismo Cordero de Dios iba a asistir a la fiesta.

2:14-16. Cuando Jesús llegó al templo de Jerusalén, se encontró con cosas que hacían que la atención de la gente se apartara del festival sagrado. Era como el primer día de feria de un pueblo. Algunos vendían animales y aves para los sacrificios, otros les cambiaban dinero a los visitantes foráneos que debían pagar el impuesto del Templo con una moneda judía específica (Éxodo 30:13-16).

El ruido y la confusión ya eran suficientes distracciones. Sin embargo, todo lo que estaba ocurriendo causaba también grandes abusos. Los vendedores tenían una esquina en el mercado, a la manera como los vendedores de hoy en día en un teatro o en un estadio. Desde todo punto de vista, esos comerciantes explotaban a la gente. La avaricia era la que ganaba; la reverencia era la que perdía, es decir, era lo que menos se veía en el Templo. Todas estas situaciones minaban o disminuían el propósito de la adoración en el Templo. Es seguro que muchos fueron con sacrificios que no eran agradables a Dios porque su corazón no estaba con él (Isaías 1:11-17; Oseas 8:13; Salmo 51:16).

Jesús reaccionó con una indignación que no era característica en él; de inmediato corrigió la situación. Hizo un azote de cuerdas y lo usó para sacar el ganado y las ovejas junto con los mercaderes. Arrojó las monedas al suelo, derribó las mesas y les ordenó a los que vendían las palomas: "Quitad esto de aquí, y no convirtáis la casa de mi Padre en casa de mercado."

Parte III

2:17. El Señor fue a su Templo. Fue como un "refinador y purificador" en el espíritu de Malaquías 3:1-4. Jesús afirmó que era el Hijo de Padre celestial. Sus discípulos observaban; sin duda estaban atemorizados y sobrecogidos. Y como conocían bien las Escrituras, recordaron uno de los salmos de David que hablaba acerca del Mesías, y que se aplicaba a Jesús: "Me consumió el celo de tu Casa" (Salmo 69:9). De una manera significativa, el mismo salmo predijo algo del rechazo y del sufrimiento que le esperaban a Cristo. Por ahora, lo que acababa de ocurrir les dio a los discípulos otra señal de que Jesús era el Cristo, y tal vez dejó en ellos algún temor de lo que todavía estaba por venir.

Jesús había adoptado la posición que le correspondía al reaccionar contra el hecho de convertir la casa de su Padre en un mercado. ¿Qué es lo que nosotros, en nuestros días, podemos aprender de este episodio? La Palabra no dice que cualquier acto de venta que se haga en la iglesia sea pecaminoso. Por lo que se describe, más bien podemos llegar a la conclusión de que cualquier cosa que le reste valor al servicio de adoración, cualquier cosa que tergiverse la misión de la iglesia, o que engañe a los hijos de Dios, debe ser expulsada de la iglesia como Jesús expulsó el ganado del Templo.

Mateo, Marcos y Lucas también registran la limpieza del Templo que hizo Jesús. Sin embargo, ellos informan de una depuración ya cerca del final, y no al principio del ministerio de Jesús. Algunos, que creen que ese acontecimiento es el mismo que aparece en el relato de Juan, reaccionan rápidamente y sugieren que hay una contradicción. Pero, ¿por qué? Para comenzar, como también Lutero lo nota aquí, los escritores del evangelio no siempre siguen el mismo orden cronológico. Los relatos no siempre afirman que dan una secuencia histórica estricta. Sin embargo, es aún más probable que Jesús haya limpiado el Templo dos veces, una vez al comienzo de su ministerio, y otros tres años más tarde, al final.

2:18-19. Los dirigentes de los judíos reaccionaron de una manera cautelosa ante las acciones de Jesús. No trataron de arrestarlo, tal vez porque sabían de los excesos que se cometían y de la falta de popularidad del mercado. Pero no tocaron el tema. En vez de hablar de las fallas que Jesús había puesto al descubierto, le pidieron a una señal que probara que tenía autoridad para hacer la limpieza del Templo. Dieron a entender que si él hacía un milagro, tal vez lo reconocerían como el Mesías; pero lo más probable era que sólo lo reconocieran como alguien que podía ser un líder contra la opresión romana.

Le pidieron una señal, y él se la dio. Pero, como veremos, no fue el tipo de señal que ellos querían. "Destruid este templo", les dijo Jesús, "y en tres días lo levantaré".

2:20-22. Entonces los judíos se pusieron a discutir. El lector los podría ver mofándose cuando respondieron: "En cuarenta y seis años fue edificado este Templo, ¿y tú en tres días lo levantarás?" Estaban escépticos. Sin embargo, Jesús no hablaba del Templo del que acababa de arrojar a los mercaderes; hablaba del templo su cuerpo. Les estaba diciendo que él iba a morir y a resucitar.

La imagen del templo como el cuerpo de Jesús fue elocuente. Precisamente, así como la presencia de Dios se manifestaba en el Templo para el pueblo de Dios, de la misma manera Dios se manifestaba entre el pueblo en el Verbo hecho carne. Él cumplió en su persona lo que el Templo había prefigurado. Destruir a Jesús era prácticamente destruir el Templo.

La incredulidad no reconoce una señal verdadera cuando es evidente; en vez de eso se convierte en una señal de juicio. Así que estos judíos posteriormente trataron de usar las palabras de Jesús contra él mismo en su juicio (Mateo 26:61). Aun cuando Jesús resucitó de entre los muertos para cumplir con esta señal, estos judíos endurecieron su corazón incrédulo frente a la verdad. Por otro lado, los discípulos "recordaron que había dicho esto, y creyeron en la Escritura y a la palabra que Jesús había dicho".

Es importante notar la manera en que crece la fe de un discípulo. Aquí no hay ningún indicio de que los discípulos entendieran más que los judíos incrédulos lo que Jesús estaba diciendo. Sin embargo, recordaron las palabras de Jesús y miraron las Escrituras para entender y confirmar esto. Encontraron lo que buscaban en las Escrituras y todo encajaba perfectamente. Tal vez era el Salmo 16:10: "No dejarás que mi vida termine en el sepulcro; no permitirás que sufra corrupción tu siervo fiel" (NVI). Entonces cuando vieron que Jesús había resucitado, creyeron.

De manera similar, nosotros hoy en día no siempre entendemos de inmediato la Palabra de Dios. Pero siguiendo el ejemplo de los discípulos, recordamos sus palabras y buscamos en las otras partes de las Escrituras para entenderlas y confirmarlas. Es así como el Señor nos revela sus señales, y creemos, y vivimos.

2:23-25. Jesús hizo otras señales milagrosas mientras estuvo en Jerusalén para la Pascua y mucha gente creyó en su nombre. Lo que sabían de Jesús, es decir, su nombre, los llevó a confiar en él. Las señales tuvieron un efecto. La gente comenzó a confiar en Jesús como en un gran profeta y aun como el Mesías.

Sin embargo, Jesús vio más aquí que cualquiera de los otros que estaban con él, y no todo era tan favorable como parecía. No se entregó sencillamente a los que afirmaban que tenían fe en él. Por esta vez, permaneció distante porque sabía lo que había en el corazón de la gente. Jeremías dijo una vez: "Engañoso es el corazón más que todas las cosas, y perverso; ¿quién lo conocerá?" (17:9). Y el Señor respondió: "Yo Jehová, que escudriño la mente, que pruebo el corazón" (versículo 10).

El Señor miró ahora el corazón de los muchos que creían en su nombre. Vio una fe débil, voluble y mal aplicada. Vio que la gente se había impresionado principalmente con sus milagros. Vio que lo que querían era que él les diera una vida mejor en la tierra, pero que no lo veían como el Hijo que había venido a preparar el cielo para ellos. No importaba si otros iban a Jesús y decían: "Aquí hay una persona piadosa" o "Aquí hay alguien que quiere seguirte", Jesús sabía lo que había en el corazón de ellos.

Hasta el día de hoy, algunos de los que profesan confianza en Jesús tienen ciertas reservas o esperanzas equivocadas. En nuestras iglesias hay hipócritas. Ahora, como en ese entonces, otras personas tampoco pueden juzgar adecuadamente quienes son, pero Jesús sabe lo que hay en el corazón de esas personas.

Jesús le enseña Nicodemo acerca de la regeneración (3:1–21)

3:1–2. Jesús tenía encuentros frecuentes con los fariseos, ellos eran la élite religiosa judía, que era hipócrita y que se tenía a sí misma en alta estima. Como de costumbre, así como cuando interrogaron a Juan el Bautista en el desierto (1:24), lo que los fariseos buscaban era desacreditar al mensajero de Dios. Pero esta vez uno de ellos fue solo y en secreto, de noche. Era Nicodemo, también líder de los judíos, uno de los miembros del consejo del gobierno (Sanedrín). Es indudable que, como fariseo y como gobernador, Nicodemo conocía bien el Antiguo Testamento.

Nicodemo fue a ver Jesús en privado. Tal vez temía la reacción de los otros fariseos que veían a Jesús como una amenaza para ellos. Nicodemo, a diferencia de los otros, fue para buscar sinceramente la verdad. Las enseñanzas y las señales de Jesús lo habían impresionado. Nicodemo confesó que Jesús había venido de Dios; lo sabía porque Jesús había hecho señales milagrosas que nadie podría hacer sin el poder de Dios. Nicodemo todavía no sabía exactamente qué pensar de este maestro que venía de Dios, así que había ido para confirmar sus sentimientos.

3:3. Cuando Jesús le respondió, pudo parecer que no fue muy receptivo, pero su expresión inicial nos asegura que lo fue: "De cierto, de cierto" (literalmente, "en verdad, en verdad" o "amén, amén"). Jesús usó la expresión que recalcaba la solemne verdad de sus palabras. Después fue directamente a la esencia de su mensaje para Nicodemo, y le dijo lo que necesitaba oír.

Jesús le explicó que nadie puede ver el reino de Dios a menos que nazca de nuevo. La expresión "nacer de nuevo" también puede significar "nacer de lo alto", que encaja aquí con la idea. Pero Nicodemo la entendió de la manera literal.

3:4-6. A Nicodemo le pareció que Jesús estaba hablando en alegorías; difícilmente podría querer decir que una persona debía pasar por un segundo nacimiento físico. A Nicodemo le parecía que había percibido un significado más profundo, pero ¿Cuál era?

Jesús nuevamente hizo énfasis en la solemne verdad de su respuesta: "De cierto, de cierto te digo que el que no nace de agua y del Espíritu, no puede entrar en el reino de Dios." El nuevo nacimiento, había dicho Jesús, es "de agua y del Espíritu", no del agua y del Espíritu como dos experiencias separadas. El agua y el Espíritu obran juntos en el nuevo nacimiento. Jesús estaba hablando del bautismo, por medio del que el Espíritu obra la fe salvadora.

Las palabras de Jesús repiten el clamor de Juan el Bautista "¡Arrepentíos!" "¡Bautícense!" "El reino de los cielos se ha acercado" (Mateo 3:1, 2; Marcos 1:4). Estas palabras revelaban lo que tenía que suceder para que Nicodemo encontrara las respuestas que buscaba en su visita nocturna.

Necesitamos este renacimiento celestial para entrar en el reino de Dios. Como Jesús dijo en otra oportunidad, "El reino de Dios está entre vosotros" (Lucas 17:21). El reino de Dios es el gobierno de gracia que tiene Dios en nuestro corazón. Mediante el bautismo el Espíritu Santo nos une con el reinado amoroso de Dios. Él obra una regeneración, que hace de una persona un hijo de Dios y un miembro de su reino. El apóstol Pablo dijo lo mismo cuando escribió: "[Dios nuestro Salvador] nos salvó... por el lavamiento de la regeneración y por la renovación en el Espíritu Santo" (Tito 3:5).

Dos nacimientos: uno es físico y el otro espiritual. Uno es carne nacida de carne, el otro es espíritu nacido del Espíritu.

Todos nosotros por igual venimos a este mundo fuera del reino de Dios. En contra de lo que algunos enseñan, los niños comienzan su vida bajo la condenación del pecado. Como una vez dijo Job acerca de nuestro nacimiento físico: "¿Quién hará puro lo inmundo? ¡Nadie!" (Job 14:4). Años después Pablo dijo: "Y yo sé que en mí, esto es, en mí carne, no habita el bien" (Romanos 7:18). Solamente podemos concluir con David, "En maldad he sido formado y en pecado me concibió mi madre" (Salmo 51:5).

Los bebés se pueden ver tan puros como el agua de un manantial, pero la fuente está contaminada. Mil nacimientos físicos no pueden cambiar esto. Pero hay un agua que purifica, el agua que contiene el Espíritu de Dios. Como Ezequiel profetizó del Señor: "Esparciré sobre vosotros agua limpia y seréis purificados de todas vuestras impurezas, y de todos vuestros ídolos os limpiaré. Os daré un corazón nuevo y pondré un espíritu nuevo dentro de vosotros. Quitaré de vosotros el corazón de piedra y os daré un corazón de carne. Pondré dentro de vosotros mi espíritu, y haré que andéis en mis estatutos y que guardéis mis preceptos y los pongáis por obra" (36:25-27). El Espíritu obra la regeneración por medio del agua del bautismo.

3:7-8. Nicodemo preguntó: "¿Cómo puede ser eso?", y desde entonces la pregunta persiste. Es que nosotros los seres humanos no sabemos qué hacer con la verdad de Dios cuando no la podemos entender.

La respuesta que le dio Jesús a Nicodemo también sigue vigente a través de todas las épocas: "No te maravilles". Podemos entender la obra del Espíritu de Dios tan poco como podemos predecir por donde soplará el viento o a donde irá. Sabemos cuándo sopla, y eso nos afecta, pero no lo podemos ver. No podemos estar seguros de cuándo ni de qué dirección vendrá. De la misma manera, ninguno de los que han nacido del Espíritu puede entender por completo la manera en que Dios en su sabiduría envía al Espíritu. Solamente saben que él lo hace.

Aquí hubo un cambio imperceptible en las palabras de Jesús. Cuando dijo, "Os es necesario nacer de nuevo", usó la forma plural del griego que en español es "os" o "les". Es claro que él no estaba hablando solamente acerca de Nicodemo. "Os" (les) en el plural puede implicar a todos.

3:9-12. Nicodemo aún no podía creer, necesitaba una explicación que encajara con la razón humana. Nuevamente preguntó: "¿Cómo puede hacerse esto?"

En su respuesta, Jesús primero reprendió a Nicodemo, porque a pesar de que era un maestro espiritual bien conocido en Israel, no sabía las verdades básicas de su propia salvación.

Una vez más Jesús hizo énfasis en la solemne verdad de sus palabras. Lo que le acababa de decir a Nicodemo ya había sido dicho antes. "De lo que sabemos, hablamos, y de lo que hemos visto, testificamos". El uso del plural "nosotros" probablemente implica a Jesús y a Juan el Bautista; sin embargo, algunos piensan que Jesús se podría estar refiriendo a los profetas o a sus discípulos, o aun a Dios el Padre cuándo dice: "[nosotros] testificamos".

Jesús le acababa de hablar a Nicodemo acerca de las cosas espirituales que tienen lugar en este mundo, "cosas terrenales". La regeneración ocurre en el corazón de una persona que está aquí en la tierra. El arrepentimiento, el bautismo y la fe suceden en la tierra. Pero Nicodemo todavía no creía.

Entonces, ¿cómo sería posible que él creyera si Jesús le hablara acerca de las cosas espirituales que tienen lugar en el cielo, "las celestiales"? ¿Estaba listo Nicodemo para saber acerca del plan eterno de Dios para la salvación del mundo y acerca de Jesús que había estado con Dios al principio?

Fue así como Jesús preparó a Nicodemo para oír las "cosas del cielo" que eran aún más maravillosas.

3:13. Jesús tenía el conocimiento y la autoridad para hablarle a Nicodemo de las cosas celestiales porque sólo él había venido del cielo. Él era el Verbo, que había estado con Dios cuando se había determinado el plan de la salvación. Y él se había convertido en un ser humano perfecto, el Hijo del hombre, para llevar a cabo este plan.

3:14-15. Ahora les llegó el turno a las enseñanzas acerca del cielo. Para que Nicodemo pudiera entender, Jesús lo dirigió a las Escrituras porque las había estudiado bien. Estableció una analogía entre lo que hizo Moisés cuando levantó la serpiente de bronce en el desierto (Números 21:8, 9) y su propia obra salvadora en favor del mundo. La serpiente había sido levantada en un asta, Jesús iba a ser levantado en una cruz. Todo el que miró con fe la serpiente fue sanado de la mordedura mortal de las serpientes; todo el que mire con fe a Jesús es salvado de la mordedura de la muerte eterna y tendrá vida eterna. Esa es la vida que comienza con la regeneración que obra el Espíritu.

La promesa le pertenece a "todo aquel" que cree. Es universal, no se excluye a nadie que crea. Al mismo tiempo, la promesa le pertenece a cada uno de los que creen. Es personal, Dios sabe nuestro nombre, y cada uno de nosotros tiene la vida eterna.

3:16. Por ahora el diálogo se había interrumpido y Jesús estaba usando el momento para instruir a Nicodemo acerca del plan eterno de Dios para nuestra salvación. En términos sencillos, que los cristianos de hoy en día saben de memoria, Jesús le dio una síntesis del plan.

Dios amaba al mundo que había creado, aunque la corona de esa creación (el hombre) había obrado mal y lo había arruinado todo. Nuestros pecados no impidieron que Dios nos siguiera amando. Los pecados de Adán, Eva, Caín, Lamec, Sara, David, Judas, Pablo, Lutero y Hitler, que Dios conocía en su totalidad, no hicieron que su amor divino se extinguiera. Él amaba al mundo y no excluyó a nadie.

Nosotros no podemos entender con facilidad el amor de Dios, y necesitamos saber acerca de él. A muchos cristianos les gusta referirse a este amor por su nombre en griego, *agape*, que en español es ágape. Este tipo de amor es más que un sentimiento, es una determinación. No se entrega a soñar de una manera pasiva, sino que actúa con propósito y con determinación. No basa sus acciones sobre lo agradable o digno que sea objeto del amor; actúa en interés del objeto. A Dios no le gustó el pecado;

lo odió, pero amaba al mundo que estaba atrapado en el pecado y por esto tuvo que ver la manera de tratar con el pecado.

El amor de Dios dio resultados. Ofreció el sacrificio máximo por el mundo que amaba, dio a su único Hijo. Sin embargo, dar a su único Hijo significaba más que hacerlo nacer de una madre virgen y que aclamarlo como salvador. Dios dio a su Hijo como el sacrificio que era necesario para pagar por los pecados del mundo. Dios entregó a su único Hijo para que muriera en la cruz.

Después, Jesús le repitió lo que significaba el regalo de Dios: "Para que todo aquel que en él cree no se pierda, sino que tenga vida eterna". La fe salva. Pero no precisamente cualquier fe; la fe en el Hijo de Dios que fue dado como un sacrificio por nosotros.

Los que creen en él "no perecerán". Aunque veamos que muchos creyentes mueran, es sólo la muerte física la que les pone fin a nuestros años aquí en la tierra. Los creyentes siguen viviendo por siempre con Jesús. Ya ahora disfrutamos de la vida con Jesús, pero después de la muerte sabremos lo que es la vida en plena gloria.

Hagamos una pausa y reflexionemos en lo que acabamos de saber. Jesús le presentó a Nicodemo el plan de Dios para la salvación de la humanidad. Nicodemo no esperaba lo que acababa de oír. Ningún ser humano podría haber concebido este plan. Nadie lo podría haber imaginado. Sin la intervención de Dios, ese plan no podría funcionar.

Pero ahí estaba Dios, que se había revelado en su majestuosa Trinidad. Dios el Padre amaba tanto al mundo indigno que envió a su Hijo para que lo salvara. Dios el Hijo, presente aquí en la persona de Jesús, había venido para cumplir con la voluntad del Padre, y para ganar la vida eterna para todo el mundo. Dios el Espíritu Santo viene para obrar la fe que la gente necesita tener para poder recibir el don de la vida eterna.

Crea y viva.

3:17-18. Jesús procede ahora a explicar con mayor detalle el mensaje maravilloso. Dios envió a su Hijo al mundo por una razón: Para salvarlo. Muchos judíos pensaban que al venir el Mesías iba a condenar a los paganos y a salvar a su pueblo escogido: los judíos. Estaban equivocados; el Mesías vino para salvar a toda la gente del mundo. Las palabras son enfáticas: "Dios no envió a su Hijo al mundo para condenar al mundo". Jesús no vino para juzgar, sino para salvar.

El que crea en el Hijo de Dios no es condenado, porque el pecado pierde todo su poder para condenarnos. Aun así, algunos son condenados porque no creen "en el nombre del unigénito Hijo de Dios". La incredulidad condena. Ya se ha dado el veredicto para los incrédulos. Dios sencillamente lo confirmará en el día del juicio.

Sin embargo, mientras haya tiempo en la tierra, las condiciones pueden cambiar. Jesús habla acerca de los que continúan creyendo y de los que continúan en la incredulidad. Los caprichos pasajeros en la fe o los momentos intermitentes de incredulidad no sellan definitivamente los resultados. Algunas veces los creyentes pierden la fe, y algunas veces los incrédulos llegan a tener fe en Jesús. En estos casos el juicio permanece consistente; es decir, los que entonces continúan creyendo en él son salvos y se mantendrán sanos y salvos para la eternidad.

3:19–21. Las personas hicieron que cayera sobre ellas el veredicto cuando rechazaron la luz que Jesús trajo a este mundo (1:9). Algunos aman las tinieblas y las malas acciones que vienen asociadas con la oscuridad. La luz pone al descubierto sus malas acciones, revela el pecado como lo que realmente es: Desobediencia y desafío a Dios. Detestan la luz.

Las palabras "amar" y "detestar" nos dicen por qué los incrédulos caen bajo el juicio. Ellos *aman* las tinieblas y *detestan* la luz. Podemos ver los resultados en las malas acciones que con frecuencia cometen de una manera descarada y que defienden enérgicamente. Los asesinatos, los abortos, la anarquía, la borrachera, el adulterio, la impiedad y una gran cantidad de otros pecados atraen a los incrédulos más que Cristo. En realidad, lo odian porque él se opone a lo que ellos aman.

Los que creen en Jesús viven en la verdad; la luz brilla sobre ellos, en ellos y a través de ellos. Al ser atraídos hacia Jesús, llevan a cabo las obras que ponen de manifiesto la presencia de Dios en su vida.

Juan el Bautista le cede el paso a Jesús (3:22-36)

3:22-24. Después de que Jesús y sus discípulos salieron de Jerusalén, pasaron algún tiempo en el campo de Judea, probablemente cerca del río Jordán donde bautizaron a la gente. Mientras tanto, en un lugar más distante, que estaba al norte, Juan el Bautista también continuaba bautizando.

Los que conocen los otros evangelios tal vez se hayan preguntado si Jesús siguió bautizando después que Juan fue encarcelado. El apóstol Juan les asegura que los dos llevaron a cabo su ministerio en forma paralela por algún tiempo.

3:25-26. Juan estaba bautizando, Jesús estaba bautizando. Aunque ambos enseñaban el arrepentimiento y la fe, no pasó mucho tiempo antes de que surgiera una disputa entre los discípulos de Juan y un judío del que no se da el nombre. Hablaron acerca de los bautismos, y parece que la discusión fue acerca de si un bautismo era "más benéfico" que el otro.

La raíz del problema fue un sentimiento de oposición y de celos hacia Jesús que ya iba en aumento, y que surgió entre los discípulos de Juan. Se quejaban porque desde que Jesús había aparecido "todos" iban a él. Más y más grandes multitudes seguían a Jesús, mientras que menos y menos gente se acercaba a Juan. ¿Era justo eso?

Hasta nuestros días podemos ver disputas similares en nuestras iglesias, cada vez que nos preocupamos demasiado por nosotros mismos y por nuestra popularidad, en vez de preocuparnos por Jesús y por la difusión de su evangelio.

3:27-30. La respuesta de Juan reveló que él sabía claramente cuál era su lugar en el plan de Dios. Cualquiera que sea el lugar que tengamos en la vida, afirmó él, es porque nos viene de Dios.

Dijo una verdad general; tenemos lo que tenemos y somos lo que somos porque Dios nos lo ha dado. Dentro de esta realidad debemos trabajar para la gloria de Dios.

El papel de Juan, que le había sido asignado por Dios, fue el de preparar el camino para Cristo, y encontró un gozo pleno en llevarlo a cabo. Se comparó a sí mismo con el amigo del novio. En nuestros días podríamos pensar en él como en el testigo principal del novio en una boda. Su mayor gozo es ver que se unen la novia (la iglesia) y el novio (Cristo). En su caso, él espera con la novia. Cuando el novio aparece, necesariamente toda la atención se concentra en él. El testigo hace un brindis, le cede su lugar al novio, y gustosamente pasa a un segundo plano.

Así, Cristo *debe* seguir creciendo, y Juan debe seguir menguando. La palabra griega que expresa este sentimiento es la palabra que usa para una planta que *crece*, florece y da fruto. Disminuir significa disminuir en importancia, hasta podría significar ser contado como inferior. Juan se estaba preparando para dejar su ministerio, por decirlo así, en favor de Jesús. El versículo 30 se destaca como una realidad para Juan y para todos los cristianos. Es un lema apropiado para todos los creyentes. Demuestra lo que sucede cuando creemos y vivimos. Nuestro propósito en la vida es el de glorificar a Jesús.

3:31-32. Jesús, que es el Verbo eterno (1:1), vino del cielo (1:14). Estaba sobre todos. Merecía la atención que estaba recibiendo. Juan había nacido en esta tierra como cualquier ser humano común y hablaba sólo de las cosas que Dios le había revelado a él en la tierra. Por otro lado, Jesús hablaba de lo que él había visto y oído en el cielo; por ejemplo, las cosas celestiales de las que le había hablado a Nicodemo.

Sin embargo, el testimonio celestial de Jesús cayó mayormente en oídos sordos. "Nadie", con la excepción del que se menciona a continuación, "recibe su testimonio".

3:33-35. A partir del versículo 30, todos los verbos están en la tercera persona: "él". Cuando Juan el Bautista hablaba, usaba la primera persona: "yo". Entonces, las palabras que siguen al versículo 30 le pertenecen más bien a Juan, el escritor del evangelio, que expresa verdades generales para toda la gente.

Juan el Bautista recibió el testimonio de Cristo, se dio cuenta de que estaba siendo testigo de la verdad de Dios y corroboró esa verdad. La confirmó con su experiencia y se identificó con ella. Así es con todo el que cree en Jesús. Cuando Dios envía a alguien, como cuando envió a Juan el Bautista, esa persona habla las palabras de Dios. Nosotros lo podemos hacer porque Dios nos da su Espíritu en plena medida.

Sin embargo, lo que Dios nos da es de menor grado en comparación con lo que le dio a su Hijo. El determinado e inmensurable amor de Dios continuó extendiéndose hacia Cristo desde la eternidad y en su humanidad, y puso todas las cosas en sus manos (Efesios 1:10). La plenitud del Espíritu de Dios, la totalidad del cielo y de la tierra, la abundancia de la vida, todo le pertenece a Jesucristo, y todo se encuentra en él.

3:36. En caso de que alguien no haya captado o haya olvidado el tema de este capítulo, o de todo el evangelio, este versículo lo resume todo perfectamente. Todo aquel que nace en este mundo es por naturaleza objeto de la ira de Dios. Quienquiera que crea en su Hijo tiene vida eterna, y se ha salvado. Sin embargo, quienquiera que no crea, sino que desobedezca, no verá la vida. Esa persona permanece bajo la ira de Dios.

Creemos y vivimos.

Jesús instruye a la mujer samaritana acerca del agua de vida (4:1-42)

4:1-3. Las noticias del éxito de Jesús habían llegado a los fariseos, que continuamente estaban buscando la forma de desacreditarlo. Su éxito atrajo una oposición que iba en aumento. Fue durante ese tiempo que Juan el Bautista fue encarcelado. En vez de enfrentarse a procesos judiciales que por ahora serían innecesarios y prematuros, Jesús salió de Judea para ir nuevamente a Galilea, que era donde él había convertido el agua en vino.

El apóstol Juan nos hace notar que Jesús dejó que sus discípulos fueran los que bautizaran. Nadie podría decir que su bautismo había sido algo extraordinario porque Jesús lo había llevado a cabo.

4:4-6. Había tres caminos por los que Jesús podía llegar a Galilea. Muchos judíos preferían no pasar por Samaria, por el antagonismo y la hostilidad que existían entre los judíos y los samaritanos. Algunos tomaban el camino que iba por la costa norte del Mediterráneo, otros cruzaban el Jordán e iban hacia el norte por Perea, por la orilla que estaba al este. Sin embargo, el texto dice que a Jesús "le era necesario pasar por Samaria". Otras razones que no eran las geográficas fueron las que determinaron esta decisión. Dios tenía un plan.

Para los judíos, el hecho de pasar por Samaria era algo así como caminar por un barrio que es territorio de pandilleros. Podría conducir a un altercado (vea el versículo 9). Esa condición existía desde el tiempo en que Asiria había conquistado el reino del norte de Israel, se había llevado en cautiverio a la mayoría de la población, y había repoblado con extranjeros (722 a.C.). Ese pueblo se había mezclado con los israelitas a los que se les había permitido quedarse. Como resultado de todo esto, el pueblo mestizo de Samaria continuamente combinaba las religiones falsas con la adoración al Señor y acosaba a los judíos (2 Reyes 17:24-41; Esdras 4:1-5).

Jesús y sus discípulos habían llegado hasta Sicar de Samaria al lugar donde hacía mucho tiempo Jacob había comprado un terreno y donde José estaba sepultado (Génesis 33:18, 19; Josué 24:32). Jacob había cavado allí un pozo, junto al cual ahora Jesús se sentó a descansar. Siendo completamente humano, estaba cansado por haber andado en caminos polvorientos bajo el ardiente sol. Era el medio día o eran las 6.00 p.m., eso depende de si Juan estaba calculando según la hora judía o según la hora romana.

4:7-9. Mientras Jesús descansaba solo, los discípulos fueron al pueblo para comprar alimentos. En ese momento llegó una mujer samaritana a sacar agua. Generalmente las mujeres iban en grupo a sacar agua, pero esta mujer llegó sola, probablemente porque no era bien vista en el pueblo. En todo caso, Jesús iba a mostrar por qué "tenía que pasar por Samaria".

"Dame de beber", le pidió a la mujer. La petición llamó la atención de la mujer. Por la ropa y por la manera de hablar, ella se había dado cuenta de que Jesús era judío. Los judíos no solo no se relacionaban con los samaritanos, sino que era doblemente tabú que un hombre judío entablara conversación con una mujer samaritana.

Sin embargo, la sed de Jesús y la intención de la mujer de sacar agua facilitaron el terreno común para que Jesús le tendiera la mano para salvar su alma que estaba reseca por el pecado.

4:10. Precisamente, como había hecho con Nicodemo, Jesús en respuesta le dedicó su atención a las necesidades de la mujer y a lo que podría hacer para ayudarla. Jesús la reprendió levemente, pero no para obtener el agua que le había pedido. Ella necesitaba saber quién era él y lo que era el agua que él tenía para darle.

¡Si solamente esta samaritana "[conociera] el don de Dios!" Como Jesús se lo había dicho a Nicodemo, ese don era el único Hijo de Dios, el Salvador. Si la mujer hubiera conocido a Jesús, habría sabido cuál era el don de Dios.

Junto con Jesús también vino el don del "agua viva". El término "agua viva" se podría usar para describir el agua fresca de un manantial. La mujer probablemente pensó en el agua que provenía del pozo de Jacob. Sin embargo, Jesús hablaba del agua que da vida, la vida espiritual que viene con el nuevo nacimiento, la vida eterna para todo aquel que cree.

La mujer no entendió, pero quería saber más.

4:11-12. Así como Nicodemo trataba de entender lo que era la regeneración, la mujer se resistía a la idea de Jesús acerca del agua viva. Ella pensaba en el agua del pozo, pero parece que se dio cuenta de que él no hablaba de esto. Jesús no tenía ningún medio para sacar el agua. La mujer pensó en el gran patriarca Jacob, que había dado este pozo de agua para el pueblo; pero no era posible que el hombre que tenía enfrente se pudiera comparar con Jacob. Ella necesitaba más instrucción, y Jesús estaba a punto de guiarla paso a paso para que viera la verdad.

4:13-15. Jesús era mucho más importante que Jacob y esta agua era diferente. Era un agua espiritual, celestial, permanente. Un poco de ella apagaría toda sed para siempre. Jesús dijo que esta agua se va a convertir en una fuente de agua que brotará dentro de la persona para vida eterna. Beber el agua es un paralelo a creer en Jesús. Cualquiera que crea en Jesús tiene vida eterna.

Las palabras de Jesús repiten las figuras y las promesas del Antiguo Testamento para la era mesiánica. "El lugar seco se convertirá en estanque y el sequedal en manaderos de agua", dijo Isaías (35:7), que también predijo que el pueblo no tendrá "hambre ni sed" y que Dios los guiará y los conducirá "a manantiales de aguas" (49:10). Jeremías identificó al Señor como "fuente de agua viva" (2:13). También viene a nuestra memoria el Salmo 42: "Como el ciervo brama por las corrientes de las aguas, así clama por ti, Dios, el alma mía" (versículo 1).

La verdad es sencilla, la imagen es profunda. Ahora la fe en Jesús da la vida eterna. Se puede entender que Jesús y su Espíritu son el agua. La fe es recibirla. El agua que Jesús nos da se convierte en nosotros "en una fuente de agua que salte para vida eterna". La vida con Jesús se vuelve parte de nuestro ser: dinámica, fresca, fluida, eterna.

Ahora la mujer quería el agua, pero todavía pensaba en el agua terrenal y en la sed física. Era necesario que Jesús le revelara cual era la verdadera sed de ella.

4:16-18. Jesús le había estado diciendo la verdad salvadora del evangelio a la mujer samaritana. Pero ahora le habló la ley;

Parte III

sólo así ella se podría dar cuenta del tipo de sed que Jesús apaga para siempre. Cuando le dijo que llamara a su marido, le hizo ver de una manera efectiva que era pecadora y le dio la oportunidad de confesarse.

Su breve respuesta abrió la puerta. Tal vez ella dijo con cierto sentimiento de vergüenza: "No tengo marido."

Jesús le hizo entender la verdad. Has dicho la verdad, le dijo, una verdad que abarcaba una historia de adulterio, divorcio y fornicación: ¡cinco maridos y otro que tenía ahora!

4:19-20. La mujer no podía negar lo que Jesús le había dicho. Se maravilló porque él, siendo un extraño, supiera acerca de ella, y lo identificó como profeta. ¿Qué seguiría ahora?

Algunos piensan que la mujer cambió bruscamente de tema para desviar la conversación acerca de su vida pecaminosa. Sin embargo, también es muy probable que ahora que su pecado había quedado al descubierto y que había sido reconocido, ella ese preocupara de su bienestar espiritual y volviera su atención al tema de la adoración. ¿Adónde podría ir para confesarse ante Dios y para quedar limpia de su pecado?

Los samaritanos habían construido su propio templo en el monte Gerizim que estaba cerca a su pueblo y continuaron rindiendo su culto de adoración allí aún después de que su templo había sido destruido ya hacía muchos años. Sin embargo, los judíos insistían en rendir su culto de adoración en Jerusalén, donde Dios les había dicho que construyeran su Templo. ¿Qué era lo que ella debía hacer?

4:21-24. El lugar no determina ni el valor ni la eficacia de la adoración. Jesús sabía que los romanos iban a destruir Jerusalén y el Templo en el año 70 d.C., pero eso no le pondrá fin a la verdadera adoración. Le podemos rendir adoración al Padre celestial en cualquier lugar; sin embargo, la gran diferencia está en qué o a quien adoramos.

Los samaritanos habían mezclado la adoración con ídolos y no tomaban en cuenta la revelación del Antiguo Testamento, excepto los libros de Moisés. Ellos no sabían realmente qué o a quién adoraban. En contraste, la salvación prometida vendrá a través de los judíos. El Salvador era la Simiente de Abraham y el Hijo de David. Los judíos que permanecieron fieles a las Escrituras todavía adoraban al verdadero Dios. Como lo dice el Salmo 147: "Ha manifestado sus palabras a Jacob, Sus estatutos y sus juicios a Israel" (versículo 19).

Sin embargo, había llegado el tiempo en que las cosas iban a cambiar. Jesucristo estaba llevando a cabo la salvación que había sido prometida por Dios. El templo de Jerusalén con sus sacrificios había anunciado al Mesías, pero con su venida iban a perder su significado, de modo que ahora los que verdaderamente adoraban a Dios lo debían hacer en espíritu y en verdad.

La verdadera adoración comienza cuando la verdad de Jesucristo llega a nuestra alma y cuando el Espíritu de Dios toca el nuestro para que creamos. No sólo seguimos todos los pasos de la adoración sino que todo nuestro ser se implica en ella, pero el hecho de poner el alma y el corazón en la veneración es sólo una parte de la verdadera adoración. Muchos que se imaginan a "Dios" de acuerdo a sus propias ideas, invocan fervientemente a ese dios.

La verdadera adoración se hace "en espíritu y *en verdad*". Gira alrededor de la revelación de la verdad de Dios y se aferra a ella. Alaba al Dios verdadero: Padre, Hijo y Espíritu Santo. Siente pesar por el pecado y se regocija en el amor inmerecido que logró la salvación. Confía en Jesús para obtener el perdón y la vida eterna. Anuncia las Escrituras y se regocija en el mensaje. La verdadera adoración se puede hacer o no hacer en la forma en que la hacemos hoy, no necesita formas específicas. Solamente necesita "espíritu y verdad".

El Padre busca a los verdaderos adoradores, así como en este momento estaba buscando llegar al corazón de esa mujer pecadora, que no necesitaba ir a determinado lugar para encontrar a Dios ni para quedar limpia. "Dios es Espíritu" y no está limitado a ningún lugar como Gerizim ni Jerusalén. La adoración de ella iba a comenzar cuando Dios llegara a su espíritu con su verdad.

Una vez que ella, con fe, aceptara el perdón de Dios que se le ofrecía en Jesús, le podría dar gracias a Dios y alabarlo por su gran misericordia y amor.

La mujer de Samaria va al pozo

4:25-26. Jesús logró el propósito de hacer que la mujer pensara en el Mesías. Aunque los samaritanos usaban únicamente los libros de Moisés como sus Escrituras, ella sabía acerca de la simiente de la mujer que aplastará el poder de Satanás (Génesis 3:15). También sabía de la promesa que Dios le había hecho a Abraham (Génesis 18:18) y que iba a venir un profeta, como Moisés (Deuteronomio 18:15). La mujer tenía la esperanza de ver al Mesías, al que se le llamaba Cristo en el idioma griego. Sabía que él iba a proclamar y a explicar todo.

Tal vez éste era el último esfuerzo que hacía la samaritana para deshacerse de Jesús y no tener que tratar de todo este asunto que parecía ser tan confuso. O tal vez ella vio las cualidades del Mesías en Jesús y estaba comenzando a creer en él o, por lo menos, se estaba preguntando acerca de él.

Cualquiera que fuera el caso, la referencia al Mesías le dio a Jesús la oportunidad de poner el último eslabón de la cadena de revelaciones que le estaba haciendo a la mujer samaritana. Ella le dijo: "Cuando él [el Masías] venga nos explicará todas las cosas" (NVI). Jesús le dijo: "Yo soy, el que habla contigo".

Jesús ya había salido de Judea, donde los hostiles judíos estaban incrementado día a día la oposición contra él. Una revelación como esta en Judea habría hecho que las autoridades se volvieran contra él antes del tiempo debido. Además, muchos que lo seguían para ver sus milagros hubieran esperado que pronto estableciera un gobierno terrenal, como le había ocurrido ya en otras oportunidades. Sin embargo, la mujer samaritana pensaba en el Mesías como profeta y maestro; y la revelación de Jesús creó la fe en su corazón.

El testimonio que le dio Jesús fue sencillo y directo; la mujer no podía dejar de entender ese mensaje. El Mesías mismo, que había venido a salvarla de sus pecados, estaba hablando con ella. Sin embargo, se puede ver que las palabras de Jesús también tenían otro significado más profundo. Aunque no parece estar claro en algunas traducciones como por ejemplo la Nueva Versión Internacional, en el idioma griego parece ser la primera de una serie de afirmaciones de Jesús que comienzan con "Yo soy" y que han sido registradas por Juan. Le dijo a la mujer, en una traducción literal, como la de la Reina Valera: "YO SOY, el que habla contigo".

Las palabras "YO SOY" nos hacen recordar a Dios cuando le habló a Moisés desde la zarza ardiente. Cuando Moisés le pidió a Dios que le revelara su nombre, él le contestó: "YO SOY EL QUE SOY". Moisés les debía decir a los israelitas: "YO SOY me envió a vosotros" (Éxodo 3:13, 14). Jesús era el DIOS YO SOY.

4:27-30. En ese momento, los discípulos regresaron de Sicar, y terminó la conversación. Los discípulos se sorprendieron, pero no dijeron nada acerca de lo que vieron. Existía una regla rabínica que decía: "Que nadie hable con ninguna mujer en la calle, ni siquiera con su propia esposa". Cuando los discípulos se estaban preguntando la razón por la que Jesús estaba hablando con esta mujer, ella se fue rápidamente. Ni siquiera se llevó el cántaro de agua, y eso no se debió a que ella temiera porque el número de hombres había aumentado, sino porque ella creía en Jesús y le quería contar las buenas nuevas a toda la gente del pueblo.

Esta mujer, en su fe que recién florecía, nos da un ejemplo a todos los creyentes de la manera en que uno debe compartir la fe. "Venid, ved", le dijo a la gente, y sus palabras nos recuerdan a Andrés cuando llevó a Pedro adonde estaba Jesús. "No presten atención a mis palabras, vayan y vean por sí mismos. A mí me dijo cosas que yo había hecho que él no podría haberlas oído de nadie. ¿No será este el Cristo?"

Aunque su fe era nueva y su pregunta dejó algo de duda, el testimonio de la mujer fue efectivo. La gente creyó (vea el versículo 39) y se fue a ver al hombre que debía ser el Mesías.

Jesús también aprovechó la oportunidad para instruir a sus discípulos acerca de la salvación de las almas.

4:31-38. Jesús había estado cansado y con hambre. Los discípulos habían traído alimentos, entonces naturalmente le sugirieron que Jesús comiera algo. La respuesta los confundió; les dijo que ya había tenido un alimento del que ellos no sabían. La respuesta se parece mucho a la forma en que él le había hablado antes a la mujer acerca del agua viva. Jesús no hablaba de un alimento terrenal; lo que quiso decir es que el hecho de llevar a la mujer samaritana a la fe salvadora había alimentado su alma y había refrescado su espíritu.

Sin embargo, los discípulos no sabían lo que él quería decir. De modo que se preguntaron entre sí: "¿Dónde consiguió Jesús algo de comer?"

Al darse cuenta de que los discípulos estaban confundidos, Jesús les explicó. Les dijo que lo que lo alimentaba y satisfacía sus deseos tenía que ver con hacer la voluntad de su Padre, que lo había enviado para que llevara a cabo su obra. Eso fue lo que sació el hambre de Jesús. Él había venido a este mundo para salvar a los que estaban perdidos, y al guiar a la mujer a que creyera en él, estaba cumpliendo la voluntad de su Padre. Con la misma intención y con el mismo propósito él iba a terminar la obra en la cruz a favor de todos los pecadores.

Al extenderse, el "alimento" de Jesús se convertirá en alimento también para sus discípulos. Los creyentes de todos los tiempos querrán llegar a las almas para que tengan vida eterna.

Jesús les recordó a sus discípulos que todavía faltaban cuatro meses para la cosecha del grano. Este era el mes de diciembre o de enero; y el grano, que ahora se veía verde en los campos, no se pondría de color dorado para la siega hasta el mes de abril o mayo. Pero ya había llegado el tiempo de la cosecha espiritual.

"Alzad vuestros ojos y mirad los campos", dijo Jesús, al ver que ya se acercaba la gente de Sicar, "porque ya están blancos para la siega."

La cosecha espiritual ya estaba en camino, y estos samaritanos, entre todos los pueblos, eran parte de ella. Ya disfrutaban del fruto de la vida eterna por medio de la fe en Cristo debido a la semilla que la mujer había sembrado en el pueblo, y Jesús estaba recogiendo la cosecha.

El salario del que cosecha es darse cuenta del fruto que hay para la vida eterna, y el sembrador y el que cosecha se regocijarán juntos. Sí, hay gozo en el cielo por un pecador que se arrepiente. Sin embargo, antes de que esto suceda, alguien se tiene que encargar de sembrar la palabra de Dios.

El dicho se aplica a todo nuestro trabajo espiritual: "Uno es el que siembra y otro es el que cosecha". El sembrador hace el trabajo más difícil y no siempre ve la cosecha. Jesús dijo que los discípulos iban a recoger la cosecha que era el fruto del trabajo duro que otros había llevado a cabo antes que ellos. Tal vez se refería a Moisés y a los profetas, porque las promesas del Salvador habían sido la semilla que había echado raíz y que había crecido en muchos judíos. Es seguro que incluyó a Juan el Bautista y que, por último, se incluyó a sí mismo. En el contexto inmediato, la mujer acababa de llevar a cabo la siembra. Todos ellos sembraron la semilla que los discípulos iban a cosechar, especialmente el día de Pentecostés y de ahí en adelante.

El proceso continúa hoy en día por medio de los creyentes. Continuamos sembrando y cosechando: unas veces hacemos lo uno y otras veces lo otro. El hecho mismo de llevar a cabo este trabajo refresca el alma, porque el Salvador quiere que lo hagamos, y nosotros queremos lo que él quiere. Cuando él nos permite ver la cosecha (la gente que confiesa a Cristo para la vida eterna), nos regocijamos.

4:39-42. Debido a todas las cosas maravillosas que la mujer les dijo acerca de Jesús como el probable Mesías, muchos samaritanos creyeron en él. Pero era necesario que su nueva fe creciera;

necesitaba reafirmación y fortalecimiento. Necesitaban saber más acerca del Mesías. Por esto le pidieron a Jesús que se quedara con ellos, y él se quedó dos días.

Muchos más llegaron a creer por las enseñanzas de Jesús. Su palabra era la que los animaba y la que hacía que su fe se fortaleciera. Jesús, que era el Verbo que estaba con Dios en el principio, le dio a esta gente la palabra de salvación en él. La fe de esas personas avanzó y creció más allá de la chispa que había encendido las palabras de la mujer.

Se avivó en una llama resplandeciente y pudieron confesar: "Nosotros mismos hemos oído y sabemos que verdaderamente éste es el Salvador del mundo, el Cristo." Jesús no dejó ninguna duda en ellos. Él había venido para salvar a todas las personas, y estos samaritanos a quienes la mayor parte de los judíos consideraba paganos, estuvieron entre los primeros en creer y en vivir.

Jesús sana al hijo de un noble (4:43-54)

4:43-45. Después de pasar dos días en Sicar, Jesús continuó el viaje a Galilea con sus discípulos. La recepción que le esperaba allí fue un contraste muy grande con la recepción que había recibido en Sicar. Por la actitud de la gente de Galilea, Juan agrega un dicho que Jesús les había mencionado a sus discípulos: "Al profeta no se le honra en su propia tierra".

Al principio, la referencia a la falta de honra parece estar fuera de lugar. Los galileos "recibieron" a Jesús. Habían visto las cosas que había hecho en Jerusalén durante la fiesta de la Pascua y ante ellos se había convertido en una celebridad. Pero principalmente habían quedado impresionados por los milagros que había hecho Jesús, y no por quién era él, ni por lo que él les tenía que enseñar. No lo veían como el Mesías ni como el Salvador del mundo.

4:46-47. Jesús visitó otra vez Caná, que había sido la escena de su primer milagro en Galilea. Tal vez se detuvo para ver cómo estaban los recién casados.

De un momento a otro, un funcionario del rey buscó a Jesús. El hijo de ese hombre estaba muriendo en Capernaum y Jesús era la única esperanza de que el niño sanara. El funcionario le rogó a Jesús, diciéndole: "Ven y sana a mi hijo".

4:48-50. Es evidente que el oficial sabía acerca de los milagros de Jesús o él mismo los había visto. Probablemente había estado entre los judíos que vieron lo que Jesús había hecho en Jerusalén. Sin embargo, para muchos de esos judíos, Jesús se estaba convirtiendo sólo en el hombre al que podían acudir cuando necesitaban algún milagro. Jesús recibió muy poca estimación como profeta.

Por lo tanto, cuando Jesús le respondió al funcionario, incluyó a los muchos judíos galileos ("ustedes" NVI) que estaban a su alrededor y los reprendió. Les dijo realmente "Ustedes están maravillados por lo que hago, pero no me conocen. Nunca me van a creer si no van más allá de eso." De manera indirecta, la reprimenda fue también una invitación para que lo escucharan y creyeran.

El funcionario del rey seguía confiando en que Jesús podía salvar a su hijo y lo apremió para que acudiera a su casa antes de que fuera demasiado tarde. Las palabras del funcionario también pueden haber dejado entrever su falta de confianza, al sugerir que Jesús tendría que ir a donde estaba su hijo para sanarlo.

Pero Jesús hizo que su fe se fortaleciera. Sencillamente le dijo: "Vete, tu hijo vive." "Cree; tu hijo ha sido sanado." Jesús no se había movido de donde estaba, no hizo ninguna señal ni nada sorprendente; sólo le dijo al hombre su palabra.

"El hombre creyó en la palabra que Jesús le dijo, y se fue", y el incidente permanece para siempre como un ejemplo de lo que significa creer en la palabra de Jesús.

4:51-54. Las buenas noticias no tardan en ser descubiertas. Antes que el oficial del rey llegara a la casa para ver a su hijo, sus siervos salieron a decirle que el niño estaba mejor. El hombre, sintiendo gran alivio, preguntó a qué hora había comenzado a

Parte III

recobrarse su hijo. La respuesta confirmó las palabras y el poder de Jesús: "Ayer, a la hora séptima, * se le pasó la fiebre". En ese momento el niño ya estaba fuera de peligro. Los siervos lo habían dejado completamente recuperado.

El padre sabía que esa fue la misma hora en que Jesús le dijo: "Tu hijo vive". Ahora que ya no era un "buscador de milagros", el hombre creyó. Compartió el mensaje de Jesús con los sirvientes y con toda su casa, y ellos también creyeron.

La última vez que Jesús había ido de Judea a Galilea, había convertido el agua en vino cuando estaba en Caná. Esta vez, fue nuevamente a Caná e hizo otro milagro.

---

* Según los cálculos judíos, la hora séptima era a la 1:00 P.M., y de acuerdo a los romanos eran a las 7:00 P.M. Jesús habló un día antes de que el oficial fuera recibido por sus sirvientes. Si Juan se guió por la hora judía, entonces el oficial iba retrasado en su viaje por 7 horas (26 km) de camino a pie por las montañas. Si usó la hora romana, el oficial no se fue de Caná hasta el día siguiente.

Parte IV

JESÚS ENCUENTRA DUDAS Y OPOSICIÓN (5:1–6:71)

Jesús sana al paralítico de Betesda (5:1-14)

5:1. Jesús se quedó en Galilea hasta que otra fiesta lo llevó a Jerusalén. Se esperaba que los varones judíos asistieran a las fiestas de peregrinación que tenían lugar en Jerusalén tres veces al año: La Pascua (abril), el Pentecostés (mayo) y la fiesta de los Tabernáculos (octubre). Juan no nos dice cuál era la fiesta en esta oportunidad, pero sugiere que ya había pasado bastante tiempo desde el regreso de Jesús a Galilea y nos dice por qué salió nuevamente para Judea.

Como Juan registra muy poco de lo que ocurrió en la estadía de Jesús en Galilea, debemos recordar que él raramente repite alguna información que ya aparece en los otros evangelios, y escribió acerca de algunas señales milagrosas escogidas que Jesús había llevado a cabo para que nosotros creamos y vivamos.

5:2-4. Cerca de una de las puertas de Jerusalén, por donde los pastores llevaban sus ovejas a la ciudad, Jesús llegó a un estanque llamado Betesda ("casa de misericordia"). El estanque todavía estaba en los tiempos de Juan, después de haber sobrevivido la destrucción de los romanos en el año 70 d.C. Había cerca de él cinco pórticos donde yacían los inválidos con la esperanza de obtener curación en las aguas del estanque cuando fueran agitadas (vea el versículo 7).

Algunos manuscritos antiguos de la Biblia incluyen aquí la explicación de que un ángel del Señor agitaba el agua, pero la mayor parte de los estudiosos de la Biblia creen que eso fue añadido para explicar las palabras del inválido que aparecen en el versículo 7. En cualquier caso, Juan dirige la atención no a las aguas sino a Jesús. No da ninguna información acerca de qué era lo que hacía que el agua se agitara.

5:5-7. Cerca del estanque, Jesús descubrió a un hombre que había sido inválido por 38 años. Ya sea por su omnisciencia o porque lo oyó de la multitud que estaba reunida allí el día sábado, Jesús sabía que el hombre había sufrido por un tiempo excepcionalmente largo, y por lo visto era uno de los peores casos que había allí entre los minusválidos. Le preguntó al hombre: "¿Quieres ser sano?"

Esas palabras sirvieron más que nada para llamar la atención del hombre; su presencia en el lugar del estanque ya era suficiente demostración de que quería ser curado.

La respuesta del inválido indica que la suposición fue correcta. Pero también revela que el hombre no tenía ningún presentimiento de que Jesús lo podría curar ni de que lo iba a sanar. Comenzó a quejarse de que nunca podía llegar al estanque a tiempo para ser curado por las aguas. ¿Quizá este extraño lo podría meter al estanque la próxima vez que las aguas se agitaran?

5:8-11. Una palabra de Jesús lo cura todo. "Levántate, toma tu camilla y anda", le dijo. Y al instante el hombre hizo como se le había dicho. Los treinta y ocho años de enfermedad desaparecieron al mandato de Jesús, y sin embargo, el hombre ni siquiera sabía quién era él. Para cuando el inválido se enteró y creyó, el Señor ya había usado este milagro para algo más que su bienestar físico.

Deliberadamente Jesús lo sanó en día sábado y le dijo específicamente al hombre que se llevara su camilla. Para los líderes religiosos judíos, representados principalmente por los fariseos, tanto Jesús como el hombre que fue curado eran culpables de haber trabajado el día sábado.

Parte IV

Dios había prohibido que se trabajara el día sábado (Éxodo 20:10); sin embargo, este mandato era contra el hecho de trabajar en los negocios que eran para ganarse la vida (Jeremías 17:19-27; Nehemías 13:15-22). Los fariseos, que usaban la Ley con la intención de que los demás pensaran que eran justos, habían ampliado el alcance de la ley de Dios, y habían añadido muchas reglas triviales que dominaban casi todas sus actividades. La acción de Jesús puso al descubierto la creencia que tenían los fariseos de la salvación por las obras.

La atención se volvió a concentrar en Jesús cuando el hombre que estaba siendo interrogado les explicó: "El que me sanó, él mismo me dijo: 'Toma tu camilla y anda' ".

5:12-14. Los judíos no le prestaron atención al maravilloso milagro que Jesús había hecho. No les importaba la compasión, la curación, ni la misericordia de Dios. Querían levantar una acusación contra Jesús por haber quebrantado la ley que ellos habían inventado y que habían impuesto como si fuera la voluntad de Dios.

Sin embargo, el hombre que había sido sanado les no pudo ayudar. El milagro había sucedido tan repentinamente que Jesús había desaparecido entre la multitud entes de que el hombre se pudiera enterar de quien era él. No obstante, Jesús no había terminado con el ex-inválido, ni con sus adversarios judíos. Al hombre que había sanado lo encontró en el Templo, donde suponemos que había ido para darle gracias a Dios por su curación, y Jesús lo guió para que ahora, que ya se había arreglado el problema de su salud corporal, le prestara atención a su salud espiritual. Jesús le dijo que se arrepintiera.

"No peques más", le ordenó, "para que no te suceda algo peor". No debemos pensar que estas palabras implican que el hombre iba a dejar de pecar, ni tampoco que los judíos podrían obtener el cielo con sus reglas para el día de reposo. Podría significar que la invalidez original del hombre había sido el resultado de una actividad pecadora y ahora se le estaba advirtiendo que no repitiera esa tragedia. O, con igual probabilidad, podría significar que ahora debía vivir en arrepentimiento y fe, y no en el pecado impenitente que sólo lleva a la condenación. Él debía hacer lo que nos dice el apóstol Pablo en Hebreos 12:1: "Despojémonos... del pecado que nos asedia".

Jesús les responde a los judíos que desean matarlo (5:15–47)

5:15–18. El hombre sintió que les tenía que contar a los judíos lo que había pasado. Es inútil preguntarse qué lo motivó a hacerlo. Probablemente no quiso hacerle ningún daño a su sanador; lo más probable es que quisiera alabar a Jesús. Sin embargo, estos judíos querían atrapar a Jesús.

Los incrédulos judíos querían quitar de en medio a Jesús debido a su actitud y a todo lo que había llevado a cabo el día sábado. Jesús respondió, pero de una manera que irritó aún más a los judíos; les dijo que Dios, que era *su* Padre, trabajaba hasta ese momento y que él también trabajaba. "Si ustedes me condenan, condenan a mi Padre. Ustedes condenan a Dios. Mi trabajo es una prolongación del suyo y no cambia por ser sábado."

Podemos dar gracias porque Dios sigue trabajando sin cesar. No solo sostiene toda la creación con el poder de su Palabra, inclusive sana a los enfermos y a los cojos, sino que extiende su misericordia a toda la gente por medio de su Palabra. Su Espíritu obra en el corazón de los creyentes al guiarnos y gobernarnos en su gracia, y obra contra los incrédulos en su pecado. De modo que también Jesús trabaja sin descansar. La compasión de Dios no sale de vacaciones.

Los endurecidos judíos entendieron a Jesús y por eso pusieron todo su empeño en matarlo. No solo querían que dejara de molestarlos; lo querían ver muerto. Se quejaron de que ahora él "también decía que Dios era su propio Padre, haciéndose igual a Dios".

En su tiempo, hasta los enemigos de Jesús entendieron que él decía que era divino. Extrañamente, algunos teólogos liberales de hoy en día, que de dientes para afuera defienden la autoridad

Parte IV

de las Escrituras, insisten en que él nunca dijo eso, y así niegan el testimonio inspirado de Juan.

5:19-20. Jesús no estuvo en desacuerdo con la conclusión de los judíos de que él se había puesto al mismo nivel que Dios, es decir, que era igual que Dios. En vez de eso, hizo énfasis en el tema con sus palabras "De cierto, de cierto" ("en verdad, en verdad").

La verdad es que Jesús es tan igual al Padre, que él veía lo que el Padre hacía y actuaba a su vez en perfecta armonía con él. Él no podía actuar de una manera diferente a la del Padre, porque era imposible. Eso se puede decir sólo de él, que es de la misma esencia y del mismo ser que el Padre.

Y aun así, el Hijo de Dios también era completamente humano. Eso significa que las mismas cosas que Jesús sabía por su naturaleza divina, el Padre también se las mostró en su naturaleza humana. El Padre amaba tanto a su Hijo que no le ocultó ninguna información al prepararlo para su obra de salvación. Y si los judíos no reconocieron la evidencia de la divinidad de Jesús que se manifestó en la curación del paralítico, iban a quedar maravillados ante las cosas aún mayores que el Padre les iba a mostrar a través de su Hijo.

Las palabras de Jesús les dijeron a los judíos de una manera suficientemente clara: "Ustedes sienten que yo alego ser igual a Dios. Tienen razón, pero todavía no han visto nada." Las mismas palabras llevan al lector de una manera delicada y al mismo tiempo directa a los misterios profundos de la Trinidad y a la doble naturaleza de Jesús como el Dios hombre en una sola persona. Todo está registrado aquí para que nosotros podamos creer y vivir.

5:21-23. ¿Qué quiso decir Jesús cuando dijo que había obras aún mayores que hasta los judíos incrédulos se maravillarían de él? Jesús compartía con el Padre el poder de dar vida y el Padre le había dado una autoridad plena y única para juzgar. Cuando llegue el último día, todos verán personal y exactamente lo que Jesús había querido decir con estas palabras.

Jesús lo explicó en las palabras que siguen, pero primero explicó el resultado exacto de esta revelación; es decir, que el Padre y el Hijo comparten el mismo honor. "Para que todos honren al Hijo como honran al Padre". Pero cualquiera que no honre al Hijo, tampoco honra al Padre, que fue quién lo envió.

Las palabras llenan de alabanza el corazón de los creyentes, pero llenan de odio el corazón de los incrédulos. ¿Qué afirmó Jesús? Como lo registra Isaías, Dios había dicho: "A ningún otro daré mi gloria" (42:8). Y el apóstol Pablo años más tarde llegó a la conclusión de que "toda lengua confiese que Jesucristo es el Señor, para gloria de Dios Padre" (Filipenses 2:11). Jesús reclamó el honor que sólo Dios recibe, y, con obras aún mayores, haría lo que solamente Dios puede hacer.

Juan 3:17 nos mostró que Jesús había venido para salvar a los pecadores y no para juzgarlos. Ahora oímos que el Padre le había confiado todo juicio. Los pasajes se complementan el uno con el otro. El único propósito que tuvo Jesús al venir a este mundo fue el de la salvación de los pecadores, y cualquiera que crea en él será salvo. Pero los incrédulos serán condenados, y este mismo Jesús tiene autoridad para emitir el juicio final.

5:24. La vida que Jesús da es la misma que Dios da, y es vida eterna. Es la vida que Dios sopló en Adán, el primer hombre (Génesis 2:7). Como Moisés les dijo a los israelitas: "Jehová, tu Dios... es tu vida" (Deuteronomio 30:20). Jesús tenía esta vida en sí mismo (1:4), precisamente como la tiene el Padre.

Sólo es necesario que Jesús hable y los muertos recobrarán la vida. Aquí, él habla de la vida y de la muerte espiritual. Aún hoy en día, por medio de su Palabra, los que están espiritualmente muertos llegan a tener vida y viven con Dios para siempre.

El proceso mediante el cual recibimos la vida eterna es un estribillo claro que se repite constantemente en el evangelio de Juan. En verdad ("de cierto, de cierto"), todo el que oye la Palabra de Jesús, y cree en el Padre que lo envió "tiene vida eterna, y no vendrá a condenación". Aquí, fíjese en la manera en que Jesús hace que el Padre sea el objeto del hecho de creer, mientras que antes él había hablado del Hijo (3:16). Con lo que nos acaba de enseñar acerca de la unidad del Padre con el Hijo, entendemos que hay dos maneras de decir la misma cosa.

Oímos. Creemos. Vivimos.

Cuando los incrédulos son condenados, es porque Jesús, que es el Hijo del hombre, ha recibido el poder y la autoridad para juzgar. En otras palabras, el "hijo del hombre" que había sido anunciado en la visión de Daniel (7:13, 14) ha venido, el Hijo mismo de Dios y la esencia de un ser humano sin pecado. Él cumplió el plan de Dios para la salvación de los hombres. La vida o la muerte, la gloria o el juicio se miden en conexión con él. Él juzgará.

5:25-30. Nos maravillamos al saber que Jesús, solamente al hablarnos por medio de su Palabra, nos da la vida eterna. Estábamos muertos, pero él nos ha dado la vida.

Y todavía hay más. Al tiempo debido, cuando el tiempo como nosotros lo conocemos llegue a su fin, "todos los que están en los sepulcros oirán su voz, y saldrán de allí" (vv 28, 29 [NVI]). Lo que Jesús ha hecho espiritualmente por los creyentes, lo hará por todos físicamente. Las tumbas se abrirán y los cuerpos que ya hace mucho tiempo pasaron la etapa de la descomposición, se levantarán físicamente vivos.

Los que han hecho el bien se levantarán para vivir con Dios para siempre; los que hicieron el mal se levantarán para juicio y serán arrojados a la condenación eterna.

Pero, ¿de qué manera medirá Jesús el bien? Nos estremecemos al pensar en que la eternidad depende del bien que hayamos hecho, ¿no es verdad? ¡Y es verdad que debemos nos estremecer! Las Escrituras hablan de la verdad de Dios cuando dicen: "No hay quién haga lo bueno" (Romanos 3:12). En el último día, cuando Jesús haya identificado a los que han hecho el bien, todos nos estaremos preguntando: "¿Cuándo hicimos este bien?" (Mateo 25:31-46).

La respuesta está en lo que Jesús acaba de decir y que va a repetir en este momento. Los que hacen el bien están identificados en el versículo 24 como los que oyen la Palabra de Dios y creen en el Padre y en el Hijo. Cualquier cosa que los creyentes hagan con fe, Dios lo medirá como el bien. Por la fe recibimos la vida eterna y los que tienen fe se ponen en evidencia por el bien que hacen.

Los incrédulos, cuyas obras son contadas como malas, serán condenados.

No era un mero hombre el que hablaba. Este era el Hijo de Dios, que recibe todas sus órdenes del Padre. Jesús no actúa solo al juzgar, no puede. Su juicio es justo y honesto, ya que primero lo oye del Padre. El Hijo y el Padre actúan juntos. Jesús sólo hizo y hace lo que le agrada a Aquel que lo envió.

5:31-32. En un tribunal no tenía cabida el testimonio de un hombre que no fuera corroborado por alguien más. Jesús sabía que los judíos no creían en él: ¿por qué debían creer en alguien que se había hecho a sí mismo "igual que Dios"?

Sin embargo, Jesús no dependía de su sola palabra para probar esto. Si no tenía otro testimonio, los judíos lo podrían tachar de mentiroso. Pero había otro testigo cuyo testimonio era irrefutable.

Inmediatamente pensamos en Dios el Padre, que en ocasión del bautismo de Jesús había dicho desde el cielo: "Éste es mi Hijo amado, en quién tengo complacencia" (Mateo 3:17).

5:33-35. Los judíos habían oído el testimonio de otra persona, es decir, el de Juan el Bautista. Juan había identificado a Jesús como el Hijo de Dios, como el Cordero de Dios, que quita el pecado del mundo. El testimonio de Juan era verdadero y seguía siendo válido cuando Jesús hablaba.

Pero Jesús no se refería al testimonio de Juan, como si tuviera que depender de él, ni de la palabra de nadie que pudiera ratificar lo que él afirmaba ser. Lo dijo para que algunos de los judíos

Parte IV

pudieran recordar el testimonio y fueran salvos. Él trataba de llegar a los corazones de sus enemigos.

Por un tiempo había parecido que los judíos escuchaban las palabras de Juan y que disfrutaban de la luz de su sabiduría. Pero eso duró sólo por un corto tiempo, y no creyeron el testimonio que les dio acerca de Jesús.

5:36. Los judíos no solo habían rechazado el testimonio de Juan el Bautista; rechazaron a un testigo aún mayor, a pesar de que él se había presentado a sí mismo ante sus propios ojos. Las obras de Jesús, que el Padre le había dado para que las hiciera, eran una evidencia clara de que él había venido del Padre. Sólo alguien enviado por Dios podía llevar a cabo las obras que Jesús había realizado.

¿Qué más necesitaban los judíos? Sin embargo, cuando vieron al inválido completamente curado, sólo buscaron las posibles maneras de desacreditar a Jesús y de deshacerse de él. Pasaron por alto lo que les decían las obras de Jesús.

5:37-38. El testigo tan importante, cuyo testimonio acerca de Jesús es "verdadero" (Versículo 32), fue, y es, Dios el Padre. El Padre había dado testimonio acerca de Jesús por medio de las profecías del Antiguo Testamento así como en las palabras que dijo en el bautismo de Jesús.

La voz del Padre habló de Cristo y siguió hablando por medio de él. El Padre se mostró a sí mismo a los judíos en la persona de Cristo. Y sin embargo, nunca oyeron la voz del Padre ni vieron su imagen.

La palabra del Padre no moraba en ellos porque no creyeron en Jesús, que había sido enviado del Padre y que había sido revelado en la Palabra. Al recordar los versículos iniciales de este evangelio, podríamos decir que el Verbo (Dios el Hijo) no tenía parte en los judíos, ya que la palabra del Padre no había permanecido en ellos.

5:39-40. El problema no era que los judíos no tuvieran acceso a la palabra del Padre; ellos tenían sus Sagradas Escrituras del

Antiguo Testamento, y las habían estudiado, en busca de la vida eterna.

Ellos habían estudiado, pero no habían aprendido nada. Miraron, pero no vieron. Las Escrituras eran todas acerca de Jesús. Ahora Jesús había venido, se había manifestado con señales o milagros y ellos no creían. No se querían acercar a él para hallar la misma vida que estaban buscando en las Escrituras.

Nosotros debemos leer cuidadosamente y ver dónde estaba la falla. Los judíos se habían negado a ir a Jesús. La voluntad de ellos se oponía al Mesías prometido por Dios.

5:41-44. A Jesús no le preocupaba recibir la alabanza ni el honor de los hombres. Él no trataba de establecer su autoridad atrayendo súbditos que lo adoraran. No se inquietaba porque los judíos no asumieran el papel de súbditos que les correspondía.

No, el problema era muy diferente y más grande que ése. Jesús les habló sin rodeos: "No tenéis amor de Dios en vosotros". Esos judíos no amaban verdaderamente a Dios, no eran motivados ni guiados por el amor de Dios. Por lo tanto, chocaron con Jesús.

En contraste, los Cristos falsos iban a llegar en su propio nombre y los judíos los iban a aclamar como a mesías. Eso ya había sucedido antes y sucederá nuevamente.

Los judíos estaban totalmente absortos en su admiración mutua. Buscaban y recibían honor unos de otros, algo así como el honor que existe entre los ladrones. Les prestaban atención a las vanidades humanas y terrenales, y se olvidaban de buscar el honor que le pertenece al único Dios y que procede solamente de él. Ellos mismos hacían todo aquello de lo que acusaban a Jesús: se hacían iguales a Dios. Con razón, no podían creer en Jesús.

5:45-47. Estos judíos no tenían que creer la palabra de Jesús acerca de ninguno de sus reclamos; y Jesús no los tenía que acusar ante el Padre, ya habían sido acusados por la única persona cuya autoridad aceptaban sobre todo: por Moisés.

Los judíos obtenían su inspiración y su esperanza principalmente de los cinco libros de Moisés, pero demostraban que realmente no creían en él al no creer en Jesús. La lógica es indisputable porque Moisés había escrito acerca de Jesús, todo su mensaje se centraba en Cristo: desde Génesis 3:15 hasta Deuteronomio 18:15, desde el cordero pascual hasta la ofrenda por el pecado. Los judíos veían sólo la ley en Moisés y se perdían el mensaje de Cristo que da vida eterna.

Y como los judíos no creían en las palabras de Dios que fueron escritas por Moisés, naturalmente no creían en el Hijo de Dios, aunque él les dijera esa misma verdad.

Jesús alimenta a más de cinco mil (6:1–15)

6:1–4. Ya había pasado algún tiempo desde que Jesús había curado al paralítico de Betesda. Otra vez se acercaba el tiempo de la Pascua. Probablemente habían transcurrido dos años desde la Pascua que se menciona en el capítulo 2:13, 23 y un año desde la fiesta que se menciona en 5:1.

A estas alturas, Jesús ya había realizado suficientes curaciones milagrosas y por eso lo seguía una gran multitud que había visto sus milagros. Sin embargo, parecía que lo seguían mayormente porque hacía milagros y no porque él fuera el Salvador. Jesús cruzó el mar de Galilea con sus discípulos hasta la orilla que estaba en el extremo norte, para poder pasar algún tiempo solos. Llegó a la ladera de un monte, a una pendiente cubierta de hierba que subía desde el mar, y se sentó allí con ellos.

6:5–6. La multitud alcanzó a Jesús; sin embargo, habían recorrido una gran distancia y estaban ahora lejos de la mayor parte de pueblos o aldeas donde podrían conseguir algo de comer. Jesús de inmediato se dio cuenta de la situación y puso a prueba a sus discípulos. Les preguntó dónde se podría comprar alimento para una multitud tan grande. Le habló directamente a Felipe, que vivía en la cercana Betsaida. Sin embargo, antes de hablar,

Jesús ya sabía lo que iba a hacer. Su pregunta ayudó a preparar a los discípulos para el inminente milagro que iba a realizar.

6:7-9. Podríamos decir que los discípulos no pasaron la prueba a la que Jesús los sometió. Sólo llamaron su atención sobre los obstáculos "insuperables", en vez de confiar en que Jesús iba a proveer. Igualmente hoy nos tenemos que enfrentar a las pruebas y vemos los impedimentos que hay en el camino; pero en vez de permitir que nos desanimen, debemos confiar en que Jesús proveerá.

Felipe ni siquiera se tomó el trabajo de sugerir dónde podrían conseguir pan. Para él era evidente que no tendrían dinero para comprarlo aun si lo encontraran. Un salario de ocho meses no alcanzaría para comprar suficiente pan para que cada uno pudiera recibir un trozo pequeño. E incluso si lo pudieran comprar, no había suficiente para satisfacer el hambre de todos.

Andrés, el hermano de Simón Pedro, se dio cuenta de que la única comida disponible que había eran las cinco hogazas de pan de cebada y los dos pececillos que un muchacho había llevado para él. Los más pobres comían pan de cebada. La ofrenda del muchacho no era mucho, y era la comida diaria de la gente pobre.

No había suficiente dinero ni tampoco suficiente alimento: la situación parecía desesperada para que la multitud tuviera algo qué comer esa noche.

6:10-11. Los discípulos sabían que sólo un milagro podría alimentar a tal multitud, y Jesús estaba listo para hacerlo. Les dijo a los discípulos que hicieran que todos se sentaran en la ladera del cerro en grupos de 50 o de 100 (Marcos 6:40). Contaron 5,000 hombres, sin incluir las mujeres ni los niños (Mateo 14:21). Si había tantas mujeres como hombres y, a la vez, un número igual de niños, Jesús alimentó a más de 15,000 personas.

Jesús tomó el pan que les dio el muchacho. El siguiente paso, "después de dar gracias", pasa casi inadvertido para el lector. Pero veamos el precedente que nuestro Salvador estableció para nosotros. Al reconocer que todo lo que necesitamos para el cuerpo y para el alma viene de Dios, nosotros también debemos dar gracias cada vez que nos sentemos a comer el sustento diario.

Jesús repartió el pan (cinco hogazas) y los peces (solamente dos) a los miles que estaban sentados allí. La provisión nunca se terminó hasta que todos hubieron comido "cuanto querían".

6:12–13. El milagro no terminó en la distribución. Hubo sobras, suficientes pedazos de pan de cebada para llenar 12 canastas: una por cada discípulo.

Sin embargo, algunos de los que leen este relato no quieren ver un milagro. Por ejemplo, algunos sugieren que los demás, al ver el ejemplo del muchacho que compartía su comida, se sintieron obligados a compartir la comida que ellos también habían llevado, para que todo el mundo tuviera suficiente que comer. Es una bonita historia que según algunos es milagrosa en cierta forma. Pero esta "explicación" no está de acuerdo con la Palabra clara que tenemos aquí.

La Palabra dice:

- Jesús repartió el pan y los peces que se dice claramente que le pertenecían al muchacho.
- La gente comió tanto como quiso de lo que Jesús les distribuyó.
- Los discípulos llenaron 12 canastas "de pedazos que de los cinco panes de cebada sobraron a los que habían comido".

Si Jesús sólo se las hubiera arreglado para llenar 12 canastas con los cinco panes, hubiera hecho un milagro, pero éstas eran las sobras que quedaron después de que los miles de personas ya habían comido.

6:14–15. La gente que comió pensó que Jesús había hecho un milagro que había sido suficiente para identificarlo con el profeta prometido en Deuteronomio 18:15, que sería como Moisés. Querían que Jesús fuera su rey. Tal vez recordaban la manera en que sus antepasados habían recibido agua, maná y codornices cuando estaban en el desierto con Moisés, porque es evidente que querían que este profeta también los alimentara. Así que ellos esencialmente sucumbieron a la misma tentación de tener poder terrenal que Satanás había usado con Jesús anteriormente, en las tentaciones que le había hecho en el desierto (Mateo 4:8, 9).

La gente no había reconocido el verdadero milagro de Jesús, es decir, que él era el Cristo prometido que Dios prometió para traerles el pan espiritual. Sin embargo, antes de que ellos pudieran llevar a cabo sus intenciones, Jesús, que conocía sus pensamientos, se retiró solo a un monte.

Jesús atemoriza a los discípulos al caminar sobre el agua (6:16-24)

6:16-21. Como ya empezaba a anochecer, los discípulos abandonaron el lugar por órdenes de Jesús, pero sin él (Mateo 14:22). Nos imaginamos que esperaban reunirse con Jesús en Capernaum.

Estaban lejos de la orilla cuando comenzó una fuerte tormenta. Habían remado más de cinco kilómetros, y durante la mayor parte del recorrido habían tenido que luchar contra las grandes olas, cuando miraron y vieron que Jesús caminaba sobre el agua hacia la barca. Para entonces ya eran entre las 3:00 y las 6:00 de la mañana (Mateo 14:25).

Al verlo, los discípulos se sintieron aterrorizados. En ese momento estaban tan cansados y extenuados, que estaban seguros de que veían un fantasma (Mateo 14:26). Pero Jesús les dirigió estas palabras tranquilizadoras: "Yo soy; no temáis".

Cuando los discípulos oyeron las palabras de Jesús, se convencieron y lo recogieron en la barca. Con esto, la tormenta se calmó y la barca "llegó en seguida a la tierra a donde iban". En un momento habían estado en aguas profundas y enfurecidas, luchando para mantener la dirección de la embarcación; al momento siguiente habían visto a Jesús que caminaba sobre las aguas, la tormenta se calmó y la orilla apareció ante ellos. Una vez más Jesús había hecho un milagro para mostrarles quién era él.

Sin embargo, las palabras de Jesús fueron lo indispensable, como lo son para nosotros. La vida tiene muchas tormentas y siempre las tendrá. A veces la vida parece ser una batalla interminable contra vientos huracanados. Sin embargo, sólo necesitamos oír nuevamente las palabras de Jesús, "Yo soy; no temáis", y regresa la calma. Él lo dice en su promesa eterna a cada uno de nosotros.

Una vez más Jesús dijo palabras que tenían un significado especial que no es evidente en español. Sus primeras palabras fueron sencillamente, "YO SOY". En el capítulo 4:26 notamos que esta expresión es el nombre que Dios le dio a Moisés para que la usara para identificarlo ante el pueblo de Israel. Este nombre concuerda con el nombre Jehová, o Yahvé. En hebreo, Yahvé y el verbo "ser" emplean las mismas consonantes.

No sabemos si los discípulos pensaron en la conexión que existía entre el "YO SOY" de Jesús y Yahvé, pero sí sabemos que en la barca ellos confesaron que: "Verdaderamente eres Hijo de Dios" (Mateo 14:33). Pronto, las expresiones "YO SOY" iban a ser más evidentes cuando provenían de Jesús.

Ciertas palabras aparecen repetidas veces a través de las páginas del evangelio de Juan: "cree", "vive", "luz", "Hijo (de Dios)" y "Yo soy". La repetición le recuerda al lector que el evangelio de Juan es como una piscina para niños pequeños, en la que el agua es poco profunda y en la que el niño puede caminar; porque hasta un niño puede entender el mensaje "Cree y vive". Al mismo tiempo, este evangelio es un océano lleno de maravillas que el explorador más experimentado no podrá sondear por completo en toda una vida de búsqueda.

Podemos pensar en el evangelio de Juan, en especial en los discursos de Jesús, como espirales. Los pensamientos que son importantes para nuestra fe regresan una y otra vez, obrando una fe más firme en nosotros, mientras seguimos las espirales hacia arriba. Nos podemos imaginar el proceso tal como se muestra en la página siguiente (vea el apéndice de las páginas 271-276 donde hay otras seis ilustraciones en espiral).

6:22-24. La multitud pasó la noche en la orilla más distante. Probablemente esperaban ver a Jesús al día siguiente. Habían visto que los discípulos habían salido en la única barca que había allí; pero cuando salió el sol, no pudieron encontrar ni a Jesús ni a sus discípulos.

Otras barcas llegaron de Tiberias a la orilla que estaba al oeste, entonces la gente abordó las barcas para irse. Se dirigieron a Capernaum donde esperaban encontrar a Jesús, porque todavía querían convertirlo en su rey para que les proporcionara alimentos.

Jesús es "YO SOY"

Jesús les ofrece el pan de vida a los equivocados judíos (6:25-59)

6:25-27. Cuando la gente encontró a Jesús, naturalmente le preguntaron cuando había llegado allí, ya que ellos no lo habían visto salir de la otra orilla. Sin embargo, de una manera que era típica de él, Jesús les dijo lo que ellos necesitaban oír en vez de responder a lo que le habían preguntado. Hizo énfasis en la veracidad de lo que les iba a decir, como lo iba a hacer dos veces más antes de terminar su conversación con ellos (versículos 32, 53). Había llegado el momento solemne de la verdad para ellos.

"Ustedes están aquí por los motivos equivocados", le dijo Jesús a la gente. "No han entendido las señales que he hecho. Tengo algo mucho mejor que darles."

Las personas pueden comer sólo cierta cantidad de comida, y generalmente necesitan menos de lo que comen. Lo que sobra finalmente se malogra. En el ardiente clima del Mediterráneo y sin la refrigeración moderna, la comida no se podía conservar por mucho tiempo. Por eso Jesús le advirtió a la gente que no desperdiciara sus energías en conseguir "la comida que perece, sino por la comida que permanece para vida eterna".

Si los que escuchaban hubieran entendido las señales milagrosas de Jesús, habrían sabido que él era el Cristo enviado por Dios. Lo hubieran recibido como el Hijo de Dios y como el Salvador. Hubieran pensado más en su bienestar espiritual que en el bienestar corporal.

Jesús tenía alimento para darles, pero no era la clase de alimento que ellos buscaban. Su alimento permanece para la vida eterna. Él había venido como el ejemplo perfecto del ser humano, el Hijo del hombre, para darle la vida eterna a la gente. Dios puso su sello en la humanidad del Hijo al enviar al Espíritu Santo en la forma de una paloma y al hablar desde el cielo en el bautismo de Jesús. Toda señal milagrosa también era una repetición de la aprobación del Padre.

Si las palabras de Jesús hubieran significado algo para estas gentes, le hubieran hablado en voz alta y clara a la gente materialista de toda época. Hoy debemos escuchar.

En una forma que no es característica en él, el apóstol Juan habla de la alimentación de los cinco mil no obstante que los otros tres escritores de los evangelios también la habían incluido. Hemos notado que usualmente Juan supone que sus lectores están familiarizados con los relatos de los otros evangelios. Pero solamente el evangelio de Juan ha registrado la conversación que sigue, que es mucho más significativa cuando nos damos cuenta de que sucedió un día después de la milagrosa multiplicación de los panes.

6:28-29. Jesús les acababa de decir que él había venido para *darles* la vida eterna, pero ellos le preguntaron qué debían *hacer* para *poner en práctica* las obras de Dios. No hay peor sordo que el que no quiere oír.

La respuesta de Jesús parece ser la nota clave de este evangelio; explica lo que él quiso decir con "la comida que permanece para vida eterna". La obra de Dios no es una obra que nosotros

El Evangelio segun Juan

hagamos para él, es la obra que Dios lleva a cabo en nosotros para que creamos en su Hijo. Creemos y vivimos.

6:30-31. Cuando el corazón de alguien se endurece en la incredulidad, ningún milagro es suficiente para hacer cambiar esa condición. La gente acababa de ver que Jesús había multiplicado el pan y los peces para alimentarlos, y sin embargo, al día siguiente le pidieron que les diera una señal que los indujera a creer.

Al negarse a reconocer el mensaje espiritual de Jesús, hábilmente hicieron alusión al maná del cielo que habían comido sus antepasados cuando estaban en el desierto con Moisés. Es como si estuvieran diciendo: "Si es que nos hablas seriamente para que te creamos, entonces, por lo menos, haz algo que se iguale a lo que hizo Moisés. Él le dio maná del cielo a toda la nación durante 40 años. Tú comenzaste suministrando alimentos que ya existían y le diste de comer a un grupo mucho más pequeño." Este argumento era el antiguo equivalente de medir el crecimiento de una iglesia de acuerdo al número de pobres a quienes esa iglesia había alimentado.

6:32-34. En realidad, Jesús ya había llevado a cabo la obra mayor sólo por estar allí, como se aclarará después. Esta verdad comienza con el entendimiento de que Moisés no le había dado a la gente pan del cielo: Dios el Padre lo había hecho. Sin embargo, *el Padre de Jesús* aún les seguía dando el verdadero pan.

Con esto, Jesús los guió a la verdad espiritual que se encuentra en él, precisamente como le había hablado del agua viva a la mujer samaritana (4:10). Este pan espiritual de Dios viene del cielo y le da vida al mundo; no a cinco mil, no a una nación, sino al mundo entero.

Las palabras de Jesús impresionaron a la gente. Pero, como había ocurrido antes con la mujer samaritana (4:15), ellos pensaban sólo en términos literales, terrenales. Le dijeron: "Danos siempre este pan".

6:35. La gente no había captado el punto principal de esta conversación que Jesús enfatizó ahora, dejándolos sin disculpa alguna. "Yo soy el pan de vida", se lo dijo directamente. En Jesús la gente tenía lo que acababa de pedir, excepto que ellos no lo veían así.

Esta es una de las afirmaciones "YO SOY" más claras de Jesús, a la que él había aludido antes (4:26; 6:20). Con ella Jesús se ofrece a sí mismo a los seres humanos como Dios, Yahvé, que da vida así como el pan da vida. Pero Jesús da vida eterna.

Las siguientes palabras de Jesús explican cómo debemos entender esta verdad. Quienquiera que "venga" a Jesús "nunca tendrá hambre". Quienquiera que "crea" en Jesús "no tendrá sed jamás".

Las dos cláusulas son paralelas. "Venga" puede intercambiarse con "crea" y "hambre" con "sed". En Jesús toda hambre y toda sed espiritual quedan satisfechas. Tenemos esta bendición de Jesús siempre que creamos en él.

Yo escogí a propósito las palabras "siempre que creamos" porque por las palabras de Jesús podemos entender correctamente "quienquiera que siga creyendo". Algunas de las personas que seguían a Jesús creyeron de inmediato. Pero tenían una fe débil. En algunos casos dejaron de creer y perdieron las bendiciones que Jesús les había dado.

Es importante que tengamos presente este versículo cuando leemos el resto de la conversación de Jesús acerca del Pan de Vida. Lo que él dijo disgustó a los judíos e hizo que repentinamente comenzarán a discutir (versículo 52) porque tomaron literalmente las palabras de Jesús y sintieron que sus palabras eran difíciles de entender. Pero Jesús sólo estaba ampliando este pensamiento: cree en mí y vive.

6:36–38. La gente que no cree en Jesús como el Mesías enviado por el Padre, no recibe sus bendiciones. Estos judíos habían visto a Jesús pero no habían creído. La falta de fe fue un error fatal y los señaló como personas ajenas a la familia de Dios.

"Todo [el que hace parte de la iglesia] lo que el Padre me da, vendrá a mí", les explicó Jesús. El Padre celestial llega a sus escogidos con la palabra de Jesús y obra la fe en ellos; a los que con fe se acercan a Jesús sin rechazarlo, como hacen los judíos, él los recibe. Él no echará lejos de sí a nadie que vaya a él con fe.

Jesús tenía una misión que le había sido encomendada por el Padre celestial, no una misión que él mismo hubiera inventado. La grandeza personal, como convertirse en el rey que quería la multitud, no tenía cabida en el pensamiento de Jesús. Lo que quería la multitud era contrario a la voluntad de Dios el Padre.

6:39-40. Las dos afirmaciones que hace Jesús en los versículos 39 y 40 expresan pensamientos paralelos. Dicen que la voluntad del Padre, que envió a Jesús, tiene el siguiente propósito:

Versículo 39	Versículo 40
• Todo lo que el Padre le ha dado a Jesús	• Todo aquel que mira al en él
• Jesús no perderá a ninguno (literalmente, no destruirá)	• tendrá vida eterna
• Jesús los resucitará en el Último Día.	• Jesús lo resucitará en el

¿Recuerdan la idea de la espiral? Jesús vuelve a las verdades básicas que se encuentran en toda su enseñanza.

6:41-42. Las palabras de Jesús hicieron que los judíos se quejaran. Muchos no le creyeron; en opinión de ellos era irracional que Jesús dijera: "Yo soy el pan que descendió del cielo". Esto no es una sorpresa, ya que el evangelio siempre es una tontería para los que dependen de su propia sabiduría (1 Corintios 1:18-31).

Después de llegar a esta conclusión, los judíos dieron el siguiente paso que los incrédulos invariablemente dan. Desecharon las palabras de Jesús y sus milagros, y simplemente siguieron el dictado de su propia razón. Ellos conocían al padrastro de Jesús, José, y a su madre, María. Para ellos eso descartaba la posibilidad de que él hubiera venido del cielo.

6:43-45. Jesús les dijo que dejaran de murmurar. Por naturaleza ellos rechazaban las palabras de Jesús. Si las personas no pueden creer en él, no se le acercarán por su propia voluntad; el Padre las debe atraer. Nosotros, los que creemos en Jesús, no tomamos nosotros mismos la decisión de hacerlo por medio de nuestro raciocinio; Dios el Padre nos impulsó en contra de nuestra voluntad natural, y Dios el Hijo nos resucitará en el último día en contra de nuestra condición natural.

Dios obró en nosotros por medio de su Palabra. Los profetas habían dicho que Dios instruiría al pueblo (Isaías 54:13; Jeremías 31:33, 34). Y todo aquel que oye y aprende lo que el Padre le enseña, va a Jesús.

6:46-48. Todo se concentra en Jesús. Nosotros no podemos ver al Padre, no podemos ir directamente a él para ver quién es, ni cómo se ve. Nadie ha visto nunca a Dios en toda su gloria, nadie, excepto aquel que vino a nosotros proveniente de Dios. Éste, Jesús, ha visto al Padre.

Jesús hizo énfasis una vez más la solemne verdad de sus palabras. Después repitió el pensamiento principal que tenía que decir: "El que cree... tiene vida eterna". Estas palabras no sólo nos ayudan a entender el resto del capítulo, sino todo el evangelio de Juan. Jesús enfatizó nuevamente: "Yo soy el pan de vida."

6:49-51. Lo que Jesús es y lo que él da es precisamente lo opuesto al maná del que hablaban esos judíos y que esperaban obtener de Jesús. Sus antepasados habían comido el maná en el desierto; en ese entonces el maná había ayudado a mantenerlos vivos, pero con el tiempo todos murieron. Los judíos todavía seguían buscando este tipo de pan. Sin embargo, este pan del cielo que Jesús trae da la vida eterna. El que coma de él no morirá. Los judíos no querían oír esta verdad espiritual.

Jesús repitió: "Yo soy el pan vivo que descendió del cielo; si alguien come de este pan, vivirá para siempre." Jesús es el pan. Comer el pan significa creer en Jesús, y creer en Jesús significa tener vida eterna. Esencialmente éste es el mismo mensaje que Jesús les dio a Nicodemo (3:13-18) y a la mujer samaritana (4:13, 14). Nunca serán demasiadas las veces que lo oigamos.

Después de esto, Jesús les explicó este pensamiento para mostrarles para quiénes es el pan y a qué precio. Él había venido para dar el pan, su carne, a cambio de la vida para el mundo. El Hijo mismo de Dios había venido como un ser humano para entregar su vida perfecta por la vida de todos los que vienen a este mundo. Las palabras de Jesús señalaban hacia la cruz y al sacrificio que él iba a llevar a cabo allí por nosotros.

6:52-54. Las palabras de Jesús causaron aún más conmoción entre los judíos. Tomaron literalmente sus palabras y no se podían imaginar de qué manera les iba a dar él a comer su carne. Sin embargo, si este pensamiento era desagradable para ellos, lo que Jesús dijo después debe haberles parecido completamente repugnante.

Una vez más, Jesús hizo énfasis en la solemne verdad de sus palabras de una manera gráfica para que entendieran su razonamiento. Su mensaje de vida habló de la muerte para los que no creyeran. Les advirtió: "Si no coméis la carne del Hijo del hombre y bebéis su sangre, no tenéis vida en vosotros". "El que no cree ya ha sido condenado" (3:18).

Una y otra vez Jesús volvió a la verdad a la que estos judíos se resistían. Al incluir su sangre, él se aseguró de que ellos estuvieran equivocados si tomaban esto literalmente (Levítico 17:12). Pero si ellos veían la verdad espiritual (Levítico 17:11), en la sangre de Jesús verían la sangre de la expiación. Al hablar de la sangre, la referencia a su sacrificio en el Calvario quedaba completa.

Algunos ven esta sección como una referencia a la Santa Cena, pero no puede ser porque la Santa Cena todavía no había sido instituida. Esta sección es una prolongación de las afirmaciones acerca del Pan de Vida. Jesús sigue con el pensamiento que ya había expresado en los versículos 29 y 40: el que crea vivirá.

Sin embargo, no se pierde nada si aquí recordamos que precisamente antes de dar su cuerpo y su sangre en la cruz, Jesús también instituyó la Cena en la que comemos y bebemos su cuerpo y su sangre para nuestro perdón y para vida.

6:55-56. Cuando los judíos murmuraron entre ellos, negaron que Jesús pudiera ser el pan del cielo. Se opusieron a la idea misma de comer la carne de Jesús. Muchos pensaron que él era un farsante: ¡Comer su carne! ¡Beber su sangre! ¡Qué absurdo!

En respuesta, Jesús insistió en que él hablaba de verdadera carne y de verdadera sangre. Los judíos habían oído hablar de la carne y de la sangre en el sentido figurado. Las fiestas y los sacrificios del Antiguo Testamento habían sido presagios; Jesús era la realidad.

Jesús también hablaba acerca de una unión espiritual íntima que tiene lugar entre él y nosotros cuando creemos y continuamos alimentándonos de él. Es necesario que todo cristiano vea la importancia de continuar nutriendo su fe en Jesús. Lo hacemos por medio de la Palabra, como Jesús nos lo muestra en otra parte (8:31).

Cuando la fe se alimenta de esta manera, el creyente permanece en Jesús y Jesús en el creyente, de modo que en nuestra fe nos unimos con Cristo. No podemos explicar cómo sucede esto; lo sabemos sólo porque Jesús lo dijo. Cada día y cada hora tenemos el consuelo de saber que él permanece con nosotros.

6:57-59. Lo importante es la vida, la vida que proviene de Dios y que es eterna. Cuando el Padre celestial envió a su Hijo a este mundo, le dio esa vida también en su naturaleza humana.

Esta es la razón por la que Jesús podía decir: "Yo vivo por el Padre".

Del mismo modo, cuando una persona se alimenta de (cree en) Jesús, esa persona vive por causa de Jesús. Esta misma vida, que es la esencia misma de la vida en Dios, pasa a cada uno de los creyentes.

Para hacer un resumen y terminar este tema, Jesús repitió su comparación anterior con el maná (versículos 49 y 50). Los que oyeron a Jesús ese día no lo malinterpretaron. Él se aseguró de que esto fuera así al volver a los pensamientos claves (recuerden las espirales). Cada uno de los siguientes pensamientos se repite varias veces:

- Jesús es el pan.
- Jesús, el pan, vino del cielo, enviado por el Padre.
- Quienquiera que coma el pan, es decir, que cree en Jesús,
- tiene vida eterna.
- Jesús resucitará a esa persona en el Último Día.

Jesús enseñó estas verdades en la sinagoga, donde la gente se reunía regularmente para adorar a Dios.

Muchos de sus discípulos abandonan a Jesús (6:60-71)

6:60-65. Muchos de los judíos que estaban oyendo formaban parte de los seguidores de Jesús, sus discípulos, pero no estaban listos para lo que habían oído. Consideraban que su enseñanza era dura de aceptar. La enseñanza, o "palabra", aquí es la misma expresión que Jesús usó en el capítulo 1, es decir, "Verbo" (Logos). Irónicamente, sin hacer ellos mismos esta conexión, le dijeron a Jesús que era algo duro de aceptar.

Jesús sabía de sus murmuraciones y les preguntó literalmente si esta enseñanza era una trampa para ellos ("¿Esto os escandaliza?"). Entonces, ¿Qué pasaría si ellos lo vieran ascender al lugar donde estaba primero? Jesús había dicho repetidamente que él era el Hijo del hombre, que había venido del cielo. ¿Iban a estar más dispuestos a creer si él ascendiera al cielo?

Parte IV

No es sorprendente que los judíos se sintieran ofendidos por la palabra de Jesús; ellos confiaban en sí mismos y en su propia razón para poder entender algo. Pero su carne pecaminosa no pudo comprender a Jesús porque su mensaje era del Espíritu y era para llegar a su alma y darle vida espiritual.

Esta gente no pudo aceptar a Jesús bajo sus propios términos. Las palabras de él tenían que penetrar en su alma para darles vida. El Espíritu Santo obra por medio de las palabras de Jesús. Y aun así, a pesar de oírlas, algunos se resistieron al Espíritu y no creyeron.

Jesús sabía "desde el principio" quiénes iban a continuar en la incredulidad y quién lo iba a traicionar. Él lo sabía no sólo desde el comienzo de estos acontecimientos, sino desde la eternidad.

Por lo tanto, les volvió a decir que ellos no se podrían acercar a él, es decir, creer en él, a menos que el Padre les diera la fe para hacerlo. Todo cristiano le puede dar gracias a Dios por haber enviado a Jesús y por la fe.

6:66-67. Este encuentro, que tuvo lugar después de la milagrosa alimentación de los cinco mil, fue el momento decisivo para muchos que seguían a Jesús como discípulos. No pudieron aceptar sus enseñanzas, de modo que lo dejaron y ya no le siguieron.

Entonces Jesús se volvió hacia los doce, a quienes Juan identifica así por primera vez, distinguiéndolos de esta manera como el grupo de los discípulos que eran más cercanos a él. Pero, ¿acaso ellos eran diferentes? Jesús esperaba que se quedaran con él, pero dejó que ellos contestaran por sí mismos, si es que también iban a dejarlo.

Jesús no obliga a nadie a que lo siga.

6:68-71. Era típico de Simón Pedro el darle respuestas rápidas a Jesús. Su respuesta habló de una fe que se aferraba a la maravillosa verdad del mensaje de Jesús. Pedro no se podía imaginar la posibilidad de dejar a Jesús y encontrar a alguien que tomara su lugar. La razón era sencilla: Jesús tenía palabras que daban la vida eterna. Las palabras de Jesús acerca del Pan de Vida, su descenso del cielo, su carne y su sangre transmitían las bendiciones que él prometía en ellas. Los discípulos creyeron y recibieron de Dios la vida eterna.

Sí, Pedro afirmó que ellos habían creído antes de esto, y seguían creyendo. Ellos sabían que Jesús era el Santo de Dios. Su fe continuó creciendo. Jesús se había identificado a sí mismo como el enviado de Dios. Igual que otras traducciones modernas, la Nueva Versión Internacional sigue la mayoría de los manuscritos más antiguos del Nuevo Testamento, que tienen "Tú eres *El Santo de Dios*" en vez de "Tu eres *el Cristo, el Hijo del Dios viviente*" en el versículo 69. "Lo vemos", confesó Pedro, al identificar a Jesús como "santo", como aquel al que Dios apartó y consagró para llevar a cabo la misión del Señor.

Sin embargo, no todo era como debía ser. Estos discípulos fueron llamados "los doce", para indicar que parecían ser uno solo en su fe y dedicación a Jesús. Ellos eran como un equipo. La confesión de Pedro parecía hablar por cada uno de ellos.

Pero Jesús sabía que las cosas eran diferentes. Uno de ellos estaba escuchando al diablo y no a Jesús, uno que en su incredulidad estaba sirviendo a los propósitos de Satanás. Éste, Judas, el hijo de Simón Iscariote ("hombre originario de Queriot"), iba a traicionar a Jesús.

La acusación de Jesús debió haber desconcertado a los discípulos. Jesús no les reveló quién era ni qué era lo que quería decir. Por lo menos, debieron haberse dado cuenta de que uno de los que estaba entre ellos era un hipócrita. Pero tampoco eso los disuadió de seguir a Jesús.

Hoy en día, cuando oímos estas palabras, no solo pensaremos en el inminente sufrimiento y muerte de Jesús, sino que también aprenderemos algo acerca de los hipócritas que existen en la iglesia. Aunque siempre habrá algunos (hasta uno de los doce escogidos de Jesús era hipócrita), probablemente no los reconoceremos. Pero si a un hipócrita se le va a guiar a la verdad, ¡qué mejor lugar puede haber que en la iglesia!

Parte V

JESÚS SE ENFRENTA A LAS YA CRECIENTES AMENAZAS CONTRA SU VIDA (7:1–11:57)

Jesús demora su ida a Judea (7:1-13)

7:1-5. Jesús se quedó en Galilea por más de medio año. No era seguro ir a Judea porque sus enemigos judíos lo estaban buscando allí para matarlo. Ellos lo hubieran querido matar cuando sanó al inválido en un día sábado (5:18), y todavía lo odiaban lo suficiente como para querer verlo muerto. Pero el tiempo de morir todavía no había llegado para Jesús.

Ya se acercaba la fiesta de los Tabernáculos. Esta era una fiesta de la cosecha, que se celebraba entre mediados de septiembre y mediados de octubre, para conmemorar el hecho de que Dios guió a Israel en el desierto. Esta fiesta, junto con la Pascua y con el Pentecostés, hacía que miles de judíos fueran a Jerusalén para la celebración. Una vez que estaban allí, los judíos vivían en tiendas (tabernáculos) durante una semana para representar las condiciones del viaje por el desierto (Levítico 23:40-43), mientras que también disfrutaban del festival de la cosecha.

Jesús no dio ninguna indicación de que él y sus discípulos iban a ir a Jerusalén para esta celebración, pero sus hermanos (vea 2:12) aprovecharon la oportunidad para persuadirlo. Tal vez las palabras que le dirigieron dejaron entrever algo de burla o de ridículo porque en ese entonces ellos no creían en él. Y tampoco los convenció la estadía de Jesús en los lugares remotos de Galilea. Según su manera de razonar, un verdadero líder debía se convertir en el centro de atención y debía mostrarles sus obras a todos sus seguidores. Él debía ir a Judea, donde el pueblo ya se estaba reuniendo y mostrarse de esa manera al mundo. Con la demostración de su poder iba a ganar seguidores.

Es difícil determinar si las palabras de los hermanos de Jesús fueron pronunciadas con burla o si eran bien intencionadas pero equivocadas. Cualquiera que fuera el caso, parecía que ellos veían a Jesús de la misma forma que muchos otros judíos, es decir, que lo veían sólo como un líder terrenal. Ellos no le prestaron atención a las palabras de Jesús, por medio de las que él podría gobernar en su corazón. El reino de Jesús no era, y no es, de este mundo.

7:6-9. El plan de salvación que previó Dios tenía un cronograma establecido. Jesús vino al mundo cuando vino la plenitud del tiempo (Gálatas 4:4), convirtió el agua en vino en el momento debido (Juan 2:4) y esperó para ir a Jerusalén hasta que fue el tiempo de hacerlo. Siguió con precisión la voluntad del Padre.

Naturalmente, sus hermanos no tenían el mismo cronograma; no tenían que preocuparse de que el mundo incrédulo los odiara, porque no habían hecho nada que irritara al mundo. En contraste, el mundo odiaba a Jesús porque él había dado testimonio de que las obras del mundo eran impías. En especial, los líderes religiosos judíos representaban el punto de vista del mundo.

Con el pasar de los años el mundo no ha cambiado en cuanto a esto. Todavía odia a los que salen en defensa de lo que es verdaderamente correcto y piadoso. Odia a los que condenan el aborto, la eutanasia y la herejía. No podemos esperar nada menos porque si el mundo odió a Jesús, odiará a sus seguidores.

Jesús les dijo a sus hermanos que fueran a la fiesta, pero él se quedó en Galilea porque su tiempo todavía no había llegado.

7:10-13. El tiempo de Jesús llegó después que sus hermanos se habían ido, de modo que él también fue a la fiesta. Sin embargo, no era el tiempo de aparecer ante el público, y se mantuvo escondido de las multitudes, en contra de lo que sus hermanos le habían dicho que hiciera, y no apareció al comienzo de la fiesta.

Jesús sabía que sus adversarios, los líderes del pueblo, lo estaban buscando. Las multitudes estaban murmurando acerca de Jesús. Algunos decían que era un hombre bueno, otros no estaban de acuerdo con eso. Nadie se atrevió a hablar abiertamente porque temían a los líderes judíos, cuya hostilidad hacia Jesús era del conocimiento general.

Jesús confunde con sus enseñanzas a los judíos incrédulos (7:53-8:11)

7:14-15. Ya había transcurrido la mitad de la fiesta cuando llegó el tiempo para que Jesús apareciera. Sin embargo, él fue entonces no para hacer milagros, sino para enseñar. La gente tuvo conocimiento de Jesús por medio de sus palabras. Los judíos se maravillaron cuando lo oyeron, porque hablaba como un hombre de letras aunque no había tenido ninguna preparación formal.

Su sorpresa preparó el escenario para el mensaje que él les iba a dar.

7:16-19. Cuando Jesús tenía 12 años de edad, sorprendió a los maestros en los atrios del Templo con "su inteligencia y sus respuestas" (Lucas 2:47). Ahora, 20 años después, hizo lo mismo con los líderes judíos. Pero si ellos hubieran sabido y hubieran creído que Jesús era divino, y que sus enseñanzas eran del Padre que lo había enviado, no se hubieran quedado tan perplejos.

Jesús no reclamaba nada para sí mismo. Él no era autodidacta, ni se había educado en la escuela. Todo lo que él enseñaba venía de su Padre que estaba en los cielos. Todo aquel que opta por hacer la voluntad de Dios, pronto se da cuenta de que las enseñanzas de Jesús vienen de Dios. El deseo de hacer la voluntad de Dios significa creer en Jesús (6:29, 40).

El Evangelio segun Juan

Toda verdad viene de Dios y, al trabajar para honrar a Dios, Jesús compartió esta verdad. Nunca nadie pudo encontrar nada falso en Jesús.

Estos judíos incrédulos eran buenos para dudar de las enseñanzas de Jesús. ¿Acaso no habían aceptado la ley de Moisés como proveniente de Dios? ¿Acaso no habían acusado a Jesús por haber curado enfermos en un día sábado? Y aun así no habían guardado la Ley como Dios quería. En vez de eso, en Cristo habían rechazado las enseñanzas directas de Dios y el evangelio; y despreciaban tanto a Cristo, que lo querían matar. El deseo que tenían de matar no estaba en la observancia de la ley de Moisés.

"¿Por qué intentáis matarme?" les preguntó Jesús.

7:20. Jesús sabía todo lo que los judíos habían planeado contra él. Los judíos sabían que él tenía razón. Mientras tanto, la multitud, que había ido de tierras lejanas o aisladas y que no sabían cuál era el propósito de Jesús, pensaba que él hablaba cosas de locos. Lo acusaron de estar poseído por un demonio que le dictaba ideas extrañas.

7:21–24. Jesús habló de la curación del inválido que estaba en el estanque de Betesda, que él había llevado a cabo en un día sábado la última vez que había estado en Judea. Esa curación había influido en los planes de los judíos para asesinarlo (5:9, 10, 16–18). Todo el mundo se había maravillado por el milagro, pero los enemigos de Jesús se aprovecharon de la oportunidad y de la manera equivocada en que entendían la ley del día sábado para atacar a Jesús.

Por las enseñanzas de Moisés que ellos reverenciaban, sabían exactamente cuán torcido era su pensamiento. Los judíos observaban religiosamente el mandato que les dio Dios de circuncidar a sus hijos al octavo día después de su nacimiento. La costumbre había comenzado con Abraham (Génesis 17:9–14) y estaba incluida en la ley de Moisés (Levítico 12:3). Aunque el octavo día cayera en día sábado, los judíos circuncidaban a sus hijos.

Parte V

De acuerdo con el razonamiento de Jesús, ¿cómo era posible que ellos estuvieran furiosos con él porque sanó "en sábado completamente a un hombre"? Jesús había sanado al hombre de su invalidez y lo había llamado al arrepentimiento (5:14). ¡Claro que eso era tan importante como la circuncisión! Pero los judíos lo habían juzgado de una manera superficial, sólo por lo que a ellos les parecía que era una violación del día sábado. Ellos no se detuvieron a pensar en lo justo de la situación; seguían la Ley al pie de la letra pero no el espíritu de la misma. Habían reaccionado con odio en vez de hacerlo con amor.

7:25-27. Algunos de los habitantes de Jerusalén que sabían que los gobernantes tenían la intención de matar a Jesús, comenzaron a prestar atención. Jesús hablaba abiertamente, pero sus enemigos no le decían ni una palabra. ¿Es que habían abandonado sus planes malvados? ¿Acaso era posible que, después de todo, los gobernantes hubieran llegado a la conclusión de que Jesús no era el Cristo? Los del pueblo pensaban que los gobernantes habían tenido la oportunidad de hacer algo. ¿Por qué habían retrocedido?

Por el momento, la idea de que Jesús era el Cristo (el Mesías) prometido pasó por su mente, pero la descartaron al instante y dieron una razón. Algunos judíos sostenían la tradición de que el Mesías iba a aparecer de repente, y nadie sabría de dónde había venido. Sin embargo, ellos sabían que Jesús era originario de Nazaret de Galilea, y en su pensamiento eso lo descalificaba como el Mesías.

7:28-29. Jesús sabía lo que ellos decían acerca de él, y mientras enseñaba en el Templo, alzó la voz para contestarles. Sí, ellos lo conocían y sabían de dónde provenía, o eso era lo que ellos pensaban. Ellos conocían bien la geografía, pero no la teología. Sabían de dónde venía Jesús, pero no sabían de quién venía. Si lo hubieran sabido, no se habrían opuesto a él. Él les había dicho antes que venía del Padre. Aquí les dijo nuevamente:

"No he venido de mí mismo, pero el que me envió... es verdadero".

La verdadera razón para que ellos no aceptaran a Jesús como el Cristo era que no conocían al Padre que lo había enviado. No conocían al verdadero Dios; de otro modo habrían creído en Jesús, que era el Hijo de Dios. Jesús conocía al Padre porque él había venido de estar en su presencia, y el Padre lo había enviado.

7:30-32. Los judíos incrédulos no querían oír a Jesús que se identificaba a sí mismo con el Padre celestial, y por esto trataron de capturarlo. Sin embargo, el plan de Dios para Jesús había sido organizado hasta el más pequeño detalle. Dios no iba a permitir que le sucediera nada, hasta el tiempo debido. Así que nadie le pudo echar mano.

Sin embargo, muchos de los que estaban en la multitud creyeron en Jesús porque había hecho señales milagrosas como las que esperaban que hiciera el Cristo. Ellos no podían ignorar lo que habían visto y oído.

Cuando los fariseos oyeron que la multitud hablaba de esa manera, redoblaron los esfuerzos para capturar a Jesús. Los principales sacerdotes y los fariseos enviaron a los guardias del Templo para que lo arrestaran.

7:33-36. Con los líderes judíos ya listos para arrestarlo, Jesús habló como si tuviera un plan infalible para escapar y esconderse. Dijo que, después de poco tiempo con ellos, iba a regresar al que lo había enviado. Ellos lo buscarán, pero no lo podrán encontrar, porque no podrán ir adonde él estará.

Jesús hablaba de su muerte y de su regreso al Padre celestial, y ningún incrédulo podría ir allí. Los incrédulos permanecen para siempre separados de Dios y de su Hijo.

De manera previsible, los judíos incrédulos no vieron la dimensión espiritual de las palabras de Jesús. Ellos pensaban sólo en lugares terrenales y se preguntaban a dónde podría ir Jesús que ellos no lo pudieran encontrar. Se preguntaban si él planeaba ir a Judea y enseñarles a los judíos que estaban dispersos en lugares distantes entre los griegos, fuera de Palestina. Pero ellos lo podrían encontrar allí y podrían ir allí tan fácilmente como él lo había hecho. Sus palabras los desconcertaron, y no siguieron adelante con los planes de arrestarlo.

7:37-39. Todas las amenazas y todos los intentos de aprehender a Jesús no lo disuadieron de dar su mensaje que da la vida. En el último día de la fiesta, se puso de pie y alzó la voz para que todos lo escucharan y oyeran sus enseñanzas.

Usó la misma comparación que había usado en el pozo de Jacob para guiar a la fe a la mujer samaritana (4:14): "Si alguien tiene sed, venga a mí y beba." Las Escrituras habían predicho esta verdad (Isaías 58:11; Zacarías 14:8). Los que vienen a Jesús y beben son los que creen en él, como lo revelan sus palabras siguientes. Todo el que cree no sólo recibe el agua que da vida, sino que "de su interior brotarán ríos de agua viva".

El Espíritu Santo de Dios guía a las almas sedientas hacia Jesús; él obra la fe que bebe el refrigerio que Jesús le ofrece. El Espíritu entra en el corazón de un creyente y el creyente llama a otros para que sepan acerca de Jesús.

Cuando Jesús terminó su obra de salvación y entró en su gloria, el Espíritu Santo de Dios fue derramado sobre los creyentes en una medida especial. Esto sucedió en el día de Pentecostés, cuando el Espíritu soltó las corrientes de agua viva que brotaron de los discípulos, y desde ese día y en todas las épocas el agua de vida ha fluido a través de los creyentes hacia incontables almas que estaban sedientas.

7:40-44. Los que oyeron a Jesús se conmovieron por sus palabras. La multitud reaccionó e hizo muchas preguntas. Algunos dijeron, "Verdaderamente éste es el profeta" (vea Deuteronomio 18:15). Otros dijeron, "Éste es el Cristo", y todavía otros afirmaron: "¿De Galilea ha de venir el Cristo? ¿No dice la Escritura que de la descendencia de David, y de la aldea de Belén, de donde era

David, ha de venir el Cristo?" Interpretaron correctamente las Escrituras, pero no las entendieron.

Las palabras de Jesús habían dividido al pueblo. Algunos lo querían arrestar, pero, como antes, nadie lo tocó.

Hoy en día Jesús causa un efecto similar en la gente. Oímos las mismas afirmaciones y vemos las mismas reacciones:

"Él es el Profeta." Algunas religiones no cristianas como el judaísmo y el islamismo tal vez lleguen a este punto.

"Él es el Cristo." Siempre habrá quienes verdaderamente lo crean.

"Él no puede ser el Cristo, ¿verdad?" Los agnósticos siempre buscan razones para no creer.

"¡Arréstenlo!" Los ateos y los que son como ellos querrán silenciar la palabra de Cristo, pero no tendrán éxito.

7:45-48. Al regresar los guardias del Templo, podemos saber por qué no pudieron arrestar a Jesús como se les había ordenado. Cuando los principales sacerdotes y los fariseos les preguntaron por qué no lo habían llevado, ellos respondieron de una manera sencilla y sin embargo profunda. "¡Jamás hombre alguno ha hablado como este hombre!"

Como hemos podido observar antes en el evangelio de Juan, todo gira alrededor de las palabras de Jesús. Sus palabras son únicas. Dan la salvación y no serán silenciadas. Los guardias quedaron tan asombrados por ellas, que no tuvieron el valor para arrestarlo.

Las palabras de Jesús nunca han sido igualadas por ningunas otras. Esas palabras siguen asombrando a la gente de todas partes. Entraron en nuestro corazón para que creamos en Jesús. Él habla como sólo el Hijo de Dios lo puede hacer.

A los fariseos les pareció increíble lo que oyeron de los guardias, y por eso les preguntaron: "¿También vosotros habéis sido engañados?"

Nunca se les había ocurrido pensar que las palabras de Jesús iban a tener ese efecto. Estaban totalmente enfrascados en su propia importancia. "¿Acaso ha creído en él alguno de los gobernantes o de los fariseos?", agregaron ellos como si eso resolviera la situación.

Ellos enseñaban la ley de Dios, e insistieron en que la gente que había sido influenciada por las palabras de Jesús no conocía la Ley y, por lo tanto, eran malditos. En resumen, los que no crean rechazarán por completo a Jesús y sus enseñanzas.

7:50-52. No todos los fariseos estaban listos para descartar tan rápidamente a Jesús. Nicodemo, que había ido anteriormente solo y de noche (3:1-21) a buscarlo, habló en favor de Jesús. Apeló a la propia ley de los fariseos (Deuteronomio 1:16) para que trataran la situación con justicia. Les preguntó: "¿Juzga acaso nuestra Ley a un hombre si primero no lo oye?" Su fe en Jesús todavía no había avanzado hasta el punto de romper con los otros fariseos, pero se opuso a la injusticia que era tan evidente.

No les importó. Ya habían tomado una decisión, y no querían oír nada acerca de ser justos. No pudiendo responder a las palabras desafiantes de Nicodemo, se volvieron contra él.

¿Eres tú también galileo?", le preguntaron con desprecio. Ya hacía mucho tiempo que habían decidido que nada bueno podía salir de Galilea, y mucho menos un profeta. ¡Qué ironía! De muchas maneras Nicodemo se estaba volviendo más como un galileo y menos como ellos. Sin embargo, estaban equivocados acerca de Galilea. Jonás había sido originario de allí (2 Reyes 14:25) y tal vez otros profetas. Además, nada en la Palabra de Dios impedía que los profetas salieran de Galilea.

7:53-8:6. Los traductores de la Nueva Versión Internacional tienen razón cuando observan que algunos manuscritos antiguos no incluyen este relato de la mujer que había sido sorprendida en adulterio. Sin embargo, podemos tener el consuelo de que con este relato o sin él, las enseñanzas de las Escrituras no han sido afectadas. Además, no hay ninguna razón válida para creer que no sucedió.

Cuando terminó la fiesta y la gente comenzó a regresar a su hogar, Jesús se fue al monte de los Olivos. A la mañana siguiente, al despuntar el día, regresó a los atrios del Templo como también lo hizo mucha gente de las cercanías. Allí se sentó y los instruyó con sus enseñanzas.

Mientras tanto, los líderes religiosos trataron de ponerle una trampa para poder arrestarlo, a pesar de la mucha gente que aprendía de él. Sorprendieron a una mujer en el acto mismo del adulterio y la arrastraron a donde Jesús estaba enseñando. Hicieron que estuviera de pie frente al grupo, mientras la acusaban, y le pidieron a Jesús que la juzgara según la ley de Moisés. "En la Ley nos mandó Moisés apedrear a tales mujeres", afirmaron ellos. "Tú, pues, ¿qué dices?"

La trampa fue puesta con mucho cuidado. No importaba que ellos cambiaran las palabras de Moisés para acomodarlas a sus fines. La Ley establecía claramente que tanto el hombre como la mujer debían morir, y se mencionaba específicamente la muerte por apedreamiento sólo en el caso de una virgen que ya estuviera comprometida para casarse (Deuteronomio 22:13-24; Levítico 20:10). Aun así, los fariseos urdieron su malvada intriga. Si Jesús decidía que debía ser apedreada, quebrantaría la ley romana que reservaba la pena capital para ser ejecutada por los romanos. Si Jesús decía, "Déjenla libre," quebrantaría la ley de Moisés.

8:7. Jesús no les contestó inmediatamente; simplemente se inclinó "hacia el suelo [y] escribía en tierra con el dedo". No se nos da ningún indicio acerca de lo que escribió. Ansiosos por hacerlo caer en su trampa, los fariseos lo apremiaron para que contestara. Entonces Jesús les dio una respuesta que es bien conocida y que con frecuencia se repite hasta estos días: "Aquel de ustedes que esté libre de pecado, que tire la primera piedra" (NVI).

Las acciones de los fariseos eran hechas sin amor, eran severas e hipócritas. El odio fue el que los indujo a urdir este pequeño drama. Pero Jesús los hizo caer en su propia trampa. La ley de Moisés decía que los testigos debían arrojar la primera piedra para llevar a cabo la pena de muerte (Deuteronomio 17:7).

Entonces Jesús les contestó en parte: "Si ella es culpable y merece morir, prepárense para cumplir con su obligación."

Pero Jesús le hizo un cambio a ese pensamiento, dirigiéndose a la odiosa hipocresía que había en todo este episodio: "Cumplan con su trabajo si es que están sin pecado." Esas palabras repitieron los sentimientos que Jesús había expresado en otra oportunidad, en el sermón del monte: "¿Por qué miras la paja que está en el ojo de tu hermano y no echas de ver la viga que está en tu propio ojo?" (Mateo 7:3; vea también los versículos 1–5).

8:8-11. Cuando Jesús comenzó a escribir nuevamente en el suelo, los fariseos avergonzados comenzaron a retirarse poco a poco. Los más ancianos, que entendieron rápidamente, fueron los primeros en salir. Después de poco tiempo sólo quedó la mujer, que estaba de pie, y Jesús.

Jesús le dijo: "¿Dónde están los que te acusaban? ¿Ninguno te condenó?", le preguntó.

Ella contestó: "Ninguno, Señor".

Jesús le dijo: "Ni yo te condeno". Pero añadió: "Vete y no peques más". Jesús no aprobó su pecado, se lo perdonó y le dijo que se arrepintiera. El pecado, en cualquier forma que sea, nunca es justificable, y el pecador justificado que confía en Jesús evitará todo pecado.

Jesús da testimonio contra los incrédulos (8:12-59)

8:12. Aquí Jesús habla de nuevo en presencia de los fariseos. Es más fácil entender esta escena si suponemos que el encuentro con estos hombres y con la mujer adúltera tuvo lugar en otra oportunidad. La poca evidencia textual que existe acerca de este encuentro, respalda esta idea. Entonces, por lo visto, esta conversación se produjo después de las palabras que se dijeron en el capítulo 7:52.

Jesús le habló a toda la gente que se encontraba a su alrededor. "Yo soy", dijo, repitiendo las palabras que lo identificaban con Yahvé, "la luz del mundo". Aquí estaba el Mesías, contándoles a todos los que lo escucharan que él era el cumplimiento de todo lo que Isaías había prometido: "El pueblo que andaba en tinieblas vio gran luz" (9:2). "Levántate, resplandece, porque ha venido tu luz y la gloria de Jehová ha nacido sobre ti" (60:1) (vea también Isaías 42:6; 49:6; 60:2, 3).

En el capítulo 1:4 nos enteramos de que el Verbo tenía vida en él y que "la vida era la luz de los hombres". Ahora Jesús afirmó sencillamente: "Yo soy la luz del mundo". Su luz ilumina la vida y da vida. Penetra en el alma, y su luz y vida son la mismísima cosa en nosotros. Caminamos en su luz en vez de caminar en la oscuridad que es inseparable de este mundo corrupto por el pecado.

Creemos y vivimos.

8:13-14. En otra oportunidad en que Jesús se enfrentó a sus enemigos judíos, expresó el mismo razonamiento que los fariseos ahora usaban para desafiarlo (5:31). Según la ley judía, no se podía establecer un caso con un solo testigo (Deuteronomio 17:6; 19:15), y el testimonio acerca de uno mismo podría ser doblemente sospechoso.

Anteriormente, Jesús había ofrecido otros testigos: Juan el Bautista, las propias obras de Jesús y Dios el Padre. Esta vez él les devolvió el desafío al insistir en que el testimonio que daba acerca de sí mismo era suficiente. Era suficiente porque era una verdad eterna de Dios. Jesús sabía quién era él, de dónde había venido, y a dónde iba. Los fariseos no sabían de donde había venido ni a dónde iba. Eran ellos, y no Jesús, los que no tenían ninguna base para juzgar.

8:15-18. Los fariseos juzgaban "según criterios humanos", como dice la Nueva Versión Internacional (v 15), y estaban equivocados acerca de Jesús. La Reina—Valera da una traducción literal del griego: "juzgáis según la carne". Los fariseos eran gobernados por la razón y por las inclinaciones pecadoras de su corrupta naturaleza humana; juzgaban de la manera en que juzga la gente que no tiene Dios.

Parte V

Mientras tanto, sus protestas no tenían fundamento porque Jesús no estaba juzgando a nadie. Aun si hubiera juzgado y su propio testimonio fuera suficiente, como él había dicho, no estaba solo. Cualquier juicio que hiciera Jesús era respaldado por Aquel que lo había enviado.

Jesús sabía las enseñanzas del Antiguo Testamento acerca de dos testigos que confirmaran la verdad. Su verdad había sido establecida por dos testigos. Él dio testimonio acerca de sí mismo, y el Padre que lo había enviado también había dado testimonio acerca de él. Si los fariseos hubieran conocido verdaderamente la palabra de Dios y la hubieran creído, hubieran tenido todos los testigos que necesitaban.

8:19-20. Se hizo evidente lo profundo de la incredulidad de los fariseos. Lo desafiaron, diciéndole: "¿Dónde está tu Padre? Presenta al segundo testigo y ya puedes aprobar tu caso."

La respuesta de Jesús sacó a relucir la profundidad de su incredulidad. "Ni a mí me conocéis, ni a mí Padre; si a mí me conocierais, también a mi Padre conoceríais." El Verbo eterno hecho carne estaba de pie ante sus propios ojos. Dios, que había venido de Dios, les había dado testimonio y ellos se habían negado a escucharlo. La manera de ver al Padre es a través del Hijo. Ellos no lo vieron.

Este pasaje le debe causar preocupación a nuestra alma. ¿Se pueden escuchar palabras más terribles que las que Jesús dice: "Ni a mí me conocéis, ni a mí Padre"?

Sabemos que esas palabras preocuparon a los judíos hostiles, pero todavía no lo arrestaron como deseaban, porque no había llegado el tiempo debido. La obra de Jesús para nuestra salvación siguió el orden del cronograma establecido por el Padre.

8:21-24. Una vez más, Jesús trató de demostrarles a los judíos cuán lejos estaban de la verdad acerca de él. A donde él iba ellos no podían ir (7:34). Sin embargo, esta vez Jesús añadió un pensamiento que aclaró lo que quería decir. Dijo: "moriréis en vuestros pecados".

Los que no creen en Jesús no reciben el perdón de los pecados que él ha obtenido para ellos. Los que no tienen perdón mueren en sus pecados. Los que mueren en sus pecados mueren para siempre, no tienen la vida eterna. No se pueden unir a Jesús en el cielo.

Sin embargo, los judíos no captaron el significado de lo que les dijo Jesús, y trataron de hacer encajar sus palabras en su forma de pensar que era terrenal. Se preguntaron si él quería decir que se iba a suicidar en vez de permitir que ellos lo apresaran y lo condenaran a muerte. Esa sería una manera de evitar que ellos lo siguieran.

Jesús ignoró sus especulaciones y siguió explicando lo que quería decir. Sólo la mente que ha sido cerrada por la incredulidad podría pasar por alto este razonamiento. Estos judíos eran de abajo, de este mundo; Jesús era de arriba, no era de este mundo. Estos judíos estaban bajo el control del príncipe de este mundo (8:44; 12:31); Jesús estaba cumpliendo con la voluntad de su Padre.

Jesús les dijo directamente: "Ustedes morirán en sus pecados porque no creen que yo soy quién soy." Ya fuera que ellos hubieran oído esto o no, Jesús usó las palabras "YO SOY" nuevamente para identificarse a sí mismo.

8:25-26. Los hostiles judíos lo desafiaron nuevamente, preguntándole "Tú, ¿quién eres?" querían saber. Ellos sabían que él decía que era el Hijo de Dios y que, por lo tanto, era igual a Dios (5:18). Lo oyeron decir: "Yo soy la luz del mundo" (8:12), pero no le creyeron y por eso le preguntaron por algo en que ellos pudieran creer.

"Lo que desde el principio os he dicho", les contestó Jesús. Ellos tenían la respuesta, pero sólo sirvió para sellar el juicio que ellos ya habían decidido. Cuanto más les dijera Jesús de sí mismo, más razones iba a tener él para condenarlos. Y Jesús sólo les diría lo que el Padre le había dado para que dijera. El mensaje de Jesús para el mundo venía de su Padre que está en los cielos.

8:27-30. Ellos no podían ver a dónde les estaba señalando Jesús. Por lo que ellos sabían, él estaba hablando de alguien que era de Galilea y que lo había enviado a Jerusalén. No identificaron como el Padre al que había enviado a Jesús.

"Algún día lo sabrán", dijo Jesús, "cuando ya sea demasiado tarde". Endurecidos en su incredulidad, ellos levantarán al Hijo del hombre. Crucificarán a aquel que personificaba todo lo que un hombre debía ser antes que el pecado lo arruinara. "Entonces", dijo Jesús, "Sabrán que yo soy el que soy. Cuando sea levantado en la cruz, se darán cuenta de que yo soy todo lo que ustedes no quieren que yo sea. Yo soy el YO SOY. Se darán cuenta de que dije e hice lo que el Padre me ha enseñado. El Padre está conmigo; yo hago lo que le complace a él."

El Padre envió a Jesús para que fuera un ser humano como nosotros, pero no abandonó a Jesús en su humanidad. Y Jesús, en su humanidad, nunca dejó de complacer al Padre. Vivió una vida perfecta sin pecado como sustituto nuestro.

Otros judíos oyeron a Jesús además de los que abiertamente se le oponían, y muchos creyeron lo que escucharon.

8:31-32. Jesús les habló a los que creían, mientras que, por lo visto, los judíos incrédulos también estaban oyendo. La tierna fe de los nuevos creyentes necesitaba ser fortalecida. Otros cuya nueva fe había tambaleado ya lo habían dejado (6:66). Para que aumentara su fe, y para que ellos fueran verdaderos discípulos de Jesús, Cristo les dijo que "permanecieran en su palabra".

Para acercarse más a Jesús, el Verbo, ellos necesitaban permanecer en (aquí, "mantenerse fieles a", NVI) su palabra (aquí, "enseñanzas", NVI). Jesús tenía el poder de calmar las tormentas, alimentó a multitudes y sanó enfermedades. Todo eso tuvo un gran impacto en el pueblo y atrajo a la gente a escucharlo. Pero, ¿cómo hacía discípulos? Les enseñaba acerca de él mismo. ¿Cómo conservaba a sus discípulos? Los sostenía por medio de su Palabra.

Hoy en día todavía tenemos la palabra de Jesús. Su Palabra nos guía a él y nos mantiene con él. La marca de los verdaderos seguidores de Jesús es que permanecen fieles a su Palabra, que es donde aprenden la verdad, y la verdad los hace libres.

¿Qué es lo que aprendemos de Jesús? Qué él es Dios enviado por Dios para salvarnos del pecado. Sabemos que con Jesús tenemos perdón. Sabemos que Jesús nos guía a nuestro Padre celestial. Estas verdades nos hacen libres: libres de la maldición del pecado, libres de la muerte y libres para la vida eterna.

Este pasaje de las Escrituras muchas veces se usa de manera incorrecta; con frecuencia se aíslan las palabras "la verdad os hará libres", y se elogia cualquier aprendizaje que nos pueda ayudar a encontrar "la verdad" (cualquiera que sea). Vemos estas palabras en las bibliotecas y como lemas en las universidades. Las oímos de labios de los líderes políticos e intelectuales. Pero no oímos de quien es la Palabra que revela la verdad que nos hace libres. No oímos de quién son los discípulos que tienen esa verdad y la libertad que trae consigo. No oímos acerca de Jesús.

8:33. No es sólo en el tiempo presente que la gente interpreta mal y aplica mal las palabras de Jesús. Los incrédulos de la multitud hablaron nuevamente, desafiando su ofrecimiento de libertad.

Como judíos, esos hombres ya alegaban una libertad que ni siquiera las fuerzas de ocupación de Roma podían refrenar. Ellos eran los descendientes de Abraham; su vínculo con el patriarca les daba una posición favorecida delante de Dios. Ellos no eran esclavos de nadie y nunca lo iban a ser. Esa era su identidad y su herencia. ¿Quién era Jesús para decirles que necesitaban llegar a ser libres?

8:34-36. Al contestarles a los judíos, Jesús hizo énfasis una vez más en la solemne verdad de su mensaje: "De cierto, de cierto" (amén, amén).

Después les explicó la razón por la que la afirmación que hacían de no haber sido nunca esclavos era falso. Este asunto de la libertad no tenía ninguna relación con ser descendientes directos de Abraham ni con desafiar a todos los dominadores terrenales que los gobernaban. Era y es acerca de la verdad universal de que todo aquel que peca es esclavo del pecado. Sólo los que quedan libres del pecado son verdaderamente libres.

Los esclavos pasan a formar parte de una casa y hasta reciben beneficios de la casa, pero su vínculo es provisional; permanecen como esclavos y pueden ser vendidos porque no tienen derechos duraderos allí. En contraste, un hijo siempre será un hijo; le corresponde estar en la casa y la casa le pertenece a él. Es miembro de la familia.

Los vínculos de los judíos con Abraham los llevaron a la casa, pero su condición de pecadores los hizo esclavos. Para ser libres, era necesario que el Hijo del Padre celestial los librara de sus pecados. Después podrían decir verdaderamente que eran libres. Sólo entonces podrían reclamar que tenían privilegios de familia en la casa.

8:37-39. Estos judíos eran en verdad la simiente de Abraham; Jesús lo reconoció así. Pero sus acciones eran extrañas para los que llamaban padre a Abraham. Estaban tratando de matar a Aquel que había cumplido las promesas que Dios le había hecho a Abraham. Ellos eran los descendientes carnales de Abraham, pero espiritualmente no estaban relacionados con Abraham en nada.

Rechazaron la fe que marca al verdadero hijo de Abraham, porque la palabra de Jesús no echó raíces en ellos ni creció. No creían las cosas que Jesús les había dicho que había visto en la presencia de Dios Padre. En vez de eso, al tratar de matar a Jesús, estaban haciendo lo que habían oído de su padre.

Los judíos se dieron cuenta de que Jesús no se estaba refiriendo a Dios ni a Abraham como padre de ellos. Insistieron: "Nuestro padre es Abraham".

8:40. "Muy bien", contestó Jesús. "Si Abraham es padre de ustedes, demuéstrenlo. Hagan lo que Abraham haría."

Los verdaderos hijos de Abraham no querrían matar a Jesús: él no había hecho nada más que decirles la verdad que había oído del Padre. Cuando llegaron los mensajeros que Dios le había enviado a Abraham, él les dio la bienvenida y escuchó su mensaje. No así estos judíos.

En otra oportunidad Jesús había dicho: "Por sus frutos [los de los falsos profetas] los conoceréis" (Mateo 7:20). Todavía ocurre lo mismo con los incrédulos.

8:41-42. Estos judíos nunca habían aceptado las afirmaciones de Jesús, y no iban a dejar que él los hiciera caer en una trampa con lo que dijo acerca de Abraham. Su apelación a Abraham como padre era legítima. Eran de buen linaje. Aun así, cambiaron la conversación para rebatir a Jesús. "No importa lo que tú pienses acerca de Abraham como nuestro Padre; sólo tenemos un Padre: Dios". ¿Qué diría Jesús acerca de esto?

Jesús contestó de manera consistente con lo que les había dicho antes. Si Dios fuera el Padre de ellos, lo amarían a él. Esta es la vedad del camino de salvación que Dios nos dio para todos los tiempos. Nuestra relación con Dios el Padre se determina de acuerdo a nuestra relación con Dios el Hijo y viceversa.

Jesús repitió la verdad para que ellos no tuvieran ningún pretexto para rechazarlo. Él había venido de Dios y ahora estaba entre ellos. Se podría decir que él no había venido por sí mismo con una agenda propia para hacer lo suyo. Dios lo había enviado para llevar a cabo su plan de salvación.

8:43-44. Estos judíos incrédulos no entendieron la manera en que Jesús hablaba porque no podían escuchar su mensaje. El corazón que está endurecido por la incredulidad no se puede relacionar con la Palabra de Dios.

Decían que Abraham era su padre y que Dios era su Padre, pero con sus acciones demostraban que el diablo era su padre. Jesús se lo explicó en detalle y ellos lo querían matar. Se negaron a creer la verdad que él había traído del cielo y, en vez de esto, optaron por creer mentiras y por decirlas. Actuaban como actúa el diablo mismo, que ha sido asesino desde el principio y que se deleita en ver que otros siguen su camino.

Al principio, el diablo se había enfrentado a Eva con artimañas ingeniosas que sólo llevaban a la muerte (Génesis 2:17, 3:1–5). Desde entonces, sus mentiras y la muerte han asolado a la humanidad (Romanos 5:12). De modo que el homicidio y las mentiras vienen del diablo.

El diablo no toma parte en la verdad. Su forma de hablar es para mentir como lo hizo con Eva; es el padre de las mentiras. La gente que trama homicidios o que vive con las mentiras tiene al diablo como padre.

8:45-47. La gente que cree en las mentiras con el tiempo ya no puede reconocer la verdad cuando la ve. Estos judíos no creyeron en Jesús porque él les dijo la verdad. Él no encajaba en las falsas ideas que ellos tenían de un Mesías político; ni se ajustaba a su religión falsa de la justificación por las obras.

Jesús desafió a los judíos a que probaran que él decía mentiras. Les preguntó: "¿Quién podría declararlo culpable de pecado, de cualquier pecado?" Nadie aceptó el desafío. Nadie pudo encontrar ningún pecado en Jesús, ni siquiera una sola palabra que demostrara que había dicho una mentira. Entonces, si él hablaba la verdad, ¿por qué no creían el él?

Jesús les hizo las preguntas directamente, pero no estaba buscando ninguna respuesta. Él usaba la técnica de darles la respuesta, una verdad eterna que ellos no podían ver. El que sea de Dios oye las palabras de Dios; el que no sea de Dios no las oye. Estos judíos no las oyeron porque no eran de Dios.

8:48-51. Picados por la verdad revelada que salió de los labios de Jesús, los judíos recurrieron a los insultos. No hay duda de que, de acuerdo a su modo de pensar, sencillamente le contestaban de la misma manera. "¿Dices que el diablo es nuestro padre? Nosotros decimos que tú eres mestizo y que tienes un demonio adentro." Sin embargo, él dijo la verdad, no ellos.

Además, este asunto no era acerca de insultos. Jesús simplemente negó sus acusaciones y les señaló cuál era el verdadero problema. Él glorificaba a su Padre celestial, pero ellos lo deshonraban. Al estar en desacuerdo con Jesús, estaban en desacuerdo con Dios el Padre. Jesús no buscaba su propia gloria, sino que el Padre estaba buscando gloria a través de Jesús, y el Padre era el juez.

Jesús hizo énfasis en la solemne verdad de lo que les estaba diciendo. Subrayó de nuevo su Palabra (Logos). La forma de conocer al Verbo (o Palabra), que es Dios, que es Jesús, es guardar su Palabra. Crean en el mensaje de Jesús y nunca verán la muerte.

8:52-53. Lejos de ver la verdad, los judíos ahora estaban seguros de que Jesús tenía un demonio. Hasta Abraham y los profetas habían muerto; entonces, ¿cómo podía Jesús estar en su sano juicio y decir que cualquiera que guardara su Palabra nunca sufriría la muerte? Cuando la razón humana toma el mando y se niega la fe, la gente debe llegar a la conclusión de que Jesús está diciendo cosas absurdas. Sólo mediante la fe podemos ver que él es en verdad el Hijo de Dios.

Los judíos atacaron otra vez verbalmente a Jesús: "¿Piensas que eres mayor que nuestro padre Abraham? Él murió; todos los profetas murieron. ¿Quién crees que eres?"

No le habían prestado atención, de modo que Jesús se lo dirá otra vez.

8:54-56. Jesús no reclamaba ninguna gloria para sí mismo, no valdría la pena. Antes que él, muchos afirmaron que eran el mesías, y muchos también lo hicieron después de él, pero lo hicieron para su propia gloria, y no hicieron ningún bien. Sin embargo, el Padre celestial le dio a Jesús la gloria. Si aquel a quien estos judíos llamaban su Dios glorificaba a Jesús, ¿por qué ellos no lo glorificaban también?

Ellos no glorificaron a Jesús porque en realidad ya no conocían a su propio Dios. El que ellos dijeran que conocían a Dios pero después rechazaran a Jesús los convertía en unos mentirosos. De manera similar, si Jesús no hubiera dicho que conocía a Dios como su propio Padre, hubiera sido tan falso como ellos.

Parte V

Los judíos habían perdido de vista la Palabra de Dios que prometía la venida de Cristo. La habían guardado mediante un criterio selectivo, y le agregaban lo suyo. Jesús guardaba la Palabra de Dios en la letra y en el espíritu. Jesús hablaba la verdad, pero los judíos seguían a su padre, el diablo.

Jesús podía decir que Abraham estaba de su lado, aunque los judíos para respaldarse invocaban el nombre de Abraham, porque él en su fe confió en las promesas de Dios y creyó en la venida del Cristo. Abraham se había regocijado y se había sentido contento cuando Dios le mostró las bendiciones del Salvador que iba a nacer de su linaje. Abraham vio el día de Jesús con los ojos de la fe, mediante la revelación de Dios, y eso le alegró la vida.

Abraham creyó y vivió (Génesis 15:6; Romanos 4:3).

8:57-59. Sin embargo, cada afirmación que hizo Jesús ratificó los sentimientos de los judíos incrédulos. Los corazones endurecidos con frecuencia se endurecen más cuando se enfrentan a la verdad de Dios. En su opinión, Jesús decía que era contemporáneo de Abraham. ¿Qué más podía significar esto: Abraham "vio [el día de Jesús] y se regocijó"? Pero Jesús ni siquiera tenía 50 años de edad. ¿Cómo podía él haber visto a Abraham o viceversa?

Jesús ni siquiera se molestó en explicar acerca de la fe de Abraham; en vez de eso, usó la pregunta que le hicieron ellos para dar testimonio solemne, por última vez, acerca de su propia divinidad eterna: "Antes que Abraham fuera, yo soy." Jesús, de pie allí ante ellos, era el Dios eterno, el YO SOY. "En el principio era el Verbo" (1:1).

Para los judíos esta fue la blasfemia final. Comenzaron a recoger piedras para lanzárselas a Jesús. Pero mientras ellos buscaban las piedras, Jesús se escondió de su vista y abandonó el Templo. Todavía no había llegado su tiempo para sacrificarse por los pecados del mundo.

El ciego ve y los que pueden ver son ciegos (9:1-41)

9:1-5. No sabemos con precisión dónde ni cuándo ocurrió lo que aquí se narra, excepto que Jesús todavía estaba en el territorio de Judea, en Jerusalén, o por allí cerca.

Jesús vio a un hombre que era ciego de nacimiento. Los discípulos sabían cuál era la condición de ese hombre y le hicieron la pregunta que nosotros hacemos en estos casos:

"¿Por qué?" Parece que ellos creían que ese defecto físico debió haber sido causado por algún pecado específico. En este caso ellos preguntaron: "¿Quién pecó, este o sus padres?" Aún hasta estos días la gente piensa de esta manera: "Si estoy sufriendo, debe ser por algún pecado que he cometido."

La pregunta era difícil. Si el pecado del hombre mismo había causado su ceguera, ¿cómo podía haber pecado cuando todavía estaba en el vientre materno? Si la ceguera había sido causada por el pecado de sus padres, eso parecía injusto. Aun así, los discípulos pensaron que una de esas posibilidades era la verdad. Era una creencia común y por eso no pensaron en otra posibilidad.

Sin embargo, no toda enfermedad se debe a un pecado específico. Aunque el hombre cojo del capítulo 5 parece que sufría debido a su propio pecado (5:14), no era así con este hombre ni con sus padres. Dios había permitido esta ceguera para que las obras de Dios pudieran resplandecer en el hombre de allí en adelante. Los propósitos de Dios se debían llevar a cabo y obrarían para su gloria y para el bien de este hombre. Del mismo modo, hasta estos días podemos tener la confianza de que también nuestros sufrimientos son para servir a algún buen propósito de Dios (Romanos 8:28).

Entonces comenzaron a recoger piedras para arrojárselas.

Además, este ciego estaba allí para ilustrar una verdad aún mayor. Precisamente como Jesús en su divino poder estaba a punto de darle la vista al ciego, así también nosotros debemos hacer las obras de Dios mientras podamos. "Tenemos que llevar a cabo la obra" (versículo 4, NVI); es parte de nuestra naturaleza ser discípulos suyos. Así como Dios envió a Jesús por causa de nosotros, también nosotros iremos por causa de Jesús. Dios nos da el día para que trabajemos. Nos da la luz de Jesús en la vida y nos guía para que hagamos brillar su luz en este mundo. Así es como llevamos a cabo la obra de Dios. Donde brille la luz de Jesús, veremos que la gente que está espiritualmente ciega recibirá la vista.

Sin embargo, cada uno de nosotros tiene oportunidades limitadas y un tiempo limitado para llevar a cabo la obra. Cuando la noche termine nuestros días en esta tierra, y entremos a la luz eterna de Jesús, ya no podremos llevar a cabo la obra aquí, ni podremos alcanzar a los que descuidamos cuando estábamos vivos. De la misma manera, si los incrédulos son llevados a la oscuridad eterna, ya perdimos la oportunidad de mostrarles la luz de Jesús.

9:6-7. Después de haber explicado lo que quería decir, Jesús prosiguió a hacer su obra divina en el ciego. Podemos hacer conjeturas acerca de por qué Jesús obró de la manera en que lo hizo, pero nunca lo sabremos con seguridad, excepto que tenía un propósito. En otras oportunidades él había sanado sólo con su palabra o aun desde la distancia, pero esta vez usó saliva, hizo lodo, y con el cubrió los ojos del ciego. Tal vez quería hacer que fuera obvio para el hombre y para todos los que después trataron de desacreditar el milagro que él, Jesús, lo había hecho realmente.

El hombre escuchó las indicaciones de Jesús, confió y supo que tenía que seguirlas. Fue al estanque de Siloé, se lavó los ojos y recibió la visión. Obró de manera muy diferente a los judíos incrédulos que se negaron a creer en todo lo que Jesús les había dicho.

Para los lectores que no son judíos, Juan explica que Siloé significa "enviado". Quizás le dieron ese nombre porque el pozo, que estaba ubicado en el extremo sur de Jerusalén, servía como una fuente de agua que era enviada a la ciudad a través de un sistema de túneles que había sido construido durante el reinado del rey Ezequías. Tal vez Juan quería que sus lectores percibieran un paralelo con Jesús, que había sido enviado por el Padre, para llevar a cabo su obra.

9:8-12. Los vecinos del ciego y otros que lo habían visto mendigando no sabían qué decir del hombre que ahora caminaba confiadamente y en uso pleno de su facultad de ver. ¿Cómo podía ser la misma persona? Algunos decían que no era el mismo hombre, sino sólo alguien que se parecía a él. El hombre los tuvo que convencer al insistir que era el mismo hombre que toda la vida había sido ciego.

"¿Cómo es que puedes ver?," le preguntaron asombrados, y el hombre les dijo la pura verdad, sin adornos, les dijo exactamente lo que Jesús había hecho. "¿Dónde está este Jesús?", ellos querían saber. Pero él no se lo pudo decir porque no lo sabía.

9:13-17. Algunos de los del pueblo llevaron al antiguo ciego a los fariseos. Era necesario que los fariseos, como los líderes religiosos, supieran acerca de este aparente milagro. No se sugiere que hubiera algún motivo malo en eso, ya que era normal que la gente del pueblo llevara el asunto a la atención de los fariseos. Sin embargo, los fariseos inmediatamente levantaron dudas. Jesús había sanado al hombre en el día sábado. En cuanto oyeron la historia del hombre, algunos afirmaron que Jesús no podía haber hecho eso con el poder de Dios, ni con su bendición, porque no guardaba el día sábado. Pero algunos no se dejaron distraer fácilmente por el asunto del día sábado. Se preguntaban cómo era posible que un simple hombre pecador obrara señales como ésta aun cuando cometiera un pecado. Las opiniones estaban divididas.

No estando satisfechos con sus propias conclusiones, se volvieron al hombre y le preguntaron: "¿Qué tienes que decir acerca de él? Fueron tus ojos los que él abrió."

El hombre no dudó, les contestó: "Que es profeta". Él creía que Jesús era de Dios y que hablaba por Dios.

Parte V

9:18-21. Los fariseos cayeron inmediatamente en las pautas de la incredulidad. Descartaron la posibilidad de concederle cualquier credibilidad a Jesús, de modo que de alguna manera tendrían que desacreditar la historia de este hombre. Supusieron que era un engaño, que el hombre nunca había sido ciego.

Para saber la verdad, llamaron a los padres del hombre. "¿Es éste su hijo? ¿Dicen ustedes que nació ciego? Si es así, ¿cómo se explican que ahora pueda ver?" Podemos ver esta misma clase de interrogatorio desagradable en los juicios de hoy en día.

Los padres del hombre contestaron brevemente y con evasivas: "Sí, nació ciego. Pero si ustedes quieren saber cómo llegó a ver, pregúntenle a él. Tiene edad suficiente para hablar por sí mismo". No dijeron lo que los fariseos querían escuchar. Fingieron que no sabían nada.

9:22-23. Hablaron con temor. No hay duda de que el interrogatorio mismo los intimidó, pero también porque se hizo con una amenaza. Los líderes religiosos judíos querían quitar a Jesús de en medio, y por eso habían difundido las noticias de que cualquiera que confesara a Jesús como Cristo sería expulsado de la sinagoga. No se podían imponer contra Jesús ni con la razón ni con la Palabra de Dios, de modo que recurrieron a las tácticas de usar el temor y la fuerza.

9:24-25. Los judíos llamaron nuevamente al hombre para convencerlo de que cambiara su historia. Estaban intentando todos los ardides imaginables. Pusieron al hombre bajo juramento, le pidieron que contestara para la gloria de Dios. *Ellos* sabían que Jesús era pecador (y, por lo tanto, incapaz de hacer un milagro). ¿Qué tenía que decir este hombre acerca de esto?

El testigo, que antes había sido ciego, no cayó en la trampa que le tendieron. Los judíos decían que Jesús era pecador, pero el hombre no tenía ninguna evidencia para poder asegurarlo. Más bien, él sabía una sola cosa: "Habiendo yo sido ciego, ahora veo".

Hasta estos días, los incrédulos hacen preguntas acerca de Jesús y nos desafían a seguirlos en su incredulidad: "Jesús era solamente hombre." "Jesús era pecador." "Todavía está físicamente muerto."

Les contestamos como lo hizo el hombre que una vez fue ciego: "Sabemos que hizo que los ciegos pudieran ver." "Sabemos que resucitó de entre los muertos."

Creemos y vivimos.

9:26-29. Los judíos fastidiaron al hombre, pero él no titubeó. "Dinos lo que hizo el hombre. ¿Cómo te abrió los ojos?"

"Ya se los he dicho. ¿Por qué quieren saber? ¿Acaso quieren convertirse en discípulos suyos?"

La fe naciente del hombre estaba siendo templada al fuego de un interrogatorio que se repetía una y otra vez, y el hombre comenzó a mostrar cierta entereza. Les dio una respuesta que tenía una nota de sarcasmo.

¡Si solamente hubieran querido aprender lo que Jesús les quería enseñar y lo hubieran seguido! Pero la furia de los judíos se desbordó ante la sugerencia. Ridiculizaron al hombre. "¡Tú eres discípulo de ése!", se mofaron. "¡Nosotros somos discípulos de Moisés!" En su opinión, una persona no podía estar en los dos lados: de lado de Moisés y del lado de Jesús. Seguir a Jesús era oponerse a Moisés.

Apelaron al testimonio de las Escrituras, y dijeron que ellas estaban de su lado. Ellos sabían que Dios había hablado con Moisés. Pero, ¿de dónde había venido Jesús? ¿Qué autoridad se adjudicaba a sí mismo? No les importaba que este mismo Jesús antes les hubiera dicho repetidas veces quién le había dado la autoridad.

9:30-34. El hombre no se acobardó ante los insultos de los fariseos, sino que se volvió aún más audaz. "Pues, si no pueden entender que este hombre vino de Dios", les respondió rápidamente, "es que tal vez no son tan inteligentes como creen que son."

Les dijo que se fijaran en la evidencia y que usaran la capacidad de razonar. Estarían de acuerdo en que Dios no escucha a los pecadores, sino que oye a cualquiera que sea piadoso y que haga su voluntad.

Les dijo una verdad universal que las Escrituras explican más adelante: Dios no escucha a los pecadores impenitentes. Su impiedad crea algo como una barrera de sonido, por decirlo así. Pero cualquiera que sea contado como piadoso por su fe en Jesús, y que haga la voluntad de Dios, tiene acceso directo a él.

Empleando todavía el razonamiento de los fariseos, el hombre les hizo ver que si Jesús no fuera de Dios, no podría haberle devuelto la vista. En toda la historia, nunca antes nadie le había devuelto la vista a alguien que hubiera sido ciego de nacimiento. Jesús había obrado un milagro de Dios.

Además de Jesús, alguien había dado testimonio de su divinidad. Y aun así los fariseos no creyeron.

Los fariseos ya frustrados le dirigieron un insulto final y lo arrojaron de la sinagoga. Haciendo alusión a su ceguera, le dijeron que había nacido completamente bajo el control del pecado, que no era asunto suyo enseñarles a ellos, que "evidentemente" no eran tan pecadores.

Los fariseos usaron una verdad universal, pero sólo la usaron a medias. Las palabras "naciste del todo en pecado" realmente se aplican a todo el mundo. Esta condición, como la ceguera del hombre, solamente puede ser corregida por Jesús.

9:35-38. Jesús no tardó en encontrar al hombre después de que los fariseos ya habían terminado con el interrogatorio, porque tenía un asunto importante que debía terminar. Jesús le había dado la vista física para preparar el terreno para darle la vista espiritual.

La Reina—Valera Revisión de 1997, de acuerdo con la revisión de 1960, sigue el texto que se encuentra en algunos manuscritos antiguos cuando traduce "hijo de Dios" en el versículo 35. Es más probable que Jesús dijera "Hijo del hombre", que es la lectura antigua favorecida por la Nueva Versión internacional y otras traducciones modernas. Si Jesús le preguntó al hombre si creía en "el Hijo del hombre", Jesús usó la frase con la frecuentemente se identificaba a sí mismo como el Mesías prometido (vea Daniel 7:13). Jesucristo, el Verbo eterno, había venido del cielo y se había hecho carne, es decir, se había convertido en hombre, para hacer la voluntad de Dios para la salvación del mundo. Jesús era el verdadero Hijo del hombre, la esencia de la manera en que Dios había creado al hombre, para que fuera sin pecado.

El corazón del ciego estaba listo, pero en realidad él todavía no había visto a Jesús. Por esto le preguntó, "¿Quién es, Señor, para que crea en él?

"Tú lo has visto", le dijo Jesús. "Es el hombre que está hablando contigo."

Al instante, el hombre confesó su fe en Jesús y se inclinó delante de él en adoración. Nosotros también respondemos a la fe en Jesús con adoración y alabanza.

9:39. Jesús no vino al mundo para condenar ("juzgar") al mundo (3:17), sino que su venida estableció la norma para juzgar a todos los pueblos.

Como resultado de la venida de Jesús vivimos una paradoja espiritual. Los que estaban perdidos en la ceguera espiritual recibieron la vista espiritual por medio de la fe en Jesús. Todos los creyentes nacieron ciegos pero ven por causa de Cristo. Por contraste, los que alegan que ven por sí mismos permanecerán espiritualmente ciegos. Los fariseos sufrieron ese tipo de ceguera espiritual, así como la sufrirán los seguidores del Movimiento nueva Era, y cualquier otro grupo espiritual que no reconozca a Jesús como el Hijo de Dios y como el Hijo del hombre.

El pastor Wermer Franzmann en su Comentario al nuevo Testamento (*New Testament Commentary, Vol 1, página 410*) ilustra bien esta verdad: (Véase el cuadro en la siguiente página).

"Sublime gracia del Señor, Que a un pecador salvó; Perdido andaba, él me halló, Su luz me rescató (*Cantad al Señor 88:1*). (En inglés la última parte de esta estrofa dice: "estaba ciego, pero ahora veo".)

Parte V

9:40-41. En esos días los fariseos se mantenían cerca de Jesús, para buscar alguna forma de desacreditarlo. Cuando oyeron lo que Jesús le dijo acerca de la ceguera a la persona que antes estaba ciega.

Todos los hombres por naturaleza están ciegos espiritualmente (conocimiento) | Por la fe serán salvos y recibir[án]

"Los ciegos verán",

(pero)

"Los que ven se volverán ciegos"

Todos los que se niegan a reconocer que están espiritualmente ciegos y se jactan de que pueden ver... | permanecerán en su ceguera [y] se perderán para siempre.

percibieron lo que quiso decir Jesús. Los dejó escépticos: "¿Acaso tú estás diciendo que nosotros somos ciegos?"

La respuesta de Jesús se aplicaba a la verdad que él acababa de decir, pero es muy probable que los fariseos no entendieran. A ellos les parecía que les hablaba en acertijos.

"Si fuerais ciegos no tendríais pecado". Jesús les hablaba de su pecado de incredulidad, de haberlo rechazado como el Hijo de Dios. Él habló de la ceguera espiritual que aflige a toda la gente por naturaleza. Si los fariseos fueran solamente ciegos por el pecado original, no serían culpables de rechazar al Salvador.

"Pero ahora, porque decís: 'Vemos', vuestro pecado permanece." Los fariseos se jactaban de que eran grandes creyentes;

alegaban que conocían a Dios y todos sus caminos. Y aun así, rechazaron a Jesús. A pesar de toda su supuesta espiritualidad, no tenían el perdón de sus pecados. Sólo lo podrían obtener mediante Jesús.

Jesús es el buen pastor (10:1-21)

10:1-3. En la discusión con los judíos, Jesús pasó a hablar de un tema común del Antiguo Testamento para ilustrar quién era él. Estos judíos recordarían el Salmo 23, "Jehová es mi pastor" (versículo 1; vea también el Salmo 80:1). Recordarían la descripción que hizo Isaías del Señor: "Como pastor apacentará su rebaño" (40:11), y la de Ezequiel: "Como reconoce su rebaño el pastor el día que está en medio de sus ovejas esparcidas, así reconoceré yo a mis ovejas" (34:12). Ellos sabrían que el Mesías sería el pastor del pueblo de Dios (Ezequiel 34:13).

Después de prometer que les iba a decir una verdad solemne, Jesús dispuso el escenario: las ovejas se guardan en un corral que tiene paredes de piedra, que está al aire libre y que tiene sólo una entrada. Sólo el pastor tiene acceso a las ovejas por la entrada; cualquiera otra persona que trate de entrar de otra manera es un asaltante o un ladrón con malas intenciones.

El portero que cuida la entrada la abre para el pastor. Las ovejas reconocen la voz de su pastor cuando él las llama por su nombre y cuando las saca. El pastor conoce por su nombre a cada una de sus ovejas.

10:4-6. Cuando el pastor ha sacado a todas sus ovejas, va delante de ellas, y ellas lo siguen porque conocen su voz. Pero no seguirán a un extraño; les temen a los extraños porque no reconocen su voz.

Cuando Jesús habló, se podría haber esperado que los judíos entendieran por lo menos algo de este lenguaje figurado. Las ovejas eran el pueblo escogido de Dios; los extraños y ladrones eran los que las ponían en peligro o les hacían daño. El pastor era Jesús, que había sido enviado por Dios para cuidar al rebaño.

Parte V

Pero los judíos no entendieron esta extensa figura del lenguaje. Tal vez realmente no captaron la idea, o tal vez no la siguieron porque no creían en Jesús y porque no estaban listos para llegar a la conclusión de que ellos mismos estaban entre los extraños.

10:7–10. Jesús vio que los judíos no pudieron entender, y por eso comenzó otra vez con una ligera variación y con una aplicación más directa. "De cierto, de cierto", dijo para dar énfasis, "yo soy la puerta de las ovejas". Éste era otro pasaje con YO SOY, que reflejaba su divinidad. Lo repitió: "Yo soy la puerta".

Jesús era el camino para llegar a las ovejas, y el camino para que éstas fueran a recibir su alimento. Antes de Jesús, vinieron muchos "extraños" y trataron de llegar a las ovejas. Vinieron los falsos profetas y los falsos cristos, los asaltantes y los ladrones. No vinieron por medio de Jesús, no encontraron a Jesucristo en las Escrituras ni se lo señalaron a otros como el camino a la salvación. Por lo tanto, no alcanzaron a los elegidos de Dios: las ovejas. Las ovejas de Dios no escucharían ni a los ladrones ni a los salteadores.

Cualquiera que pase por la puerta, es decir, que crea en Jesús, será salvo. El que crea en Jesús entrará y saldrá, y recibirá su alimento. Los salteadores y ladrones vendrán a robar, matar y destruir. Es desastroso el efecto de las falsas enseñanzas. El sendero de los fariseos termina con la caída en el abismo. Pero Jesús vino para que las ovejas puedan tener vida y la tengan en abundancia.

Alguien dijo que Jesús nos da vida sin ninguna clase de condición. Con Jesús, la vida se llena de significado y tiene un futuro eterno. Jesús da una vida que produce gozo, que descansa satisfecha y que florece en la gloria. Creemos, y recibimos esta vida que Jesús nos da.

La figura de Jesús como la puerta confunde a algunos porque él es también el buen pastor que viene por la puerta. Pero podemos entender esto de diferentes maneras:

1. Por la forma en que lo dice el texto, podemos entender esto como una figura separada de lo que sucedió antes y de lo que sigue. En sí misma, la figura de la puerta no es difícil.
2. Jesús es el Verbo (o la Palabra), y toda la Palabra de Dios revela a Jesús. Por lo tanto Jesús puede ser el buen pastor y también la puerta si pensamos en la Palabra por medio de la que Jesús viene a nosotros y nosotros vamos a él, y a través de la que recibimos de él el alimento para la vida eterna.
3. El redil de las ovejas que había en el pueblo tenía una puerta y un portero como se describe en el versículo 3. Sin embargo, en el campo, el redil simplemente podría tener una entrada que el pastor cubría con su propio cuerpo cuando dormía. Así que en este escenario Jesús serviría como la puerta y también como el pastor.

10:11-13. Anteriormente identificamos al pastor como Jesús (versículos 2, 4). Sin embargo, algunos sienten que en este contexto, en contraste con los salteadores y ladrones, el pastor representa a un verdadero profeta o sacerdote, o pastor de Dios (Hechos 20:28). Ven la ilustración que representa a la iglesia de Dios y los que la pastorean, contra los que tratan de hacerle daño.

Esta interpretación es posible, en ese caso Jesús deliberadamente cambió aquí al "buen pastor" para identificarse a sí mismo. Una vez más dijo las palabras que asociamos con Yahvé: "YO SOY".

Jesús es el pastor que es "bueno" ("hermoso", "noble", "excelente"). Este pastor sobresale en todo respecto, más allá que cualquier otro pastor. Él es único.

"El buen pastor su vida da por las ovejas." Al usar la figura del pastor, Jesús profetiza su muerte en el Calvario, que ocurrió algunos meses después. En este relato él anuncia tres veces que da su vida por sus ovejas, o sea, a favor de ellas o en lugar de ellas. En cada oportunidad él explica un poco más lo que quiere

Parte V

decir. En la tercera vez la figura se une por completo con la realidad.

Por lo general los pastores protegen a las ovejas, pero no mueren por ellas. El buen pastor es un pastor fuera de lo común. En contraste con esto, el asalariado no correrá ningún riesgo por sus ovejas. Él desaparece en cuanto aparecen los problemas.

El asalariado es como estos líderes de la iglesia que piensan más en su propio bienestar que en servirle al rebaño de Dios. No son verdaderos pastores, no sienten ninguna responsabilidad personal por las ovejas. Llevan a cabo el trabajo para poder ganarse la vida. Cuando vienen los lobos, se muestran tal como son en realidad. Abandonan el rebaño y dejan que los lobos les hagan daño y las dispersen.

El lobo es el enemigo que, si no se le detiene a tiempo, destruirá al rebaño y lo apartará del buen pastor. Este lobo representa a todo maestro falso. Jesús advirtió en otra ocasión: "Guardaos de los falsos profetas, que vienen a vosotros con vestidos de ovejas, pero por dentro son lobos rapaces" (Mateo 7:15; vea también Hechos 20:29).

Como Jesús se lo había dicho anteriormente a los fariseos, el diablo es el líder de esta manada de lobos, Jesús estaba listo a entregar su vida para salvarnos del diablo.

10:14-16. Jesús, el buen pastor, no pierde sus ovejas. Él nos conoce y nos guía para que lo conozcamos. Él ha creado un lazo entre nosotros como el que existe entre el Padre y él. Este conocimiento sobrepasa el mero reconocerse el uno al otro; hasta el diablo reconoce a Jesús. Este conocimiento une a las personas con amor.

Como el buen pastor que es, Jesús dio su vida para asegurar esta unión y para mantener seguras a sus ovejas. Él murió por todo el mundo (3:16), y sus ovejas que están en todo el mundo reciben el beneficio. Muchos pensaban que el Mesías vendría sólo para los judíos, pero Jesús corrigió esa noción equivocada. Las otras ovejas que no pertenecen a ese redil eran los gentiles que también habían sido escogidos por Dios desde la eternidad.

La misión de Jesús era la de reunirlos también en su rebaño junto con los judíos creyentes. Lo hizo y lo sigue haciendo por el poder de su evangelio en la Palabra y en los sacramentos. En todas partes sus ovejas oyen su voz, o sea su Palabra, y se convierten en un solo rebaño que está bajo un solo Pastor.

Este rebaño es la santa iglesia cristiana, el total de todos los creyentes, y lo veremos en toda su unidad cuando entre al cielo con el Buen Pastor. Por ahora es invisible para nosotros, porque la verdadera fe está en el corazón de la gente.

10:17-18. Jesús, como Dios y como hombre, habló del imperecedero amor del Padre porque él estaba llevando a cabo la voluntad del Padre para nuestra salvación. Entregó su vida en obediencia, pero no por obligación; de buena voluntad, no a regañadientes. Lo hizo con el propósito de volverla tomar. Vino a morir y a resucitar de entre los muertos para hacer realidad su misión. Su muerte fue el sacrificio necesario para pagar por nuestros pecados; su resurrección fue la prueba de que el sacrificio fue eficaz.

Hoy en día se habla mucho acerca de quién mató a Jesús: ¿quién tuvo la culpa? Sabemos quiénes fueron los responsables, pero este punto está por demás. Nadie lo podría haber matado contra su voluntad. Jesús subrayó que "nadie" le quitó la vida. Verdaderamente se sacrificó *a sí mismo* debido a que el amor que nos tiene es ilimitado. Él tenía la autoridad, el poder (note aquí que Jesús hace alusión a su divinidad) y las instrucciones de su Padre celestial para ofrecer el sacrificio y mostrar la prueba. Estaba decidido a morir y a resucitar.

10:19-21. Una vez más, las palabras de Jesús afectaron el corazón de las personas de diferente manera. Aquellos cuyo corazón estaba endurecido se volvieron aún más intransigentes contra él: "Demonio tiene", "está fuera de sí". Trataron de convencer a los otros para que dejaran de escucharlo.

Sin embargo, algunos se conmovieron por sus palabras y llegaron a la conclusión de que él no podía ser un demonio; las cosas que decía no eran las de un demonio. Además, se acordaban de las señales milagrosas que Jesús había hecho. No creían que un demonio le podría haber abierto los ojos a un ciego.

Por tanto, las palabras de Jesús llegaron al corazón de las personas y sus obras dijeron por sí mismas "un gran amén".

Los judíos incrédulos tratan de apedrear a Jesús (10:22-42)

10:22-24. Ya habían pasado aproximadamente dos meses, y en Jerusalén se celebraba la fiesta de la Dedicación, también llamada Hanukkah o la fiesta de las Luces. Ese era un día de fiesta nacional judío, en el que se celebraba la purificación del Templo, que fue llevada a cabo por Judas Macabeo en diciembre del año 165 a.C. En esa ocasión, las familias se reunían e iluminaban su hogar. Juan tenía que informarles a sus lectores que no son judíos que era invierno.

Se dice que el atrio o pórtico de Salomón era parte del Templo original donde la gente se reunía con frecuencia. Ofrecía protección del frío del invierno. Jesús estaba caminando por allí, y por lo que parece, estaba instruyendo a la gente.

Los judíos lo rodearon y le preguntaron directamente: "¿Eres tú el Cristo?, dínoslo con franqueza". Que no haya demora ni duda acerca de la respuesta. Muchos pensaban que él era el Cristo. ¿Qué tenía que decir de sí mismo? La pregunta importante acerca de Jesús era si es que él era el Mesías prometido.

10:25-26. Es triste decir que estos judíos en realidad no querían saber la verdad. Lo que Jesús ya les había dicho, lo que él había hecho y la manera en que había vivido en el nombre de su Padre eran una evidencia clara de que él era el Cristo. Pero ellos no creyeron. De manera similar, hoy en día muchas personas alegan que quieren saber exactamente quién era Jesús, y sin embargo ignoran sus palabras y sus caminos.

"No creéis", les dijo Jesús, "porque no sois de mis ovejas". Los que no están entre el rebaño escogido de Dios ni escuchan ni ven a Jesús.

10:27-30. En contraste con los incrédulos judíos, las ovejas de Jesús oyen su voz. Él las conoce y ellas lo siguen, precisamente como él lo ilustró en el capítulo 10:4. La relación que existe entre Jesús y sus seguidores es una relación íntima, personal. Y como él es el Cristo, el Hijo de Dios, la relación es eterna. Él les da la vida eterna a sus ovejas. Ellas no perecerán para siempre. Nadie se las arrebatará de las manos.

¡Son palabras de gran consuelo para los cristianos! Con Jesucristo estamos seguros siempre. En él creemos y vivimos.

Nuestra seguridad está bien asegurada, es decir, afianzada con el Padre que está en los cielos. Nadie nos puede arrebatar de las manos de Jesús, porque eso significaría arrebatarnos de las manos del Padre, y nadie puede hacer eso. Lo que es verdad respecto del Hijo también es verdad respecto del Padre.

Las palabras de Jesús fueron claras. Él proviene de Dios y es el Hijo de Dios. Él es Dios. Él es el Cristo, que concluyó diciendo: "El Padre y yo uno somos."

No es suficiente deducir por sus palabras solamente que él y el Padre pensaban igual o que tenían una relación armoniosa o que trataban a sus ovejas por igual. Jesús dijo que es de una esencia con el Padre, que es Dios. Y así es precisamente como los judíos lo entendieron.

10:31-33. En opinión de estos judíos, Jesús decía una blasfemia, y por esto recogieron piedras para llevar a cabo el castigo ordenado en el libro de Levítico para los blasfemos (24:16). Ya no se podía contener el odio ni la furia de los judíos; estaban dispuestos a pasar por alto la necesidad legal de tener un juicio. Esta fue la segunda vez que trataron de apedrear a Jesús (8:59).

Pero Jesús tuvo una respuesta sencilla: "Muchas buenas obras os he mostrado de mi Padre; ¿por cuál de ellas me apedreáis?" Uno pensaría que las obras milagrosas que hizo Jesús habrían despertado una respuesta contraria. Las obras respaldaban sus palabras. Su vida entera había sido un testimonio de su divinidad. Sin embargo, como los judíos no creían en Jesús, no iban a permitir que la evidencia hablara por sí misma. Ellos lo oyeron de manera correcta cuando afirmó que era Dios. Ellos "sabían" de manera incorrecta que él era sólo un ser humano. Por lo tanto, desde su punto de vista, él merecía ser apedreado por blasfemo.

10:34-39. Jesús usó otro camino para sacudir a los judíos de su incredulidad. Ellos se sentían indignados porque Jesús decía que él era Dios. Por lo tanto, Jesús les recordó las Escrituras de su propio Antiguo Testamento. La palabra "Ley" se usaba con frecuencia para referirse a todo el Antiguo Testamento.

En el Salmo 82:6 los judíos podrían encontrar un sentido en el que a los meros seres humanos se les llamaba dioses. A los hombres que habían sido asignados por Dios para que actuaran como jueces entre su pueblo se les llamaba dioses en las infalibles Escrituras, que se no pueden negar ni se pueden cambiar. Toda palabra de las Escrituras es la verdad de Dios.

Entonces, si a los jueces de Dios se les había llamado propiamente dioses (no debido a que fueran seres divinos sino porque eran los representantes de Dios), ¡con mayor razón Jesús merecía identificarse a sí mismo como Dios! Jesús era el Hijo mismo de Dios. El Padre separó a Jesús desde la eternidad para que llevara a cabo su obra. El Padre envió a Jesús desde el cielo al mundo para que realizara su obra. ¿Cómo era posible que alguien pudiera decir que era una blasfemia la afirmación que hacía Jesús de ser el Hijo de Dios?

Si los judíos pudieran demostrar que Jesús no hacía las obras de su Padre, entonces tendrían razón para no creer y para declarar que él era blasfemo. Sin embargo, si Jesús estaba llevando a cabo las obras de su Padre, aunque los judíos aun tuvieran problemas para aceptar la afirmación que él hacía de ser el Hijo de Dios, entonces le debían creer a las obras, y por éstas debían llegar a la conclusión de que Jesús era uno en esencia con el Padre. Al creer en las obras de Jesús, los judíos llegarían a saber y a darse cuenta de que el Padre estaba en Jesús y de que Jesús estaba en el Padre. Llegarían a la conclusión de que sus palabras eran la verdad.

Para los judíos incrédulos, las palabras de Jesús sólo alimentaron el fuego de su odio. Una vez más trataron de apresarlo, pero su tiempo todavía no había llegado. Se les escapó de las manos.

10:40-42. Jesús salió de Judea y cruzó el Jordán para ir al lugar donde Juan el Bautista había comenzado a bautizar. Mientras Jesús estaba allí, se hicieron evidentes los frutos del ministerio de Juan.

Muchos de los que antes habían seguido a Juan, fueron ahora a Jesús. De manera significativa, el Bautista no había obrado milagros para captar su atención y poder señalarles a Jesús. Él sencillamente les había dicho quién era Jesús: "el Cordero de Dios que quita el pecado del mundo" (1:29). Ahora se dieron cuenta de que todas las cosas que Juan les había dicho acerca de Jesús eran verdad. Ellos habían oído las nuevas acerca de Jesús. Las comprobaron, y muchos allí creyeron en el Verbo (1:1). Hasta el día de hoy los pecadores son llevados a la fe de esta manera.

Jesús resucita a Lázaro (11:1-44)

11:1-3. Jesús se quedó en Betania (que estaba cerca de Jerusalén) en algunas ocasiones, y conocemos bien a María y a Marta por el evangelio de Lucas (10:38-42). Sin embargo, esta es la primera vez que las Escrituras mencionan a su hermano Lázaro. Posteriormente Juan nos va a informar de la ocasión cuándo María ungió con perfume a Jesús (12:3), pero sus lectores, por haber leído los otros evangelios, reconocerán aquí la referencia.

Cuando Lázaro se enfermó de muerte, María y Marta le enviaron un mensaje a Jesús. No hay ninguna duda de que ellas esperaban que Jesús las iba a ayudar. El mensaje era sencillo: "Señor, el que amas está enfermo". La palabra griega que se usa para "amas" es una palabra que hace énfasis en la amistad que existe entre dos personas. "Jesús, tu buen amigo está enfermo". Sin reservas, era una oración sencilla: "Jesús, tenemos un problema. Sabemos que nos ayudarás."

11:4-8. Cuando Jesús oyó el mensaje, reaccionó de una manera que pareció extraña. Parecía muy indiferente. Les aseguró que esa enfermedad no iba a terminar en la muerte. Él no dijo que Lázaro no iba a morir, sino sólo que su muerte no sería el resultado de esta enfermedad.

Más bien, esta enfermedad iba a servir a un propósito divino. Iba a ser para la gloria de Dios, para que su Hijo pudiera ser glorificado por medio de ella. Es difícil saber la manera en que los discípulos deben haber reaccionado ante estas palabras. ¿Iba Jesús a sanar a Lázaro desde lejos, así como lo había hecho con otros?

En caso de que existiera alguna mala interpretación de parte de sus lectores, Juan les asegura que Jesús amaba a las dos hermanas y a Lázaro. Esta vez la palabra griega para "amor", *ágape*, significaba más que "era amigo de". *Agape* es amor divino que entiende a los que ama, se interesa por ellos y actúa a su favor. Sin embargo, Jesús esperó dos días después de haber oído las noticias, aunque él estaba de uno a tres días de distancia de Betania.

No obstante, los discípulos estaban menos sorprendidos por la demora que por las instrucciones que les dio después de dos días: "Vamos de nuevo a Judea." Al instante le recordaron que sus enemigos lo querían apedrear. "¿Y otra vez vas allá?", le preguntaron con incredulidad.

En todo esto Jesús se estaba preparando tanto para la gloria que iba a venir por resucitar a Lázaro como para el momento de su sacrificio en el Calvario

11:9-10. Jesús estaba siguiendo el cronograma que había sido establecido por su Padre. Su tiempo no iba a venir antes de la hora designada para él ni su día se podría extender más allá del tiempo señalado. Ni los complots de sus enemigos ni las precauciones de sus discípulos podían cambiar eso. Así que con la noche casi por caer, Jesús tenía que ir a Jerusalén; si no lo hacía así, no podría cumplir con su destino, daría un paso en falso.

Aunque aquí las palabras de Jesús contestaban la pregunta de los discípulos acerca de por qué iban, podemos ver también otro simbolismo. Al principio de este evangelio Jesús se había identificado como "la luz de los hombres" (1:4). Entonces, todos los que caminan con Jesús, caminan durante el día; y su luz los guarda de tropezar. Pero los que caminan durante la noche, en la oscuridad del pecado, tropiezan porque no tienen la luz de Jesús en ellos.

No hay nada que nos indique que los discípulos entendieron lo que Jesús les quería decir con esto. Lo más probable se hayan sentido perplejos por sus reacciones y por su respuesta ante la preocupación de ellos.

11:11–16. Continuando con la lección simbólica de caminar a la luz del día, Jesús les habló más directamente. "Nuestro amigo Lázaro duerme, pero voy a despertarlo."

Pero los discípulos no sabían que Jesús hablaba de la muerte de Lázaro. Ellos pensaron que era bueno que Lázaro durmiera. El descanso lo iba a ayudar a recuperarse de su enfermedad.

Entonces Jesús les dijo directamente, "Lázaro ha muerto". Sin embargo, la idea de despertarlo los preparó para lo que Jesús pensaba hacer, así como sus palabras ahora les dieron un indicio de por qué demoraban su ida a Betania. Él no solo esperaba el tiempo apropiado dentro del plan del Padre, sino que también hizo lo que era mejor para los discípulos. Al no haber estado allí para evitar la muerte de Lázaro, preparó el escenario para fortalecer aún más la fe de sus discípulos. Y antes de su propia muerte les iba a mostrar su poder de resucitar a los muertos, aun después de que el cuerpo se había comenzado a descomponer.

Pero ahora, Tomás, que nos es bien conocido como "el que dudaba" después de la resurrección de Jesús (20:24–29), revelo otra faceta. ¿Era dedicación y valentía, o era un toque de pesimismo y de cinismo? No estamos seguros. Pero basándonos en las amenazas bien conocidas a la vida de Jesús y en las predicciones de Jesús mismo acerca de su muerte (Marcos 8:31, 32), era claro que Tomás temía que alguien pudiera matar a Jesús en

Judea. Y como la advertencia de los discípulos (versículo 8) por lo visto no hizo ningún impacto en Jesús, Tomás dijo: "Vamos también nosotros, para que muramos con el [con Lázaro]."

Los dos nombres de Tomás (Tomás en arameo y Dídimo en griego) significaban "mellizo". Una vez más, Juan sintió la necesidad de traducir para sus lectores que eran gentiles.

11:17-20. El viaje tomó largo tiempo: por lo menos un día para el mensajero, y otro día para Jesús, más la demora de dos días de camino para Jesús. Así que Lázaro no sólo ya había muerto, sino que había estado en el sepulcro ya por cuatro días para cuando Jesús llego. Todavía había muchos judíos que seguían acudiendo de la cercana Jerusalén a presentarles sus respetos y a consolar a las dos hermanas que estaban acongojadas. Como era la costumbre, los parientes lloraban la muerte y volvían a visitar la tumba durante siete días, y durante ese tiempo otros también se presentaron para darles su apoyo moral.

Marta se enteró de que Jesús se acercaba y corrió a su encuentro. María, que por lo visto ignoraba su venida, se quedó en casa.

11:21-24. Hasta en su dolor, Marta expresó fe y esperanza. No tenía ninguna duda de que Jesús podría haber sanado a Lázaro, y lo hubiera sanado, si hubiera llegado a tiempo. Aun así ella sabía que Jesús podría ayudar. Sabía que cualquier cosa que Jesús le pidiera a Dios, Dios se la otorgaría.

¿Qué es lo que ella quería o esperaba que Jesús le pidiera a Dios? Ella no fue muy explícita. Jesús le había dado esperanza, pero ella no estaba exactamente segura de qué era lo que debía esperar.

"Tu hermano resucitará", le aseguró Jesús a Marta, pero ella ni siquiera pensó que él quería decir que iba a ser ese mismo día por un milagro. Marta pensaba que Jesús se refería a la resurrección de los muertos en el último día, de la que ella probablemente había oído hablar a Jesús en el pasado. Entonces también confesó la fe de que Lázaro iba a resucitar en ese día.

11:25-27. Todo creyente tiene la vida eterna que le da Jesús (3:16) antes del último día. La respuesta que le dio Jesús a Marta fue otro pasaje con YO SOY. La resurrección y la vida están en Jesús como el YO SOY, Yahvé. En su respuesta también le dijo a Marta lo que él pensaba hacer por Lázaro, aunque ella fue lenta para entenderlo.

Las palabras de Jesús dijeron una verdad eterna que ha tranquilizado a muchos que han estado angustiados en su lecho de muerte, durante un funeral, al lado de un sepulcro. Cualquiera que crea en Jesús, aunque la muerte le haga su desagradable visita terrena, vivirá. Cualquiera que viva por la fe en Jesús no morirá nunca. La vida que tenemos en Cristo sobrevive a la muerte y al sepulcro. La muerte física no nos separa de Dios ni de su Hijo. Con él tenemos vida por siempre y al final se nos restaurará el cuerpo y el alma para que disfrutemos las glorias de su cielo.

"¿Crees esto?" le pregunto Jesús a Marta. Para los que recuerdan a Marta sólo por su corta visión en los asuntos espirituales cuando Jesús visito su hogar en otra oportunidad (Lucas 10:40, 41), la confesión que hizo ella puede ser una sorpresa. Aun hoy en día sus palabras son un ejemplo que debemos seguir.

Marta dijo enfáticamente que sí, que ella creía, e identificó a Jesús como el objeto de su fe. Ella creía que Jesús era el Cristo; creía que él era el Hijo de Dios. Creía que él era el que debía venir al mundo. Marta confeso a Jesús cómo el Salvador que había sido enviado del cielo. Esa fe le dio la vida que supera a la muerte.

"¿Crees esto?" La pregunta de Jesús pone a prueba el corazón de todo ser humano que sufre. Bienaventurados son los que pueden contestar como Marta lo hizo.

11:28-37. Ya era tiempo de hacerle saber también a María que Jesús había venido. Marta le dijo en secreto: "El Maestro está aquí, y te llama". María no perdió ni un instante. Se levantó de inmediato y fue a Jesús que estaba esperando en las afueras del pueblo donde Marta se le había reunido.

Parte V

Cuando María llegó hasta donde estaba Jesús, cayó a sus pies en adoración y expresó la misma fe y la misma confianza en él que Marta había expresado antes. Sin duda, las hermanas se habían dicho la una a la otra cuando Lázaro murió: "Si Jesús hubiera estado aquí, habría sanado a Lázaro", o palabras similares.

María estaba llorando, y también los que habían ido con ella. Jesús se llenó de indignación y estaba visiblemente agitado. Las Escrituras raramente nos muestran las emociones profundas de Jesús. Pero Jesús sentía cariño por ellos; su apreciado amigo Lázaro yacía muerto en una tumba, sus hermanas estaban sufriendo. Ni siquiera la esperanza de la resurrección, como Marta la había expresado, hacía que dejaran de llorar. Dios no nos había creado para morir como Lázaro. La muerte física es un resultado cruel y triste del pecado. Este resultado era dolorosamente evidente aquí, y causaba el peor tipo de sufrimiento. Toda esta escena angustió a Jesús.

"¿Dónde lo pusisteis?" preguntó Jesús. Ellos lo llevaron al lugar de la tumba.

Entonces Jesús lloró en silencio. La palabra griega que se usa aquí para llorar es diferente de la que se había usado respecto de María y de los otros. El llanto de ellos era el que uno asocia con el duelo y usualmente es abierto y sin reparos. Se nos dice que Jesús vertió lágrimas, pero la palabra que se usa no implica la misma demostración exterior. Jesús lloró por sus amigos. Hoy en día, cuando leemos estas palabras, podemos imaginar una lágrima de compasión también por nosotros. Entonces también podemos imaginar una lágrima de tristeza por cada persona que no ve a Jesús como la resurrección y la vida.

Los judíos vieron las lágrimas de Jesús y llegaron a la conclusión de que lloraba por Lázaro: un amigo tan cercano llorando ante el sepulcro. Pero, sabiendo lo que Jesús iba a hacer, sabemos que sus lágrimas significaban mucho más. Algunos de los judíos mostraron un sentimiento de frustración con Jesús. Le había devuelto la vista a un hombre que era ciego de nacimiento.

¿Por qué no podría haber sanado a Lázaro y le habría evitado la muerte?

Tal vez la fe estaba parpadeando en el corazón de algunos y hablaban debido a la confusión que sentían. Es posible que otros se hayan apartado de la fe y dijeran las mismas palabras con burla.

11:38-40. Nuevamente Jesús, que conocía el corazón de todos, y que veía la destrucción que ocasionaba el pecado, se llenó de indignación cuando se acercó a la tumba que consistía en una cueva que tenía una piedra para sellar la entrada. Jesús le ordenó a la gente que quitaran la piedra, pero Marta, que no logró aplicar la lección que Jesús le había enseñado anteriormente (versículos 23-26), objetó. "Señor, hiede ya", le advirtió, "porque lleva cuatro días."

Entonces Jesús le recordó a Marta la promesa que le había hecho antes, haciendo alusión a no dudar de las palabras que él había dicho cuando el mensajero le había informado acerca de la enfermedad de Lázaro (versículo 4). Es seguro suponer que Jesús se las había dicho al mensajero, y que éste les había llevado la respuesta directamente a las hermanas. La enfermedad de Lázaro no iba a terminar en la muerte; era para la gloria de Dios.

Jesús les dijo que creyeran en su promesa y que quitaran la piedra del sepulcro.

11:41-44. Jesús miró hacia el cielo e intentó que el pensamiento de los que estaban presentes se dirigiera también hacia el cielo. Cuando ellos estaban escuchando, Jesús le dio gracias a su Padre celestial por escucharlo a él. No necesitaba decir las palabras porque él y el Padre eran uno, en armonía perfecta el uno con el otro. El Padre siempre escuchaba al Hijo, y el Hijo lo sabía.

Pero Jesús habló para beneficio de los que estaban allí. La gente había puesto en duda si Jesús realmente había sido enviado por el Padre, como él lo había dicho. Dudaban de que él fuera el Mesías prometido. Se preguntaban cómo era posible que él llamara Padre a Dios. Entonces ahora sólo tenían que oírlo llamar al Padre y ver el milagro que siguió para saber que las afirmaciones de Jesús eran la verdad.

Entonces Jesús, en voz alta, le ordenó a Lázaro que saliera, y Lázaro obedeció, todavía envuelto en su mortaja. Jesús les dijo a los que estaban presentes que lo desataran y que lo dejaran ir. El milagro ya estaba hecho. Jesús, el Verbo, en quien hay vida, dio vida con una palabra. Resucitó al hombre que había estado muerto y sepultado por cuatro días.

Los fariseos conspiran para matar a Jesús (11:45-57)

11:45-48. Sucedió lo que Jesús había pedido en su oración. Muchos de los judíos que vieron lo que Jesús hizo creyeron en él; Dios fue glorificado. Pero, por lo visto, algunos judíos no sabían qué pensar, fueron y les informaron lo que había ocurrido a los fariseos, de los cuales la mayor parte eran enemigos de Jesús.

Los fariseos se pusieron en contacto con los principales sacerdotes que convocaron a la corte suprema judía, el sanedrín. El que actuaba como sumo sacerdote ese año presidió la reunión. Aunque estaba sometida a los romanos, la corte seguía teniendo gran autoridad, pero ellos no podían ejecutar a un criminal. Por lo visto, en este caso los fariseos se reunieron con ellos.

Los miembros de la corte estaban irritados con Jesús, pero no sabían qué hacer. Lo veían como una amenaza para su seguridad. No negaban que Jesús había hecho señales milagrosas, pero en vez de creer en él, lo querían quitar de en medio.

La corte llegó a la conclusión de que si no intervenían, muy pronto prácticamente todos iban a creer en él, y eso iba a disminuir la autoridad de ellos. Pero, peor aún, si la gente seguía a Jesús como a su líder, los romanos vendrían y los castigarían, y así ellos podrían perder todo.

La expresión "destruirán nuestro lugar santo", por lo visto, se refería al Templo, o de otro modo a Jerusalén. También podría haber significado el lugar de la corte como gobernadora de los judíos.

11:49-52. Caifás, que era la máxima autoridad, habló; les explicó que era conveniente deshacerse de Jesús. Era mejor que muriera un hombre en vez de que murieran todos ellos. Su interés era político, pero Dios hizo que sus palabras fueran proféticas. Él quería conservar una nación en la tierra, que de todos modos fue destruida 40 años después. Jesús, que era la víctima escogida por Caifás, había venido para establecer una nación que nunca será destruida, es decir, la nación de los hijos de Dios que se encuentra en todas partes y es de todos los tiempos.

Jesús iba a morir como un sacrificio por todos en el mundo, para que todos los que creyeran en él fueran uno en su santa iglesia. Mientras tanto, todo lo que buscaba Caifás era evitar una rebelión desastrosa.

11:53-54. Caifás triunfó ante el sanedrín, y ya estaba listo el escenario para el complot de la pasión que pronto se iba a desarrollar. Aun así, los enemigos de Jesús no iban a lograr matarlo hasta que el cronograma establecido en el plan de Dios lo permitiera, y por eso Jesús desapareció de la escena. Se fue a Efraín, un pueblo que se cree que estaba en el desierto, al norte de Judea (también se ha identificado con el nombre de Ofra, que estaba cerca de Betel, en la región de colinas al este del Jordán).

11:55-57. Como ya se acercaba la Pascua, la gente comenzó a ir a Jerusalén para prepararse para esa ocasión. La expresión "para purificarse" o, en otra traducción, "limpieza ceremonial", probablemente incluía lavar la ropa, abstenerse de tener relaciones sexuales (Éxodo 19:10-15), y evitar cosas como tener contacto con un cadáver o estar cerca de un cadáver, que los pudiera hacer impuros (Números 9:9-14).

Pero los pensamientos de las gentes parecían estar más en Jesús que en la fiesta que se acercaba. Se dieron cuenta de que la situación había llegado a ser muy tensa. Sabían que los principales sacerdotes y los fariseos habían dado órdenes de que cualquiera que viera a Jesús lo debía delatar. Sabían que los líderes lo querían arrestar y lo querían matar. Se preguntaban unos a otros: "¿Qué os parece? ¿No vendrá a la fiesta?"

Parte VI

JESÚS PREPARA A SUS DISCÍPULOS PARA LA MUERTE DE ÉL (12:1–17:26)

María unge a Jesús (12:1–11)

12:1–3. Los que pensaban que Jesús no iría a la Pascua estaban muy equivocados. La hora que el Padre había establecido para su sacrificio como el verdadero Cordero pascual se aproximaba rápidamente. Seis días antes de la Pascua (el viernes anterior al Viernes Santo), Jesús había ido al hogar de María, de Marta y de Lázaro, que estaba en Betania, a un poco más de tres kilómetros de Jerusalén. Jesús se había quedado con ellos en otras oportunidades en las que había ido a la ciudad santa.

Los hermanos habían vuelto a su rutina diaria desde que Jesús había resucitado a Lázaro de entre los muertos, aunque es difícil imaginar que su vida se hubiera convertido de nuevo en una rutina. La presencia de Lázaro era un testimonio constante del poder y de la misericordia de Jesús. La cena en cuestión tuvo lugar en la casa de Simón el leproso (Mateo 26:6; Marcos 14:3).

María tomó un frasco grande de nardo puro, que era uno de los perfumes importados más finos, y lo vertió no sólo en la cabeza de Jesús, como lo registran los otros evangelios, sino también en sus pies. Y después, con toda humildad, le secó los pies con sus cabellos. Ella ungió a Jesús como se ungiría a un rey, y enjugó sus pies como lo haría una humilde sierva y esclava. El aroma del costoso perfume invadió la casa. Ella dio lo mejor que tenía para su Señor.

Haríamos bien en hacer una pausa aquí para examinarnos a nosotros mismos. ¿Mostramos una humildad similar y honramos a Jesús con lo mejor que tenemos?

12:4-6. Los que estaban presentes eran seguidores de Jesús, eran los que habían recibido su amor y también curación, los estudiantes de sus enseñanzas. Ellos habían confesado su fe en Jesús como "el Hijo del Dios viviente" (6:69). Es seguro que ellos aplaudirían el acto de fidelidad y de devoción de María. Seguramente verían en su acción un modelo de verdadera piedad para los que aman a Jesús.

Sin embargo, uno de sus discípulos era un hipócrita, Judas Iscariote (hombre de Queriot), que pronto iba a traicionar a Jesús, criticó la acción de María. Judas no vio ningún propósito útil en "desperdiciar" el perfume caro de esa manera. María lo podría haber vendido por una cantidad que era equivalente al sueldo de un año y podría haberlo dado a los pobres.

La lógica de Judas es difícil de refutar. Todo el frasco fue vaciado sobre la cabeza y los pies de Jesús. Un buen gesto y además simbólico, pero ¿acaso era necesario en vista de todo el bien que se podría haber hecho por los pobres con el dinero proveniente de la venta del perfume? Judas también parecía sugerir que Jesús debió haber hecho algo para detener la acción de María.

No importa lo que pensemos de la crítica de Judas, lo peor de esto es que a él los pobres no le importaban nada. Quería que el dinero del perfume se lo entregaran a él porque, "como tenía a su cargo la bolsa del dinero" (NVI), se lo podía robar. Judas estaba molesto por la acción de María ya que eso lo hacía a él más pobre.

Así es con los hipócritas, presentan un aspecto agradable, pero su corazón está equivocado. No son sinceros en lo que dicen. Aun así, Jesús, que sabía que la hipocresía más grande de Judas lo iba a llevar a traicionarlo, permitió que continuara su engaño.

Aquí hay una lección para las personas que hoy en día se preocupan por los hipócritas que hay en la iglesia. Primero, es necesario que tengamos mucho cuidado en juzgar porque los hipócritas usualmente se presentan como buenos cristianos. Tendríamos que mirar en su corazón para estar seguros de quienes son. Segundo, la presencia de los hipócritas en la iglesia no cambia la importancia de Jesús ni de su Palabra en la iglesia. Es necesario que sigamos el ejemplo de María, que adoremos humildemente a nuestro Salvador y que para honrarlo le ofrezcamos regalos que nos cuesten. Dios hará que los hipócritas se descubran a su debido tiempo.

12:7-8. Jesús contestó a la preocupación de Judas por los pobres, aunque su interés no era sincero. María había guardado y había usado el perfume con un propósito más elevado. Este propósito no era solamente el de ensalzar a Jesús como Rey, y tal vez ni siquiera eso, sino el de ungirlo para su sepultura. Todos ellos iban a tener bastantes oportunidades de ayudar a los pobres, ya que siempre habrá gente pobre. Pero esta oportunidad de honrar a Jesús era pasajera porque Jesús no siempre iba a estar con ellos en la carne.

En vista de las palabras que dice Jesús aquí, hay varios pensamientos importantes que merecen nuestra atención:

1. Jesús predijo nuevamente su muerte inminente y dio a entender que María también había percibido que él iba a morir.
2. La pobreza nunca desaparecerá de este mundo.
3. Esta no es una lección acerca de dar a los pobres. Hay buenas razones espirituales y muchas oportunidades para ayudar a los pobres, y los cristianos lo harán.
4. Esta es una lección acerca de las prioridades espirituales. Jesús es primero. No desperdiciamos nuestros bienes materiales cuando los usamos para honrar y adorar a Jesús.

12:9-11. Se difundió la noticia de que Jesús estaba en Betania y grandes multitudes de personas se dirigieron hacia allí para verlo. Con los peregrinos de Jerusalén que se estaban preparando para la Pascua, después de poco tiempo ya había una gran multitud reunida. Además, su curiosidad era doble, porque también querían ver a Lázaro, a quien Jesús había resucitado de los muertos.

Naturalmente, los principales sacerdotes también oyeron las noticias y se prepararon para llevar a cabo el complot de matar a Jesús. Añadieron a Lázaro en su lista, porque muchos judíos creían en Jesús por causa de Lázaro. Los judíos hostiles estaban perdiendo terreno y llegaron a la conclusión de que la violencia era la única solución. Iban a hacer lo que fuera necesario para terminar con la popularidad de Jesús.

La entrada triunfal de Jesús a Jerusalén (12:12-19)

12:12-15. Jesús había llegado a Betania el viernes. La cena, el ungimiento y la reunión de la multitud habían tenido lugar después de su llegada, con el sábado (del viernes al oscurecer hasta el oscurecer del sábado) de intermedio. Al día siguiente (Domingo de Ramos), la creciente multitud que había llegado a Jerusalén se enteró de que Jesús ya estaba de camino hacia allí. Cortaron ramas de palmeras y salieron a recibirlo. Lo recibieron como a un rey, como los líderes judíos temían que iba a suceder. Lo saludaron con las palabras del Salmo. 118:25, 26.

"¡Hosanna!" ("¡Salva, te rogamos!") "¡Bendito el que viene en el nombre del Señor!" Este Salmo era de Hallel (Salmos 113-118, también llamados los salmos aleluyáticos) que se cantaba como parte de la fiesta de la Pascua. Los judíos lo cantaban cuando se sacrificaban los corderos pascuales, y ahora lo cantaron para el Cordero de Dios que iba en camino a ser sacrificado. Pero ellos no estaban pensando en el sacrificio. Recibieron a Jesús como a la realeza celestial, al Rey de Israel.

Esto sucedió espontáneamente, pero había sido profetizado desde ya hacía muchos años. Jesús montó un pollino, para cumplir con la profecía de Zacarías 9:9. El Rey de Sion (Jerusalén), el Rey mesiánico que venía de la línea de David, entró a Jerusalén en medio de alabanzas y de gloria.

12:16-19. A los incrédulos les gusta hablar de complots y de intrigas; ellos sugieren que Jesús y sus discípulos habían planeado cada paso para hacer que Jesús apareciera como el Cristo. Pero los discípulos nunca captaron el significado completo del momento, especialmente el uso del pollino, hasta después que Jesús ya había muerto y resucitado de entre los muertos.

¿Una intriga? La multitud de judíos que había visto que Jesús había llamado a Lázaro de entre los muertos sabía cuál era la verdad. Difundieron la noticia del milagro. Al oír esas noticias, muchos salieron rápidamente a darle la bienvenida a Jesús y a alabarlo con salmos.

Los fariseos maldijeron su mala suerte. Toda amenaza que habían lanzado, toda pregunta que habían hecho, y todas las acusaciones que habían lanzado no habían logrado nada. En ese día, Jesús era más popular que nunca. "Mirad, el mundo se va tras él", exclamaron en una exageración clásica. ¿De qué manera podrían luchar contra esto?

Jesús predice su muerte (12:20-36)

12:20-22. En la opinión de los fariseos, todo "el mundo" significaba principalmente el pueblo judío. Pero Cristo había venido para todo el mundo literalmente, para todas las naciones. Aun entonces allí había algunos griegos en la fiesta entre la multitud de los que habían ido para adorar. Probablemente se habían convertido al judaísmo (Hechos 2:11; 6:5).

Se dirigieron a Felipe, que era uno de sus discípulos, y le dijeron que querían ver a Jesús. No sabemos si escogieron a Felipe sólo por casualidad. Pero el nombre de Felipe era griego, y él no era de ese pueblo (Betsaida está al norte de Galilea). Entonces es muy probable que se sintieran más cómodos acercándose a él. Felipe hablo primero con Andrés, y los dos juntos se lo dijeron a Jesús.

"Queremos ver a Jesús", habían dicho los griegos. Precisamente en ese momento, la petición era simbólica. Ellos representaban a las naciones gentiles y también el cumplimiento de la promesa mesiánica de una luz para las naciones (Isaías 60:3). La petición: "Queremos ver a Jesús" revela el deseo de los pueblos en los que había sido grabada la ley de Dios, y también revela que ellos reconocieron al Mesías de Dios. "Queremos ver a Jesús" es hasta estos días el espíritu de los cristianos que nunca dejan de buscar en las Escrituras para aprender más acerca de él.

12:23-26. Hasta este momento, ya nos hemos acostumbrado a oír que la hora de Jesús todavía no había llegado (7:30; 8:20). Pero ahora sí había llegado. Él, que era la esencia de la humanidad, había ido a Jerusalén para morir por la humanidad que estaba perdida y para resucitar en gloria. Jesús vino para sacrificarse a sí mismo tanto por la salvación de los griegos, como por la de los judíos. La respuesta que les dio a los griegos, que desaparecieron tan repentinamente como habían aparecido en el relato, fue: "Yo les puedo dar la vida eterna. Síganme."

Jesús comparó lo que él había venido a hacer con una semilla de grano. Esa semilla no será nada más que una semilla solitaria a menos de que sea plantada. Pero cuando la semilla es plantada y muere allí, de ella crecerá una planta y dará fruto.

De una manera semejante, Jesús no rendiría los frutos de la misión que Dios le había encomendado a menos que muriera primero. Todas sus señales milagrosas no hubieran tenido ningún beneficio eterno sin el milagro de la cruz y de la tumba vacía. El Hijo del hombre tenía que morir para que hubiera una cosecha espiritual, la cosecha de almas para la eternidad.

La muerte de Jesús iba a tener su efecto en los que lo siguieran. Nosotros también en cierto sentido debemos morir. No morimos en sustitución de otros como lo hizo Jesús, pero al creer en él como nuestro Sustituto, morimos con él.

Cuando Jesús nos advierte en contra de amar la vida que tenemos, lo que quiere decir es que no debemos poner primero esta vida terrenal. Es una advertencia contra el egocentrismo. Los que depositan todo su afecto en esta vida y en lo que pueden obtener de ella, un día morirán y lo perderán todo.

Cuando Jesús habla de odiar la vida que tenemos en este mundo, lo que quiere decir es que primero debemos ponerlo a él y la vida que él nos da. Cuando creemos en Jesús y tenemos la vida eterna en él, la vida del mundo pierde su atractivo. Todo lo que es de este mundo lleva la mancha del pecado y se vuelve repugnante. Sólo en Jesús pasa a ser nuestra la buena vida, la vida eterna. Sería mejor perder esta vida terrenal que perder a Jesús. Al seguir a Jesús protegemos nuestra vida espiritual.

Sin embargo, nuestra fe en Jesús tiene un precio. Somos sus servidores, y debemos seguirlo adonde él nos guie. Debemos enfrentar sacrificios. Nos arriesgamos a ser el hazmerreír de muchos seres humanos, pero lo hacemos con alabanza y con gratitud al Hijo, con la promesa de que el Padre nos honrará.

12:27-29. Jesús había ido a Jerusalén para morir. Como verdadero hombre, se sentía preocupado por lo que tenía que enfrentar. La procesión triunfal no hizo que cambiara la realidad de lo que él sabía que se avecinaba. Él ya sentía el peso de la carga que asociamos con Getsemaní. Jesús abrió su alma para que nosotros pudiéramos ver en ella; él no era un robot que se dirigía al montón de los desechos sin sentir nada. Como verdadero Dios, para él hubiera sido sencillo apagar todo dolor y todo sufrimiento, pero no lo hizo. Sus sufrimientos iban a ser intensos, más allá de toda medida, por causa de nuestros pecados.

Aun así, el Dios hombre nunca se desvió del sendero que se le había asignado. No se quejó cómo un débil humano lo haría para que el Padre lo salvara de su sufrimiento. Había venido del cielo con ese propósito, estaba preparado para este momento. Estaba allí para darle gloria a Dios.

Jesús volvió la atención hacia su Padre: "Padre, glorifica tu nombre."

El Padre respondió en voz alta desde los cielos a la oración de Jesús. Su nombre había sido glorificado y sería glorificado. El Padre fue glorificado al enviar a su Hijo en la carne y a través de las señales milagrosas de su Hijo (1:14). En los acontecimientos que iban a venir, la obra de salvación que llevó a cabo Cristo (su muerte, resurrección y ascensión) con toda seguridad iba a glorificar mucho más el nombre de Dios.

12:30–33. La multitud necesitaba oír la voz como señal de que un acontecimiento verdaderamente universal había sido puesto en acción: la confrontación que Dios había predicho en el Edén (Génesis 3:15). El juicio de este mundo se iba a basar en el resultado. Este juicio es un proceso continuo, ya sea que la gente acepte con fe a Jesús como su Salvador o que en incredulidad lo rechace. El gobernante de este mundo, Satanás, iba a ser arrojado cuando la Simiente de la mujer surgiera como el vencedor resucitado. Jesús terminaría con el poder que el diablo tenía sobre nosotros.

Para que todo esto sucediera, Jesús se dirigía a morir crucificado. Se lo dijo a la gente cuando usó una imagen que la mayoría de ellos pudiera entender mejor. Sería levantado de la tierra en una cruz.

La acción de ser levantado iba a afectar a todos los seres humanos. A través de esto y de su futuro enaltecimiento, Jesús atraerá a toda la gente hacia él mismo. En la cruz, toda la gente invariablemente debe aceptar o rechazar a Jesús como su Salvador.

Aquí Jesús dice que él atraerá a toda la gente. Anteriormente había dicho que el Padre atraía a los que iban a Jesús (6:44). Las personas de la Trinidad participan juntas en las obras divinas. El misterio de nuestro Dios trino es grande.

Sin embargo, podemos determinar alguna diferencia entre ser atraído por Jesús y ser atraído por el Padre. Jesús atraerá a "todos" hacia él mismo. Todas las personas tienen que pasar el juicio a través de Jesús; nadie puede evitar la importancia de la cruz. En otro caso, Jesús dijo que el Padre es quien atrae a las personas en lo individual para que crean en Jesús y para que así tengan salvación. De cualquier manera, no podemos llegar al cielo sin Dios en Cristo.

12:34. Esta multitud acababa de saludar a Jesús como el Cristo que provenía de la línea de David, y ahora lo oyeron hablar acerca de sí mismo como el Hijo del hombre, diciendo que debía ser crucificado ("levantado").

Trataron de entender. Por las escrituras creían que el Cristo sería eterno (Salmos 110:4; Isaías 9:6, 7; Ezequiel 37:25; Daniel 7:13, 14). Es triste reconocer que para muchos eso significaba que el Cristo iba a establecer un reino eterno en esta tierra. En su opinión, no tenía sentido que el Cristo muriera. "¿Qué es lo que dices?" le preguntaron. "¿Quién es el Hijo de Dios, sino el Mesías eterno?"

12:35-36. Jesús no trató de aclararles sus dudas; sólo les dijo que se quedaran con él mientras pudieran. Los llamó a que confiaran en él. Se presentó a sí mismo como la luz (1:9; 8:12) y les dijo que caminaran en la luz mientras la tuvieran para que la oscuridad no los abrumara. "Creed en la luz", los exhortó Jesús, "para que seáis hijos de luz".

Esta gente no necesitaba que todas sus preguntas fueran contestadas precisamente en ese momento. Sólo necesitaban escuchar y creer. Al caminar en la luz de Jesús, serían iluminados. También se convertirían en portadores de la luz, haciendo que la luz de Cristo brillara en su vida.

Muchos judíos siguen en la incredulidad (12:37-50)

12:37-41. La fe de muchos era vacilante ese Domingo de Ramos. Aunque Jesús había hecho los milagros en su presencia, incluyendo la resurrección de Lázaro, ellos continuaban sin creer en Jesús.

Así también se cumplió la profecía mesiánica. Anticipándose a estos días, el profeta Isaías había preguntado: "¿Quién ha creído a nuestro anuncio?" (53:1). Aunque los fariseos le tenían temor a la popularidad de Jesús, en realidad la gente estaba rechazando las enseñanzas de Jesús.

A muchas de estas personas, especialmente a los líderes judíos, se les había endurecido el corazón contra Jesús. No reconocieron que la mano de Dios estaba obrando en los milagros que él hacía. Finalmente, como ya lo había hecho una vez con el faraón en los tiempos del éxodo de Israel de la tierra de Egipto, Dios cegó los ojos de los que se negaron a ver y cerró el corazón de los que no habían permitido que Jesús entrara en él.

Isaías había profetizado esta incredulidad (6:10), y Jesús había citado esa profecía en otro momento (Mateo 13:14, 15; Marcos 4:12; Lucas 8:10) para mostrar por qué muchos judíos no reconocieron sus afirmaciones mesiánicas y tampoco creyeron; estaban encerrados en su propia incredulidad. Isaías profetizó estas cosas porque él había visto la gloria del Señor, la misma gloria que le pertenecía a Jesús; Jesús era su Señor.

En estas palabras salen nuevamente a la superficie el misterio de la divinidad de Jesús, y se afirma la promesa de su exaltación. Isaías habló acerca de Jesús. En la visión, Isaías había visto el gran sufrimiento del Mesías para lograr nuestra salvación y la gloria del Mesías, restaurada en la resurrección y en la ascensión.

12:42-43. Parecía que los líderes hostiles estaban consiguiendo lo que querían, pero aun así, muchos creyeron en Jesús, hasta algunos de los líderes. Es triste decirlo, pero los fariseos habían logrado intimidar a la gente. Los fariseos que habían creído escondían sus verdaderos puntos de vista por temor a ser arrojados de la sinagoga. No tenían el valor de enfrentarse a la humillación que eso podía significar, y por eso le daban más valor a su reputación con los del pueblo que a su necesidad de darle gloria a Dios públicamente. Todavía amaban más la gloria que les daban los hombres que la gloria que venía de Dios en Cristo.

No nos debemos sorprender por esta cobardía en la fe. Nuestras propias vidas lo demuestran hoy en día. ¿Con cuanta frecuencia fallamos los cristianos en la confesión la fe por temor a la reacción de los que nos rodean?

Parte VI

12:44-46. Anteriormente nos enteramos (en el versículo 36) de que Jesús había dejado la multitud y se había escondido de ella. No está claro si se dirigió a ellos en alta voz cuando estaba saliendo o si volvió a aparecer después para decir estas palabras o si el texto no está aquí en un estricto orden cronológico. Cualquiera de esas situaciones podría ser la realidad. Juan hace énfasis en que Jesús les dio un testimonio adicional a estos judíos; ellos necesitaban oír otra vez quién era Jesús y quién lo había enviado.

Como lo había hecho antes (5:19-23; 8:54), Jesús se identificó directamente con el Padre que lo había enviado; les describió la unicidad que se entiende mejor cuando sabemos que él es Dios e igual con Dios el Padre (1:1). Creer en Jesús es creer en Aquel que lo envió. Ver a Jesús como en verdad es él significa ver a Aquel que lo envió. Nadie ha visto a Dios en ninguna parte (1:18), pero todo aquel que cree en Jesús lo ve con los ojos de la fe.

Jesús trae la luz del cielo a este mundo oscuro (1:4; 8:12). Una vez que tengamos la luz, ya no tenemos nada que ver con la oscuridad; tenemos la luz cuando creemos en Jesús.

12:47-50. Jesús vino para darnos la luz y para hacer que seamos uno con el Padre. Con sus milagros, él captó la atención de la gente y estableció la fe con sus enseñanzas. Pero muchos, como lo acabamos de demostrar, no guardaron sus enseñanzas como propias, no creyeron que él era el Cristo que venía de Dios.

Jesús no se vengó de ellos con un juicio, no llamo al fuego eterno ni a los tormentos del infierno para que cayeran sobre ellos. En vez de eso, les siguió dando testimonio de la verdad. Él no había venido para juzgar al mundo, sino para salvarlo (3:17).

Eso no quiere decir que los que rechazaron a Jesús, los que no aceptaron sus palabras, no iban a ser juzgados. ¡Al contrario! Al rechazar a Jesús como su Salvador y al no aceptar su Palabra, que venía directamente de Dios el Padre, le dieron la espalda a la salvación y se aferraron a lo que quedaba, que en realidad no era nada. Ellos rechazaron la luz y se encontraron en la oscuridad.

La Palabra, ordenada por el Padre y dicha por Jesús, da la vida eterna. Entonces, ignorar la Palabra de Jesús es invitar al juicio para la muerte eterna. El árbitro final no es Jesús, sino la Palabra del Padre.

Jesús les lava los pies a sus discípulos (13:1-17)

13:1-5. Ya se acercaba la fiesta de la Pascua, y había llegado el tiempo establecido por Dios. Jesús sabía lo que le esperaba. Se estaba preparando para "pasar de este mundo al Padre". Se estaba preparando para ser nuestro Cordero pascual, gracias a cuya sangre escapamos de la muerte eterna.

Jesús aprovechó la ocasión para demostrar el amor completo, a toda prueba, que tenía por sus seguidores, un amor que él llevó hasta el final. El tiempo era crucial, pero solamente Jesús sabía cuánto. La cena de la Pascua estaba en progreso; iba a ser la última cena de Pascua de Jesús, y él iba a instituir su Cena, como los otros evangelios ya lo han registrado. El diablo había trabajado para que Judas Iscariote traicionara a Jesús. Jesús todavía tenía el mando; el Padre había puesto todo en sus manos. Él había venido de Dios e iba a regresar a Dios. El plan celestial estaba tomando forma, y todo dependía del Hijo para que se cumpliera.

De modo que Jesús, para mostrar su profundo amor por los discípulos, se levantó de la cena y les sirvió como un esclavo les serviría a su amo y a los invitados de su amo. Jesús les lavo los pies. Generalmente había un esclavo que se ocupaba en esta labor cuando los invitados entraban a la casa después de haber caminado por los senderos polvorientos. Pero, por lo visto, parece que esa noche Jesús y sus discípulos no habían recibido este servicio. Cuando Jesús se levantó durante la comida para hacer el trabajo del esclavo, llamo la atención especialmente a su ministerio como siervo.

Este era el siervo de Dios, su escogido, que les servía a los demás (Isaías 42:1). Este era Dios, que asumió la función de un siervo y se humilló a sí mismo aun hasta la muerte (Filipenses

Parte VI

2:6-8). ¡Cuando Dios hace para el hombre el trabajo de un esclavo, eso es amor! Aun así, Jesús, no estaba más que prefigurado su acción final de servicio al hombre: la cruz.

13:6-9. Como era de esperar, Simón Pedro no se podía sentar tranquilo y permitir que su Señor se rebajara de esa manera. Pedro le pregunto con incredulidad, "Señor, ¿Tú me lavarás los pies?"

Jesús entendió los temores de Pedro. ¿Cómo podría Pedro darse cuenta de que el acto de humildad de Jesús era una preparación para la vil humillación de su muerte en la cruz? Le dijo a Pedro que todo se iba a aclarar a su debido tiempo: después de los acontecimientos que iban a suceder. Sencillamente, Pedro tendría que confiar en Jesús.

Pero Pedro se sentía tan molesto como para dejarlo así, e insistió: "No me lavarás los pies jamás". No se dio cuenta de lo que estaba diciendo.

Jesús respondió de la misma manera en que lo había hecho en otras oportunidades, como le respondió a la mujer samaritana al lado del pozo. Su respuesta tenía un significado espiritual, aunque Pedro siguió pensando sólo en el lavamiento físico; le dijo a Pedro que no tendría parte con él si no permitía que lo lavara.

Jesús no estaba hablando de lavarles los pies porque estaban sucios, sino de limpiarles el corazón que estaba sucio por el pecado. Sólo le pertenecemos a Jesús cuando él nos limpia de los pecados. Él nos debe servir primero para que podamos tener una relación con él.

Pedro pasó del desconcierto al entusiasmo, pero era claro por su respuesta que no había entendido en absoluto de qué se trataba. No vio la diferencia que hay entre el lavamiento físico y el lavamiento espiritual.

13:10-11. Jesús tomó el pensamiento que surgió de la observación de Pedro. Como en esa época los viajeros usaban sandalias y andaban en caminos polvorientos, no podían evitar ensuciarse los pies. Sin embargo, una persona que se había bañado antes de salir de su casa, sólo necesitaba lavarse los pies cuando llegaba a la casa de su anfitrión. Por eso, la petición de Pedro no servía a ningún propósito. Si tenía los pies limpios, todo su cuerpo estaba limpio.

Entonces Jesús volvió a hablar en el plano espiritual. Los discípulos estaban limpios, sus pecados habían sido lavados por Jesús. Pero no todos ellos estaban limpios; uno de ellos había rechazado el perdón que le ofrecía Jesús y estaba tramando traicionarlo. Jesús sabía lo que venía y por eso habló de esta manera.

13:12-17. Jesús terminó de lavarles los pies a los discípulos. Después les dio una lección que todos podían tomar en serio. Los discípulos decían que Jesús era su "Maestro" y su "Señor", y lo era. En especial, la palabra "Señor" indicaba que él tenía autoridad sobre ellos. Él era su maestro. En realidad, lo veían como el Señor de los cielos. Sus discípulos tenían que (y todavía tienen que) servirle.

Pero ahora el Maestro y Señor les había servido a sus seguidores con amor. Jesús les había lavado los pies sucios como una perfecta demostración del espíritu que debe caracterizar la actitud de unos con otros: un espíritu humilde de perdón, amor y de servicio a los demás. Ellos debían seguir su ejemplo.

Hasta el día de hoy, la lección también se nos aplica a nosotros. Nos dice que un verdadero líder es el que les sirve a los otros. Nos dice que un seguidor de Jesús actuará sirviendo humildemente a los demás como lo hizo Jesús.

Algunos toman literalmente estas palabras para enseñar que nos debemos lavar los pies unos a otros, pero Jesús dijo que este acto era un "ejemplo" o una manera de representar lo que él quería. Estaba demostrando el servicio que se da a otros con amor.

Al demostrarles con la acción este servicio de amor, Jesús imprimió esto en ellos más allá de las simples palabras. Luego afirmo la verdad solemne ("De cierto, de cierto os digo") de que los siervos y los mensajeros, como ellos eran para él, no eran mayores que su maestro ni que el que los había enviado. ¡Ay de la arrogancia de cualquiera que piense que es demasiado bueno (mejor que el Señor Jesús) para servir con amor a otros!

Porque sabemos estas cosas que él nos dijo, cuando las hacemos somos bendecidos por él. Durante años, muchos cristianos han conocido las bendiciones que provienen de un servicio hecho con amor. Pero ellos no se jactan, excepto en Cristo (Jeremías 9:24; 1 Corintios 1:31; 2 Corintios 10:17; Gálatas 6:14)

Jesús predice que Judas Iscariote lo va a traicionar (13:18-30)

13:18-20. No todo el mundo comparte las bendiciones que Jesús ofrece, porque no todo el mundo cree en él. Uno de los doce discípulos había arrojado a Jesús de su corazón y estaba a punto de traicionarlo. El Señor lo sabía; había hecho alusión a eso en otra oportunidad (6:70, 71). El Señor sabía que eso iba a suceder cuando escogió a los doce. Por eso, anuncio que sus palabras de consejo y de bendición no se referían a todos ellos.

Pero si él lo sabía, ¿por qué permitió que sucediera?, se nos dice: Él escogió a un discípulo aunque este tarde o temprano lo iba a rechazar y lo iba a traicionar, porque de esa manera hacía que las Escrituras se cumplieran. Jesús no escogió a Judas para que lo traicionara; esa fue exclusivamente una obra de Judas mismo, cometida en el pecado y en la incredulidad. Jesús lo escogió porque cuando Judas llevara a cabo su traición, iba a estar cumpliendo lo que las Escrituras decían. El Salmo 41:9 tiene palabras que se aplican al Mesías: "Hasta mi mejor amigo, en quien yo confiaba y que compartía el pan conmigo, me ha puesto la zancadilla" (NVI). Uno que decía que era amigo de Jesús le iba a dar un golpe bajo con la intención de hacerle un gran daño. Judas iba a entregar a Jesús a sus enemigos.

Había llegado el momento para que estas palabras se cumplieran en la vida de Cristo. En todo lo que hizo, Cristo obedeció al pie de la letra la Palabra de su Padre y cumplió todas las profecías mesiánicas.

Jesús se lo contó a los discípulos ahora como otra señal que iba a servir para edificar su fe. Cuando se llevara a cabo la traición, ese conocimiento los ayudaría a resistir la tentación de la desesperación. Ellos sabían que las Escrituras habían profetizado que tenía que suceder de esa manera. Ellos sabrían que Jesús era aquel de quien hablaban las profecías de las Escrituras, el gran YO SOY.

Además, la traición no iba a cambiar la relación de Jesús con el resto de los discípulos, ni la misión que él tenía para ellos. Él les dio su palabra solemne de que cualquiera que recibiera a alguien que él enviara, en realidad lo estaría recibiendo a él, es decir a Jesús. Y cualquiera que recibiera a Jesús recibiría al Padre, que lo había enviado. Él les había dicho esto en otra oportunidad (Mateo 10:40), y ahora que era la víspera de su crucifixión se lo volvió asegurar.

Jesús ha seguido enviando a sus discípulos para que prediquen y enseñen su evangelio. Cuando otros reciben este evangelio con fe, reciben a Jesús. Cuando ellos reciben a Jesús, reciben a Dios el Padre.

13:21-24. ¿Quién se puede imaginar el dolor que sintió Jesús en el corazón al pensar ahora en la traición, en la crucifixión y en el efecto que los acontecimientos de los días siguientes iban a tener en sus discípulos? El "se conmovió en espíritu". "De cierto, de cierto os digo", enfatizo él, "uno de vosotros me va a entregar."

Lo dijo abiertamente. No había lugar para que los discípulos equivocaran el significado de sus palabras. Se miraron unos a otros, preguntándose interiormente a quién se refería. Cuando estaban a la mesa, Juan se había reclinado más cerca de Jesús, y estaba frente a él. Pedro llamó la atención de Juan y le pidió que averiguara de quien estaba hablando.

El autor de este evangelio nunca se refirió a sí mismo por su nombre, sino que se denominó "el discípulo a quien Jesús amaba", como lo dice la Nueva Versión Internacional (19:26; 20:2; 21:20, 24). Por las referencias que existen, y por lo que sabemos

Parte VI

por los otros evangelios, llegamos a la conclusión de que era Juan (vea la introducción, página 2).

El término con el que se identifica Juan, "el discípulo a quien Jesús amaba" (NVI), nos da qué pensar. Si uno lo entiende mal, podría parecer que era arrogante, o por lo menos egocéntrico, que Juan lo usara. Sin embargo, Juan no estaba reclamando la exclusividad del amor de Jesús; sólo estaba reflejando lo mucho que Jesús le demostraba continuamente su amor. Juan estaba tan cerca a Jesús como cualquiera de sus discípulos, y llegó a apreciar el amor de Jesús de una manera como muy pocos lo podrían hacer. Considere usted que es una confesión humilde la que hace Juan cuando dice que él es "el discípulo a quien Jesús amaba".

13:25-30. Siguiendo las indicaciones de Pedro, Juan se reclinó un poco más y le preguntó a Jesús de quién estaba hablando. Por lo visto, parece que sólo Juan y Jesús compartieron este conocimiento, ya que los otros todavía se estaban recuperando del efecto de que les había producido el anuncio de Jesús.

Judas también estaba cerca y estaba reclinado. Jesús le dijo a Juan que hablaba de aquel a quien él le iba a dar un trozo de pan después de haberlo mojado en la salsa de la comida. Por lo común, ese era un gesto que se hacía para honrar a un invitado. Jesús le dio el pan a Judas. ¿Un invitado de honor? ¡No: un traidor embustero!

Esta acción fue una de amarga ironía, y sin embargo, es probable que Jesús la hiciera como un último gesto para mostrarle a Judas el error que iba a cometer. No obstante, Judas ya se había comprometido a llevar a cabo este trabajo malvado. Al parecer, recibió el pan sin ninguna duda o sin ningún indicio de pesar. En ese momento, Satanás completó la obra que había comenzado en Judas y se apoderó de su corazón.

Entonces, por extraño que parezca, Jesús apremió a Judas para que llevara a cabo su acto indecible. Pero en verdad no era extraño porque Jesús sabía la hora en que tendría que entregarse a sí mismo como sacrificio por el pecado. Jesús se hizo cargo de hacer la voluntad de su Padre.

Los discípulos no vieron la conexión de esto con la traición. Hasta Juan, que sabía lo que indicaba la señal, ni siquiera se imaginaba lo que significaba la traición ni cuán pronto iba a llegar. Pensaron que Jesús le estaba diciendo a Judas que saliera y comprara algo que era necesario para la fiesta de la Pascua, o que les diera algún dinero a los pobres, y como Judas era el tesorero elegido por el grupo, eso sería lo más normal.

Judas actuó rápidamente. Recibió el pan y salió a confundirse con la noche y a preparar la trampa para Jesús.

Jesús predice que Pedro lo negará (13:31-38)

13:31-35. El relato de Juan omite cualquier referencia a la primera Santa Cena; al parecer, también en esto depende del conocimiento que haya obtenido el lector en los otros evangelios. En vez de eso, Juan vuelve nuestra atención a lo que Jesús dijo cuando estaba en el aposento alto, antes de llevar a sus discípulos al huerto de Getsemaní.

"Ahora", dijo Jesús, es decir, con la salida de Judas y con los acontecimientos que van a seguir, ya era tiempo de que el Hijo del hombre, y Dios en él, fuera glorificado. La gloria del Padre estaba unida a la gloria del Hijo de una manera inseparable (1:14). Dios envió al Hijo para que se convirtiera en hombre, un hombre como Dios quería que fuera todo hombre cuando lo creó: sin pecado. Como el Hijo del hombre, él debía tomar el lugar del hombre pecador y ser el sacrificio por todos los pecados. Ahí estaba su gloria y la de su Padre Dios, que lo había enviado.

Aunque pueda parecer extraño decir que Cristo era glorificado en conexión con la pérfida traición de Judas, ese era el camino de la gloria para Jesús. Sólo en el Cristo crucificado y a través de él, cada uno de nosotros puede ver la gloria de Dios y darle la gloria a él. La crucifixión misma iba a oscurecer la gloria sólo por un tiempo. En la resurrección y en la ascensión, Dios hará que nuestra atención se fije en toda su gloria a través de su Hijo.

Parte VI

Ya quedaba muy poco tiempo antes de que Jesús dejara a sus discípulos. Él los llamaba sus hijitos. Para él eran tan queridos como si fueran sus hijos, y ellos en verdad entendían lo que iba a suceder sólo de la manera como un niño lo podría entender.

Jesús tenía que dejarlos, y ellos no lo podrían seguir. Varios meses antes, les había dicho lo mismo a los incrédulos judíos (7:33, 34). Sin embargo, los judíos iban a quedar separados de él para siempre por causa de su incredulidad, pero los discípulos iban a estar separados de él sólo por este tiempo. Lo que Jesús debía hacer ahora, lo tenía que hacer solo (Isaías 63:3).

Como una herencia que les dejó al partir, Jesús les dio a sus discípulos un mandamiento "nuevo" que a la vez era "antiguo". Moisés le había dicho al pueblo que Yahvé (YO SOY) exigía: "Amarás a tu prójimo como a ti mismo" (Levítico 19:18). La palabra "nuevo" aquí significa que es "fresco" y que tiene una nueva calidad. El mandato de Jesús era el de que se amaran unos a otros como él los había amado. A partir de esa noche, los discípulos de Jesús iban a poner en práctica el amor bajo la luz del sacrificio de Jesús en la cruz.

A este tipo de amor se le llama *ágape*. Es el amor que se sacrifica por otras personas. ¿De qué manera sabrá la gente que somos discípulos de Cristo? Si practicamos este tipo de amor los unos por los otros

13:36-38. Pedro todavía no entendía a Jesús. "¿Adónde vas?" le preguntó. Jesús le contestó que la separación era sólo temporal. En ese momento no lo podían seguir, pero lo iban a hacer después. Con una lealtad que parecía la de un soldado, Pedro insistió: "¿Por qué no te puedo seguir ahora? ¡Mi vida daré por ti!" De una manera irónica, Pedro, en su ignorancia, pidió que se le permitiera hacer por Jesús lo que Jesús estaba a punto de hacer por él. Pero, ¡ay!, ¡qué grande era la diferencia!

La jactancia de Pedro fue valiente, pero todavía iba a tener que vivir el papel de cobarde. Jesús sabía lo que realmente iba a suceder y le advirtió con solemnidad: "Esta misma noche me negarás tres veces. El canto del gallo será el testigo de eso."

Cuando nos imaginamos a Pedro hablando tan francamente y después imaginamos la cobardía que demostró más tarde en esa misma noche, cada uno de nosotros debe sentir una punzada. Tal vez recordamos las veces en que nuestras intenciones han sido sinceras hacia Jesús, pero que se derritieron en una negación cobarde cuando tuvimos que pasar la prueba. El gallo también canta para nosotros.

Jesús consuela a sus discípulos (14:1-14)

14:1-4. Las predicciones de Jesús preocuparon a los discípulos, y él les habló para calmar sus temores. Los animó para que continuaran creyendo en Dios y en su Hijo: a creer y a vivir. Para los que creen, la promesa de Dios es eterna. Jesús estaba de camino a la gloria, por él mismo y por nosotros.

Jesús les habló de una casa, la casa de su Padre, que tenía muchas moradas. Iba a dejar a los discípulos para preparar para ellos un lugar en la casa del Padre. Además, les prometió que iba a regresar para llevarlos al lugar que había preparado, para que estuvieran juntos otra vez. Luego añadió: "Y sabéis adónde voy, y sabéis el camino."

Podemos entender el significado de lo que dijo Jesús al recordar lo que estaba a punto de hacer, es decir, morir en la cruz y resucitar de entre los muertos. Por naturaleza, los seres humanos no tienen lugar en la casa de Dios porque el pecado les cerró el camino. La muerte de Jesús iba a ser el pago por los pecados y también iba a preparar la morada. Su resurrección sería la señal de que todo estaba ya listo.

A todos los discípulos les espera un lugar con el Padre. Por medio de su Palabra, Jesús viene para invitarnos a entrar. En su segunda venida, él regresará para darnos la bienvenida en nuestro hogar.

Estos discípulos sabían el camino. Jesús se los había mostrado por tres años. Pero ellos eran lentos en entender, como muchas veces nosotros también lo somos.

14:5-7. Tomás, que era piadoso pero lento en entender, estaba perplejo. ¿Cómo podían ellos saber el camino si ni siquiera conocían el lugar? No se dio cuenta del sentido espiritual que tenían las palabras de Jesús.

Pero Jesús les enseña a sus discípulos con paciencia, les dice todo lo que necesitan saber, hace todo lo que necesitamos nosotros para nuestra salvación. Le respondió a Tomás con otra afirmación en la que usó las palabras YO SOY: "Yo soy el camino, la verdad y la vida". Todo lo que hay en Dios tiene su fuente en Cristo y se alcanza a través de él.

- "Yo soy el camino". Como Jesús se lo acababa de decir a los discípulos, debemos seguir confiando en él. Podemos llegar al Padre a través de Jesús.
- "Yo soy la verdad". Podemos confiar en Jesús, porque todo lo que es real y verdadero se encuentra en él. Él es Dios el Verbo, y por medio de su Palabra nos revela su salvación.
- "Yo soy la vida". Jesús es el origen de la vida física y espiritual. Cualquiera que crea en él tiene vida eterna (3:16).

Esta enseñanza es exclusiva. Qué contraste con la enseñanza popular que dice que todas las religiones conducen a Dios y que sólo siguen diferentes caminos. Dios nos enseña que no hay otro camino. "Nadie" llega al Padre, excepto por medio de Jesús. Cualquiera que alguna vez se haya perdido en un bosque o en una selva sabe que tomar el camino equivocado hace que la persona se sienta todavía más impotente. Eso es exactamente lo que ocurre con alguien que está perdido espiritualmente. Sólo un camino lleva a la seguridad, a la salvación: a Jesús.

Conocer al Hijo es conocer al Padre. Con el sufrimiento, la muerte y la resurrección de Jesús, se aclara el enfoque. Los discípulos debían haberlo sabido, pero con frecuencia no podían ver más allá de sus limitaciones terrenales. La obra redentora de Jesús les iba a aclarar esto.

14:8-11. Todos los discípulos estaban luchando por entender. Felipe ofreció lo que al parecer era una solución lógica, sencillamente le pidió a Jesús que les mostrara al Padre. Por lo visto, él creía que Jesús podría hacer que Dios el Padre se apareciera de alguna manera.

Pero esta "solución" era en sí misma una falacia. Los discípulos conocerían al Padre si conocían a su Hijo. Pero en vez de esto, estaban luchando con algunos de los mismos asuntos con los que luchaban los judíos incrédulos. Pero ellos no enfocaban el problema desde el punto de vista de la incredulidad ni desde un corazón endurecido como hacían los judíos.

Jesús reprendió duramente a Felipe, con estas palabras: "¿Tanto tiempo hace que estoy con vosotros y no me has conocido, Felipe?" Y luego expresó esta sencilla verdad: "El que me ha visto a mí ha visto al Padre". Lo único que Felipe debía hacer era abrir los ojos y ver quién estaba de pie precisamente frente a él.

Jesús hizo énfasis en la verdad de su condición especial de unicidad con el Padre, como lo había hecho en otra oportunidad con los líderes judíos (10:30, 38). Nunca se separó del Padre. Él estaba en el Padre y el Padre estaba en él. El Padre hablaba a través del Hijo. El Padre estaba obrando a través del Hijo. Jesús sólo dijo e hizo lo que favoreciera el plan de salvación que tenía Dios.

"Creedme que yo soy en el Padre, y el Padre en mí", les dijo Jesús a sus discípulos, "de otra manera, creedme por las mismas obras." Jesús llega a nuestro corazón con sus palabras, y nos señala sus obras como evidencia de que sus palabras son la verdad.

14:12-14. Al destacar nuevamente la verdad solemne de sus palabras, Jesús añade una verdad asombrosa para cualquiera que continúe creyendo en él. Esta persona hará las obras que vio que Jesús había hecho, y hará obras todavía mayores que éstas.

Las obras de las que Jesús habló fueron las primeras obras que él hizo en el terreno físico, como la curación de los enfermos. Por el poder de Jesús, los discípulos hicieron milagros similares cuando estaban en el proceso de establecer la antigua iglesia. Esos milagros disminuyeron cuando disminuyó la necesidad de hacerlos para corroborar la Palabra.

Pero las obras mayores fueron los milagros que tuvieron lugar en el terreno espiritual, como la conversión de los gentiles. Mediante el poder del evangelio de Jesús, todo creyente puede tener parte en la obra de cambiar el corazón de otros para que pasen del pecado al Salvador, en la obra de darles la vida eterna a los que están espiritualmente muertos, de abrirles el cielo a los pecadores que están perdidos. Hasta estos días, podemos hacer estas obras en todo el mundo. En su gracia, Dios nos usa para que llevemos a cabo este propósito.

Jesús está cerca de todo aquel que cree. Por decirlo así, él está tan cerca como una oración. Jesús dijo, y repitió: "Si algo pedís en mi nombre, yo lo haré." Es una promesa absoluta. Abarca cualquier cosa que pida el creyente, y lleva consigo la seguridad que Jesús nos da: "yo lo haré".

Hasta estos días podemos depender de esta promesa. Dos frases que dijo Jesús nos ayudarán a entender cómo debemos reclamar esta promesa. La oración debe ser "en el nombre de Jesús", y la oración que ha sido contestada y cumplida debe "glorificar al Padre" a través de Jesús. Si lo que pedimos no le da gloria al Padre, no podemos tener la esperanza de conseguirlo. Cuando oramos en el nombre de Jesús, confiamos incondicionalmente en que él sabe lo que es mejor para nosotros. Oramos con fe y de acuerdo a su voluntad (1 Juan 5:14, 15), y sabemos que él contesta esta oración.

Jesús promete el Espíritu Santo (14:15-31)

14:15-17. Los que creen en Jesús lo amarán de una manera natural, y ese amor se manifestará. Los creyentes les prestan mucha atención a sus mandamientos y los obedecen. Si lo amamos, haremos las cosas que él nos ha dicho que hagamos. Nuestras obras serán la evidencia de la fe en Jesús y del amor por él.

Sin embargo, Jesús no nos deja solos para hacer su voluntad. Les dijo a los discípulos que le iba a pedir al Padre que les diera otro Consolador para que estuviera con ellos para siempre. La palabra griega para "Consolador" literalmente significa alguien que ha sido llamado para ir al lado de una persona y ayudarla, de modo que "Ayudador" o "Paráclito" son también traducciones apropiadas. El término se aplica especialmente a la ayuda que se da en asuntos legales. Por esto es apropiado el término inglés, que se usa en la *New International Version, Counselor* (Consejero).

Jesús era el único Ayudador que necesitaban los discípulos, pero les había dicho que iba a donde ellos no lo podían seguir todavía. Por eso, él y el Padre les iban a dar otro Ayudador, es decir, el Espíritu Santo. El Espíritu siempre los iba a ayudar cuando expresaran su amor por Jesús. Él es el Espíritu de verdad, precisamente así como Jesús es la verdad. El Espíritu revela la realidad de Dios. Él nos mantiene vinculados con Jesús. Él es Dios con el Padre y con el Hijo.

El mundo incrédulo no puede recibir a este Ayudador porque no lo puede ver, y por lo tanto, tampoco lo puede conocer. Este mundo tampoco "reconoció [la luz]" (1:10, NVI), que es Jesús, el Verbo. Sin embargo, los discípulos conocían al Espíritu, porque él se quedaba con ellos. Su fe y su amor por Jesús significaban que el Espíritu ya estaba activo en su vida (Romanos 8:9). Y Jesús dijo que el Espíritu iba a estar en ellos.

Cuando Jesús dijo "[él] vive con vosotros", sus palabras nos llevan a pensar en la presencia de Jesús con los discípulos. Jesús y su Espíritu estaban con ellos; pero ahora que se iba, su Espíritu, como Jesús lo había dicho, "estará en vosotros". El Espíritu de Jesús mora en el corazón de todo creyente. Todavía tenemos esta seguridad.

Otra forma de entender las palabras "estará en vosotros" es pensar en el derramamiento especial del Espíritu Santo que ocurrió en el día de Pentecostés.

14:18–21. Jesús les estaba asegurando a los discípulos que no iban a estar solos. No solo les iba a dar su Espíritu, sino que iba a regresar a ellos en la carne, después que pareciera que ya se había ido del todo. El mundo incrédulo no lo verá otra vez, pero él se les aparecerá a sus discípulos después de la resurrección para asegurarles que está vivo.

Entonces Jesús dijo una verdad muy evidente: "Porque yo vivo, vosotros también viviréis." La vida de Jesús le da seguridad a nuestra vida. "Todavía un poco" (o "dentro de poco", NVI), Jesús iba a pasar por la crucifixión y por la muerte. Él iba a sufrir por la culpa de nuestros pecados, pero después iba a resucitar, y ya ni el pecado ni la muerte tendrían poder sobre nosotros. Por eso su vida cuenta mucho para nuestra vida, así como su muerte fue contada como si hubiera sido nuestra muerte. Por el Espíritu de Jesús ahora creemos y tenemos esta vida.

Todo esto será claro para los discípulos "en aquel día", el día de Pentecostés, cuando el Espíritu Santo los guiará a toda la verdad (16:13). Y los discípulos nos la han revelado a nosotros.

Entonces, junto con los discípulos, sabemos que Jesús mora en el Padre, nosotros moramos en Jesús y Jesús mora en nosotros. No solo mora el Espíritu, sino que el Hijo mismo mora en los creyentes, dándoles su vida.

Nuevamente, Jesús hace énfasis en la unidad que existe entre él y el Padre e, implícitamente, con el Espíritu Santo. Por medio de Jesús estamos unidos con el Dios trino.

Otra vez, Jesús hace énfasis en que la obediencia a sus mandamientos y el amor por él van juntos. Si uno puede respirar es porque tiene vida; cuando hay fuego, hay calor; cuando uno ama a Jesús, obedece sus mandamientos.

Cuando amamos a Jesús, sabemos también que él y el Padre nos aman. Jesús nos prometió esto, y en su resurrección se mostró a sí mismo ante los discípulos para consolidar este amor.

Como lo notamos antes, aquí también el lector puede ver que Jesús repite algunos pensamientos. Una y otra vez nace énfasis en las verdades básicas. Por ejemplo, él es YO SOY, y él y el Padre son uno. Al continuar el discurso de Jesús, piense usted nuevamente en las espirales que nos envuelven en las verdades de su evangelio.

14:22-24. Habló Judas (no Judas Iscariote, sino Tadeo, Mateo: 10:3). Parecía extraño que Jesús se mostrara a los discípulos pero no al mundo. Basándose en lo que se esperaba del Mesías, el mundo necesitaba verlo. No había duda de que los discípulos todavía sentían que Jesús iba a establecer un reino terrenal.

La respuesta estaba en la Palabra, o Verbo, de Jesús, que se traduce en el New Internatinal Version (inglés) como "mi enseñanza", un término que abarca más que, "mandamientos", y que fue la palabra que usó en el versículo 21. El primer término es el nombre de Jesús en el capítulo 1: "Verbo" (Logos).

Entonces, en cierto sentido, cualquiera de nosotros que ame a Jesús se aferrará a él, obedeciéndolo y conservándolo en su vida. Guardaremos la Palabra de Jesús, que es por la que lo conocemos. Obedeceremos su enseñanza.

Cuando amamos a Jesús, el Padre muestra su amor y su preocupación misericordiosos por nosotros, y el Padre y el Hijo moran a nuestro lado. Así es como se manifiesta el reino del Mesías. Donde dos o tres están reunidos en el nombre de Jesús, él está allí con nosotros (Mateo 18:20). En contraste, los que no aman a Jesús no obedecen sus mandamientos y, por deducción, no tienen ni a Jesús ni al Padre a su lado. Entonces, la manifestación de Jesús depende de la manera en que la gente recibe su Palabra.

14:25-27. Jesús les estaba diciendo a sus discípulos verdades profundas. Ellos estaban desconcertados. ¿Cómo podrían poner en orden todo esto? ¿Cómo podrían recordar todo? Jesús sabía lo que pasaba por sus pensamientos, pero les tenía que decir estas cosas en el corto tiempo que le quedaba con ellos. Los tenía que preparar para el juicio inconcebible y para la ejecución que ya estaban por suceder.

En verdad, ellos no iban a entender todo entonces, pero el Padre, en el nombre de Jesús, va a enviar al Espíritu Santo para que les enseñe todo y para que les recuerde todo lo que Jesús había dicho. El envío del Espíritu de Dios en el día de Pentecostés tuvo este propósito especial.

En la víspera del día más violento que Jesús tuvo que pasar en su vida terrenal y el día más desgarrador para los discípulos desde que él los llamó, Jesús les dio la paz.

Aquí no hubo ninguna contradicción entre la promesa y la realidad. La paz de Jesús no es lo mismo que la paz como la entiende el mundo; no depende de la armonía que exista entre los países ni de la tranquilidad que exista en las familias. No es tan frágil como el temperamento de una persona que de repente puede montar en cólera o cuando alguien se aferra al poder. No se llena de inquietud porque los planes hayan salido mal. Ni siquiera el arresto de Jesús, su juicio, su tortura, ni su crucifixión la podrían suprimir.

La paz de Jesús calma al corazón que se siente inquieto y hace que el corazón que está temeroso sienta confianza. Su paz trasciende, es decir, va más allá del entendimiento humano y nos sostiene en todas las situaciones. Su paz nos mantiene en unión con Dios y también nos hace sentir confiados en nuestra salvación. Si el corazón está turbado no debemos tener miedo ni sentirnos derrotados. Tenemos la paz de Jesús. Nada puede perturbar esta paz siempre que amemos a Jesús.

14:28-31. "Sí", dijo Jesús, "Yo les dije que tendré que irme y que regresaré a ustedes. Deben alegrarse de que me vaya". Los discípulos se debían alegrar porque Jesús iba al Padre. Jesús iba a cumplir con la voluntad del Padre para la salvación del mundo. Así, él podría regresar al Padre, de quien había venido. Estas son buenas noticias para todos los que aman a Jesús.

Jesús había dicho antes que él y el Padre eran uno (10:30), pero aquí dijo que el Padre es mayor que él. Las palabras no se contradicen porque Jesús es tanto Dios como hombre. En su divinidad, como el Verbo, que había estado con el Padre en el principio, Jesús es Dios, igual que el Padre; en su humanidad, enviado por el Padre, habiéndose humillado a sí mismo (Filipenses 2:5-8), Jesús podría decir con razón: "El Padre mayor es que yo". El sendero que Jesús tendría que recorrer para regresar a la plenitud de su gloria divina era a través de la cruz.

Jesús les dijo a sus discípulos todo esto, para que cuando ellos vieran lo que estaba por suceder, pudieran creer. El diablo, que gobierna al mundo incrédulo, ya había puesto en acción algunos acontecimientos con el propósito de acabar con Jesús. No es que el diablo tuviera algún poder sobre Jesús, sino que por el amor de Jesús por nosotros y por su obediencia al Padre, se dirigía a la trampa del diablo. Sin embargo, una vez más, Jesús demostró que iba voluntariamente y con determinación a la cruz, para completar el plan del Padre.

Jesús les dijo a sus discípulos que se prepararan para salir de allí. Mientras tanto, él siguió hablando y salió con ellos sólo después de haber terminado de hacer su oración (18:1).

Jesús pide que sus creyentes permanezcan en él (15:1-17)

15:1-4. Para ilustrar lo que significa estar vinculado con Jesús en la fe y en el amor, Jesús usó otro pasaje con YO SOY. Como Yahvé, Dios, Jesús es la vid, y nosotros somos las ramas que crecen de la vid. El Padre es el labrador. Él envió a Jesús y actúa en nuestra vida en conexión con Jesús.

Jesús es la vid verdadera. Dios usó la imagen de la vid para representar al Israel en el Antiguo Testamento (Salmo 80:8-16), pero Israel se convirtió en un "sarmiento de vid extraña" (Jeremías 2:21). Dios envió a la vid verdadera para que podamos encontrar vida en él.

Los pámpanos o ramas son útiles para dar fruto. Su fuente de energía y de alimento depende de que estén vinculados a la vid. Aun así, algunas ramas parecen estar vinculadas, pero no producen fruto porque hay algo que no está bien en la conexión. El labrador corta esas ramas.

Judas Iscariote fue uno del tipo de los que se unió a Jesús, pero que no dio fruto. Sus acciones fueron contrarias a la voluntad de Dios, y sabemos que fue cortado. Hasta estos días hay otros que parecen estar vinculados con Jesús, pero en realidad no creen, y su vida lo revela. Tal vez no estamos conscientes de eso, pero el Padre sí lo está, y cortará a cada uno de ellos en el juicio final.

Todo aquel que está vinculado en la fe dará fruto y tiene el potencial para dar aún más fruto y de mejor calidad, de modo que el labrador limpiará estas ramas para poder tener más. El Padre obrará en su vida por medio de su Espíritu, quitando las imperfecciones para ayudarlo a crecer bien. La palabra griega para limpiar también significa "podar", y la poda es un tipo de limpieza.

Como lo había hecho antes, Jesús pasó de una manera natural de las imágenes a la aplicación en la vida real y regresó nuevamente a las imágenes. Entonces les dijo a los discípulos que ya estaban limpios ("podados") debido a la palabra que él les había hablado.

Una vez más, el elemento clave es la Palabra. Mediante ella Jesús obra la fe y da vida. Por la Palabra él nutre a sus discípulos y les da energía para que vivan en la fe. Con ella él limpia a los que lo siguen.

La Palabra nos reúne con Jesús y nos mantiene unidos, como la vid con sus ramas. Y damos fruto. Pero una rama por sí sola no puede producir ningún fruto. Nosotros, por nosotros mismos, separados de Jesús, no podemos producir fruto. Entonces, es necesario que sigamos escuchando la Palabra de Jesús y que nos mantengamos muy cerca de él para poder llevar la vida cristiana.

15:5–8. Jesús les dijo a los discípulos lo que significaban exactamente las imágenes que el usaba. Jesús es la vid; sus discípulos son las ramas, y las verdades que él dijo se aplican a sus discípulos de todos los tiempos.

Si vamos a hacer algo que agrade a Dios, necesitamos a Jesús. Sin Jesús somos indignos ante Dios, como una rama que ha sido cortada, que se seca, y que tarde o temprano es arrojada al fuego y es quemada. Jesús no podía hablar más claramente ni con más énfasis: aparte de él no podemos hacer nada.

Sin embargo, con Jesús podemos hacerlo todo. Cuando permanecemos en Jesús y sus palabras permanecen en nosotros, podemos pedir cualquier cosa que deseemos y se nos otorgará. Esta promesa es la misma que Jesús había hecho antes (14:13). Depende de que conozcamos y creamos las enseñanzas de Jesús.

A través de sus palabras, Jesús le da forma a nuestra voluntad para que coincida con la suya. Esa voluntad que toma forma se muestra en nuestras oraciones y en nuestras obras ("fruto") para la gloria del Padre. De esa manera, Jesús nos hace ser sus discípulos por medio de sus palabras, y nosotros demostramos que somos sus discípulos con nuestras obras.

Jesús repitió sus pensamientos de una manera que sirvió para reforzar las verdades vitales en un tiempo en que los discípulos las necesitaban más. Podemos ver nuevamente que los pensamientos de Jesús seguían el proceso de una espiral, que ya explicamos anteriormente en el capítulo 6, en el que regresaba una y otra vez a las verdades vitales para reforzárselas cada vez más a sus discípulos.

15:9-13. En la raíz de la asombrosa verdad que nos permite estar unidos a Jesús como las ramas a la vid está el incomparable amor de Dios. Es el amor que el Padre ha tenido por el Hijo desde el principio. Es el amor que impulsó al Padre a enviar al Hijo (3:16) y que impulsó al Hijo a hacer la voluntad del Padre. Así como el Padre amó al Hijo, también el Hijo amó a sus discípulos y los invita a permanecer en su amor. Entonces, sus discípulos son todos los que por la fe permanecen en su amor.

El Salvador nos da su propio ejemplo de lo que significa permanecer en su amor. Significa guardar los mandamientos de Dios como una demostración de que ese amor obra en nuestra vida, así como Jesús guardó todos los mandamientos del Padre. Los frutos de nuestra fe demostrarán la fe que hay en nuestro corazón.

Cuando sucede esto, el Señor se regocija. A Dios le da alegría cuando vivimos en su amor por causa de la fe y cuando producimos los frutos de la fe. Al mismo tiempo, no podemos experimentar gozo más pleno que vivir de esta manera en el amor del Salvador.

El amor que nos tiene Cristo produce amor en nosotros. Por eso, Jesús pudo sintetizar nuevamente los mandamientos de Dios en este único mandamiento: "Que os améis unos a otros, como yo os he amado". Podemos mostrar este amor de muchas maneras, pero ninguna será mayor que entregar la vida por los amigos. El verdadero amor llegará al sacrificio máximo por otros, así como Jesús estaba a punto de hacerlo al día siguiente.

15:14-17. La verdad que Jesús les estaba enseñando era siempre la misma, pero en cada oportunidad les mostraba un nuevo aspecto de ella. Cuando hacemos lo que Dios nos ordena que hagamos, no sólo mostramos que moramos en su amor, sino que entonces él también nos tiene como sus amigos.

Parece impertinente pensar en ser amigos de Jesús cuando ni siquiera merecemos ser sus siervos (literalmente, esclavos). Aun así, como discípulos suyos, servimos a Jesús y con razón se nos llama sus siervos. Además, siendo sus siervos, él nos tiene la confianza que existe entre amigos y nos ha revelado todas las cosas que escuchó del Padre.

Somos amigos de Jesús; este es un pensamiento en el que debemos meditar. Pero no pensemos en la manera en que lo merecimos, porque no lo merecimos. Piense usted en el gran amor que nos tuvo al escogernos para que fuéramos sus amigos. Nosotros no lo escogimos a él; él nos escogió a nosotros.

Nuevamente, las palabras de Jesús no permiten la interpretación de que los incrédulos puedan escoger a Jesús. Esta no es la manera en la que los humanos se convierten en amigos de Jesús ni en discípulos suyos. Él es el que escoge.

Jesús nos escoge con un propósito. Él espera que demos fruto y nos ha designado para que lo hagamos: dar un fruto que dure.

¿Qué fruto durará más que el hecho de compartir el amor de Jesús con otros? ¿Qué mandato de Jesús tiene resultados más duraderos que la gran comisión que nos dio de hacer discípulos de todas las naciones (Mateo 28:19, 20)? ¿Qué seguridad es más consoladora que la de saber que cualquier cosa que le pidamos al Padre en el nombre de Jesús, él nos la concederá? ¿Acaso existe una manera mejor de demostrar que somos escogidos por Jesús que la de amarnos unos a otros?

Cuando por medio de la fe en Jesús damos frutos, tenemos acceso al Padre en el nombre de Jesús para cualquier cosa que queramos. Ahora por tercera vez Jesús nos promete esto, y, una vez más, él explica lo que espera de nosotros: que nos amemos unos a otros al obedecer sus mandamientos.

Jesús advierte acerca de la persecución que sufrirán sus seguidores (15:18-27)

15:18-21. Cuando creemos en Jesús y vivimos la fe, no nos congraciamos con el mundo que no cree. El mundo incrédulo odiaba a Jesús y tramó su muerte; el mundo incrédulo también odia a los seguidores de Jesús.

Podemos entendernos bien con el mundo, y nos querrán los incrédulos si nos unimos a ellos en sus caminos. Pero Jesús nos ha escogido a nosotros de entre el mundo; ya no pertenecemos a los caminos de la incredulidad. Cuando eso se hace evidente, el mundo nos da la espalda así como lo hizo con Jesús.

Aquí se aplica nuevamente la verdad general, como Jesús lo había dicho antes (13:16; Mateo 10:24): "El siervo no es mayor que su señor". Como siervos y amigos de Jesús, podemos esperar que otros nos respondan como lo hicieron con Jesús. Los que lo persiguieron a él nos perseguirán a nosotros. No tenemos que ir muy lejos para ver la evidencia de esta verdad.

De igual manera, los que oyen y guardan la Palabra de Jesús guardarán la nuestra, porque nosotros, como siervos de Jesús, les llevamos su Palabra.

Todas estas cosas suceden debido al nombre de Jesús. Los que llevan a cabo el odio y la persecución no conocen a Jesús porque no conocen al Padre que lo envió. La gente no puede llegar a conocer al Padre sin conocer al Hijo, ni al Hijo sin el

Parte VI

Padre. Los que estaban a punto de llevar a Jesús a la muerte, lo hacían porque no conocían a Dios.

15:22-25. Los enemigos de Jesús no tenían, y no tienen, ninguna disculpa para su ignorancia e incredulidad. Él no le ocultó a nadie quien era; no los dejó sin testimonio. Él hizo resplandecer su luz en la oscuridad de ellos, pero ellos decidieron volver a la oscuridad. Se acercó a ellos, les habló, hizo milagros como nunca antes nadie lo había hecho: obras que respaldaban sus palabras. Todavía tenemos su testimonio aquí en el evangelio de Juan.

Ellos vieron pero no se sintieron impresionados. Odiaban a Jesús y a su Padre celestial. Si Jesús no hubiera hecho estas cosas, ellos no habrían sido culpables de rechazarlo, aunque todavía permanecieran en sus otros pecados. Pero ahora no tenían ninguna disculpa de ningún tipo.

No nos debe sorprender. Las Escrituras del Antiguo Testamento, que los hubieran preparado para el Cristo, predijeron que ellos se iban a burlar, sin ninguna causa, del regalo que Dios les hacía. Como lo dijo David en el Salmo 69:4: "Se han aumentado más que los cabellos de mi cabeza los que me odian sin causa" (vea también Salmos 35:19; 109:3). Las palabras prefiguraban el sufrimiento de Jesús.

Como siempre, Dios cumplió su Palabra e hizo que todo obrara para el bien de su pueblo escogido.

15:26-27. Una vez más, Jesús prometió enviar al Consolador para que ayudara a sus discípulos. Esta vez, dijo que *él* enviaría al espíritu de verdad. Anteriormente ya había dicho que el Padre iba a enviar al Espíritu (14:16, 26). Las palabras reafirman la unión del Padre con el Hijo, y dan testimonio de las tres personas que son un solo Dios.

Por medio del Espíritu, que vendrá del Padre y del Hijo, los discípulos aprenderán acerca de Jesús como nunca antes habían aprendido. El Espíritu les dará testimonio acerca de Jesús, al recordarles y al darle significado a todo lo que él había hecho entre ellos. Entonces, como los que él había escogido para que fueran sus apóstoles, ellos darán testimonio acerca de Jesús. Desde el día en que los llamó a que lo siguieran, los había estado preparando para este trabajo.

El derramamiento especial del Espíritu sucedió en el día de Pentecostés. Fue milagroso y único, y señaló el comienzo de la iglesia cristiana cuando los discípulos dieron testimonio de la verdad del Salvador.

Hasta estos días, el proceso es esencialmente el mismo, aunque ahora es menos espectacular. Por medio del testimonio de los apóstoles, el Espíritu viene a nosotros y nos muestra a Jesús. Después, nosotros les damos testimonio a otros, y la secuencia se repite. Es de esta manera que Dios ha conservado y ha extendido su iglesia a través de las épocas.

El Espíritu Santo guiará a los discípulos hacia toda la verdad (16:1-15)

16:1-4. Jesús les había dicho a sus discípulos cosas que eran difíciles. Cualquiera que siga a Jesús se puede tener que enfrentar a la persecución. Jesús no les doró la píldora de esta verdad. Lejos de hacer eso, les dijo que se lo advirtieran a sus seguidores. De esa manera, cuando llegara el momento de la persecución, sería menos probable que los discípulos de Jesús cayeran en una trampa y abandonaran su fe.

Los enemigos del evangelio arrojarán a los discípulos de la sinagoga y llegarán a pensar que el matar a los seguidores de Jesús sería un servicio a Dios. Para nosotros eso es inconcebible, pero cuando la gente no conoce al Padre ni al Hijo, con frecuencia toma medidas extremas para oponerse a la verdad. Tal vez esa es la manera en que ellos esperan protegerse del resultado inevitable de su incredulidad.

De esa manera preparó Jesús a sus discípulos para los tiempos difíciles que les esperaban y nos prepara a nosotros para que esperemos lo mismo. A través de los años, no cambia la oposición al reino de Cristo, sólo adopta formas diferentes. Recuerden: Jesús nos dijo que lo esperáramos.

16:5-7. En el capítulo 13:36, 37 Pedro le había preguntado a Jesús a dónde iba y expresó su lealtad eterna de seguir a Jesús a cualquier parte: aun a la muerte. Pero Pedro no había entendido bien y ni siquiera trató de saber a dónde ni por qué se iba Jesús. En su frustración, Tomás también habló acerca de no saber a dónde se iba Jesús (14:5), pero no se preocupó de averiguar más, a pesar del indicio que le dio Jesús en su respuesta.

Así que ahora Jesús debía volver a dirigir la atención de ellos a la pregunta que le estaban haciendo, es decir, a dónde se iba. Hasta ahora las palabras de Jesús habían hecho que un sentimiento de dolor se posesionara de los discípulos. Entonces él les recordó que volvía a Aquel que lo había enviado en primer lugar. Él se iba para el bien de los discípulos mismos.

Los discípulos no se iban a enterar hasta después de todo el significado que contenían estas palabras. Esta era la hora de Jesús. Al ir a la cruz, estaba llevando a cabo hasta el final la voluntad de su Padre. Estaba cumpliendo el plan de salvación, estaba preparando el camino que lleva al Padre que está en los cielos para todos los que creen en Jesús. Los discípulos tenían que dejarlo ir para poder recibir el bien que él había venido a traerles. Cualquier cosa que fuera diferente de eso sólo significaría el fracaso y el desastre.

El resto del plan de Dios incluía el envío del Espíritu Santo, como Jesús ya se lo había dicho a los discípulos (7:39; 14:16, 26). Jesús no sólo tenía que dejarlos para poder enviarles al Espíritu en el día de Pentecostés, sino que sin la muerte y resurrección de Jesús el Espíritu no tendría ningún medio para obrar la fe salvadora. La obra del Dios trino para la salvación del mundo se terminaría si Jesús no continuaba todo hasta el final, como se había planeado.

16:8-11. Con la venida del Espíritu Santo, el mundo incrédulo quedaría condenado. El Espíritu viene al mundo para condenarlo con respecto al pecado, a la justicia y al juicio. La obra del Espíritu consiste en guiar a los hijos escogidos de Dios hacia toda la verdad, para que puedan alcanzar la salvación. El efecto sobre los que rechazan la verdad que hay en Cristo es precisamente lo opuesto; los que no se arrepienten de sus pecados y no creen son condenados.

Jesús explicó lo que significaba cada una de sus afirmaciones. El Espíritu condena al mundo con respecto al pecado *porque la gente que pertenece a este mundo no cree en Jesús*. El Espíritu instruye a la gente acerca de Jesús por medio de su Palabra. En Jesús ellos reciben el perdón de todos los pecados, sin excluir ninguno. Pero cuando los seguidores del mundo rechazan el testimonio del Espíritu por medio de la Palabra y se niegan a creer en Jesús, pierden el perdón que él les da y son condenados en su pecado. En contraste con esto, Juan exhorta a sus lectores a creer y a vivir, perdonados de todos sus pecados.

El Espíritu condena al mundo con respecto a la justicia *porque Jesús ha ido al Padre y ya no lo vemos*. Los que no tienen al Salvador del pecado se tienen que ganar el favor de Dios, si es que pueden, por sus propios méritos. Pero el Señor exige una justicia que sea igual a la perfección del Padre (Mateo 5:48). Desde la caída de Adán, los simples seres humanos no pueden reclamar esta justicia para ellos mismos.

Pero Jesús llevó una vida perfecta por nosotros. Él siguió al pie de la letra el plan del Padre para nuestra salvación. Regresó al Padre con gloria, después de haber triunfado sobre el pecado, la muerte y el infierno. Ahora toda persona que crea en Jesús se reviste de la justicia que él obtuvo para nosotros. El Padre cuenta la vida perfecta del Hijo como si fuera nuestra, porque todo ya se ha cumplido en él. Sin embargo, a los hijos e hijas del mundo que rechazan al Hijo, se les deja a su propia justicia. Por lo tanto, ellos están condenados. De nuevo, podemos aplicar la nota clave de este evangelio: cree y vive, revestido de la justicia de Cristo.

El Espíritu condena al mundo con respecto al juicio *porque el príncipe de este mundo ahora ya está condenado*. Jesús iba de camino a enfrentarse con Satanás mismo. Con su muerte y con su resurrección, Jesús le puso su sello a la condenación de Satanás. Los que rechazan a Jesús escogen como líder al príncipe de este mundo, Satanás (8:44), y comparten el juicio de su líder. Están condenados, pero los que creen en Jesús tienen vida.

16:12-15. ¿Estaban listos los discípulos para lo que se avecinaba? No podían estar preparados del todo. Jesús les podría haber dicho más, pero aquí se detuvo porque sabía que ellos no lo hubieran podido sobrellevar. Él les había dicho lo que podía, y como iba a ser evidente, aun así ellos todavía estaban confusos.

Pero Jesús tampoco iba a abandonar a sus discípulos a sus propias flaquezas; él les prometió que iba a enviar a su Espíritu. Cuando venga el Espíritu, que con el Hijo es la verdad, él los guiará a toda la verdad. Después de que Jesús haya muerto, resucitado y ascendido a los cielos, ellos estarán listos para entender toda la verdad.

Así como Jesús no les había dicho nada más que lo que venía del Padre, el Espíritu hablará sólo de lo que viene del Padre y del Hijo. Y él les dirá cosas que todavía no han sucedido, las profecías que ellos escribirán para que nosotros las sepamos. De este modo nos será revelada la verdad de Dios, para que nosotros también sepamos lo que significaba la obra de Jesús y lo que nos espera a nosotros y al mundo.

La obra del Espíritu glorifica a Jesús, porque toma lo que viene de Jesús y nos lo dice. Lo que viene de Jesús también viene del Padre, de modo que aprendemos acerca del consejo de Dios por medio del Espíritu.

El derramamiento especial del espíritu de Dios vino en el día de Pentecostés. Hasta el fin de los tiempos, la gente de todo el mundo se seguirá beneficiando por medio de la Palabra de Dios que fue inspirada por el Espíritu.

La tristeza de los discípulos se convertirá en gozo (16:16-33)

16:16-18. Cuando ya llegaba el tiempo de que fuera arrestado, juzgado y crucificado, Jesús les dijo a sus discípulos: "Todavía un poco y no me veréis". Ya había comenzado su camino al sepulcro. Sin embargo, añadió: "Y de nuevo un poco y me veréis". Él va a resucitar de entre los muertos y se les aparecerá vivo.

Pero ellos no entendieron. ¿Los dejaba? ¿Iba a regresar a ellos? También había dicho que iba al Padre (versículo 10). ¿Todo iba a suceder "dentro de poco"? ¿Qué quería decir esto? Se quedaron confusos, pero no se atrevieron a preguntarle abiertamente a Jesús.

16:19-22. Al darse cuenta de que los discípulos le querían preguntar lo que él quería decir, Jesús explicó sus palabras. Habló de manera solemne, haciendo énfasis en la verdad de lo que estaba diciendo ("De cierto, de cierto os digo").

A los discípulos les esperaba la tragedia, un gran dolor por el arresto y por la ejecución de Jesús. Ellos iban a llorar y se iban a lamentar mientras el mundo se regocijaba. El acontecimiento que aplastará su espíritu alegrará los incrédulos. Aun así, su dolor no durará, sino que se convertirá en gozo.

Así como una madre embarazada que espera dar a luz pronto, los discípulos estaban comenzando a sentir tristeza, debido a las palabras de Jesús; y dentro de poco la sentirán agudamente por su crucifixión y su muerte. Pero lo verán vivo otra vez, como un bebé recién nacido, y su corazón se llenará de gozo, de tanto gozo que nadie se lo podrá quitar.

Eso es lo que traerá la muerte y la resurrección de Jesús. Y esta es la razón por la que hasta estos días los creyentes están siempre gozosos, sin importar lo que suceda a su alrededor. Ahora vive el que murió.

Creemos y vivimos.

16:23-24. En el día del gozo de los discípulos, que comenzará en el día de la resurrección, no tendrán que pedirle ninguna información. Entonces las piezas de este rompecabezas encajarán, y verán el cuadro completo. Cuando Jesús envíe al Espíritu, como lo ha prometido, los discípulos entenderán también todos los detalles.

Parte VI

Sin embargo, las cosas cambiarán, porque los discípulos ya no tendrán a Jesús junto a ellos para ayudarlos. Eso no quiere decir que Jesús dejará de ayudarlos. Ellos buscarán su ayuda de una manera nueva, es decir, pidiéndole al Padre en el nombre de Jesús. Pedirle algo al Padre en el nombre de Jesús será igual que pedírselo a Jesús en persona. Sus oraciones recibirán una respuesta.

Así que hasta estos días toda verdadera oración cristiana se hace en el nombre de Jesús, lo que significa hacerlo conforme a su promesa, de acuerdo con su Palabra y con su voluntad, confiando en el buen propósito que él tiene para nuestra vida. "Pedid, y recibiréis, para que vuestro gozo esté completo."

Jesús nos asegura el gozo, y experimentamos el cumplimiento de este gozo cuando nuestra vida está en armonía con él. Una vida activa en la oración es la evidencia de esta armonía, y las respuestas del Padre aumentan el gozo. Todo está centrado alrededor del nombre de Jesús como nos lo revela su Palabra.

16:25-28. A los discípulos les era difícil entender a Jesús, en parte porque él hablaba en un lenguaje figurado. Usaba figuras, comparaciones. Hablaba de una manera oscura porque el tiempo era prematuro para empezar a revelar todo de una manera directa. Los discípulos tenían que esperar hasta que Jesús cumpliera con su misión.

Sin embargo, ya se acercaba la hora en que Jesús les iba a hablar abierta y directamente acerca del Padre. Lo hizo después de su resurrección, como cuando habló con ellos en Jerusalén y "les abrió el entendimiento para que comprendieran las Escrituras" (Lucas 24:45). Él completó su testimonio por medio del Espíritu Santo en el día de Pentecostés.

En ese día los discípulos de Jesús también comenzaron a orar en el nombre de Jesús, como él les había indicado. Sin embargo, él quería que ellos supieran que su intención no era decir que él le llevaría sus peticiones al Padre; él no tendrá que hacerlo. Por el sacrificio expiatorio de Jesús, los discípulos tendrán la atención directa del Padre, como la de un amigo querido que siempre está listo a escuchar y a ayudar. El Padre ama mucho a todos los que aman a Jesús y creen que él vino del Padre. Por medio de Jesús tenemos acceso directo al Padre. Mientras tanto, él también ruega por nuestras intenciones ante el Padre, sin que nosotros se lo pidamos (Romanos 8:34; Hebreos 7:25; Juan 2:1).

Entonces Jesús les dijo directamente a los discípulos que él había venido del Padre y que había entrado a este mundo. Ahora iba a dejar el mundo para regresar al Padre.

16:29-33. La última afirmación de Jesús fue clara, y los discípulos reconocieron que así era. No tuvieron que sentirse confusos por el lenguaje figurado que él usaba. Jesús había venido del Padre e iba de regreso a él. Estaban convencidos de que Jesús sabía todas las cosas y de que no necesitaba que nadie le pidiera nada porque él ya lo sabía. Por ejemplo, él sabía cuáles eran sus pensamientos, aunque ellos sólo los habían expresado en privado entre sí.

Los discípulos confesaron su fe. Se dieron cuenta de la divinidad de Jesús. Creían que Jesús verdaderamente había "salido de Dios", y pareció que entendieron que iba a regresar a su Padre.

Sin embargo, aún no se habían dado cuenta de los acontecimientos que estaban por suceder. Así que Jesús les hizo una advertencia final. Sí, ellos creían, pero ya llegaba el tiempo en que su fe iba a tener que pasar por una severa prueba. ¿El resultado de eso? Todos se dispersarán, y cada uno se irá por su propio camino. A Jesús lo dejarán solo en su hora más sombría. Pero Jesús no se estaba enfrentando solo a esta prueba, el Padre estaba con él.

Junto con la advertencia, Jesús les ofreció consuelo. Les había dicho muchas cosas difíciles de entender y problemáticas, sin embargo, incluían una promesa. Les dijo que, a pesar de todo lo que los podría amenazar, ellos tendrían paz: su paz, como se los había prometido antes (14:27).

Entonces afirmó una verdad inquietante: En este mundo experimentaremos opresión y aflicción. Nuestras dificultades nos amenazarán con la depresión, pero debemos cobrar valor. Debemos tener buen ánimo porque Jesús ha ganado la victoria sobre el mundo. Ya entonces los discípulos podían contar con la victoria, Jesús había vencido toda tentación y toda oposición que el mundo tenía contra él. Él sabía lo que venía, y al decir "yo he vencido al mundo", les aseguró a sus discípulos que él iba a terminar la obra. La victoria era segura, como si ya fuera completa, aun cuando Jesús se dirigía hacia la cruz. Ahora la victoria también es nuestra, y creemos y vivimos.

Jesús ora por sus seguidores (17:1-26)

17:1-5. Lo último que hizo Jesús antes de salir hacia el huerto de Getsemaní fue levantar los ojos al cielo y orar en voz alta a Dios el Padre. A esta oración se la ha llamado la oración de Jesús como sumo sacerdote, porque con ella él hizo las funciones de sacerdote al interceder ante el Padre, primero por sus discípulos y después por todos los creyentes. Fue una oración como sólo el Hijo de Dios la podía decir, la verdadera oración del Señor.

Jesús comenzó orando por sí mismo y por la misión que tenía delante de él. Reconoció que había llegado el tiempo de la culminación de su ministerio y del cumplimiento de su propósito. Invocó al Padre para que glorificara a su Hijo, para que el Hijo lo pudiera glorificar a él.

Al pedirle en su oración a Dios el Padre que lo glorificara, Jesús estaba orando por el resultado exitoso de su obra de salvación. La gloria que vendrá con la victoria de Jesús en la cruz sobre el pecado y sobre Satanás se manifestará en su resurrección y en su ascensión y será completa en el cielo. Después de pasar la oscuridad en la cruz, inmediatamente se manifestará la gloriosa luz de la victoria. Cuando los discípulos vieron vivo a Jesús, después del sepulcro, vieron esa gloria "gloria como del unigénito del Padre", "lleno de gracia y de verdad" (1:14). A través de Jesús también resplandeció la gloria del Padre. Todo lo que hizo el Hijo fue para la gloria del Padre.

La revelación de esa gloria estaba totalmente ligada con su misión "sobre todo mortal" (NVI), y literalmente, como lo dice la versión Reina—Valera "sobre toda carne". El Padre le dio al Hijo, en su naturaleza humana, autoridad sobre todas las personas (Efesios 1:22) para que así les pudiera dar la vida eterna. Ahora Jesús estaba orando por este resultado.

La autoridad de Jesús se extendía sobre todos, y él ganó la vida eterna para todos. De esa manera podemos entender que Jesús les iba a dar la vida eterna a todos los que Dios le había dado. Sin embargo, lo que Jesús había ganado para todos sólo tendrá valor para los que lo usen. Estas personas llegan a conocer a Dios y a Jesucristo, que fue enviado por Dios; creen y viven.

Las enseñanzas de Jesús son sencillas y consistentes. Sus palabras nos llevan como en una espiral una y otra vez a la verdad suficiente y salvadora. Todos los que creen que Jesús es Dios el Hijo tienen la vida eterna.

Inmediatamente después, siguiendo este pensamiento, Jesús se refiere nuevamente a los que Dios le ha dado. Pero se refiere específicamente a los discípulos, y después de ellos, a todos los creyentes. Por lo tanto, podríamos entender también la frase anterior, todos los que Dios le ha dado, con el significado de los que han sido elegidos de entre toda carne, hablando entonces sólo de los que en realidad reciben y usan el regalo. En todo caso, por medio de esta oración, los que creen en Cristo saben que tienen la vida eterna.

Jesús estaba preparado para mostrar la gloria celestial al completar la obra del plan de Dios para la salvación. Ahora oró al Padre para que lo ayudara a pasar por este sufrimiento y para que lo hiciera volver a la gloria del cielo como él, la segunda persona de la Deidad, el Verbo, la había compartido con el Padre antes del principio del mundo (1:1; Filipenses 2:9–11).

17:6–8. Los pensamientos de Jesús se volvieron ahora a los discípulos que Dios le había dado de este mundo. Jesús les había revelado al Padre; literalmente, les había revelado el "nombre" del Padre a ellos. El "nombre" de Dios es todo lo que nos lo revela, especialmente su Palabra. Y una vez más, no es una coincidencia que a Jesús también se le llame el Verbo. En él conocemos al Padre.

Estos discípulos habían sido escogidos de antemano por Dios el Padre y se los había dado a Jesús. Ellos vieron lo que Jesús hizo, escucharon lo que él dijo y se aferraron firmemente a su Palabra. Eso es lo que los diferencia de los muchos otros que rechazaron su Palabra.

Ahora sabían que todo lo que era del Hijo venía del Padre, porque Jesús les había dado los mensajes que el Padre le había dado para ellos. Ellos oyeron a Jesús y sabían que, en verdad, sus palabras venían de Dios, y creyeron que Dios el Padre les había enviado a Jesús, su Hijo.

Aquí Jesús ni siquiera menciono sus milagros. Las palabras eran lo esencial, como lo son ahora para nosotros.

17:9-11. Jesús oro especialmente por sus discípulos. No era el tiempo de que el orara por el mundo. Los discípulos eran su encargo especial, y necesitaban ayuda y fortaleza para enfrentarse a lo que venía. Por medio de la fe, ellos les pertenecían al Hijo y al Padre, que juntos poseen todas las cosas en común en una sola esencia. En su fe los discípulos habían glorificado a Jesús y habían alabado su nombre. Ahora Jesús iba a dejar el mundo e iba al Padre, pero los discípulos iban a permanecer en el mundo; por eso Jesús oró por ellos, poniéndolos bajo el cuidado del Padre.

"Padre santo", oró Jesús haciendo énfasis en la reverencia que se le debe al nombre de Dios. Luego le pidió al Padre que guardara y protegiera a los discípulos en su nombre (vea Salmos 20:1; 54:1). Como ya lo hemos notado antes, el nombre de Dios es todo lo que podemos saber acerca de él. Como la Nueva Versión Internacional traduce en el versículo 11 ("Padre santo, protégelos con *el poder de* tu nombre"), el nombre de Dios implica claramente que él tiene el poder para salvar a sus seguidores de las fuerzas del mal.

"Guárdalos", oró Jesús, "... para que sean [sigan siendo] uno, así como nosotros [lo somos]." Cuando los discípulos llegaron a la fe en Jesús, llegaron a ser uno con él y con el Padre. Esta no era la unidad en esencia que sólo les pertenecía al Padre y al Hijo de manera exclusiva, y no consistía en solamente una unidad externa. Era la unidad espiritual de todos los que tienen la vida eterna en Cristo.

17:12. Jesús había usado el nombre de Dios para proteger a sus discípulos y había resultado bien, ellos habían sido protegidos. Ninguno se había perdido, excepto el que había sido predicho (Salmo 41:9), que fue el que se había condenado a la destrucción. En vez de convertirse en un hijo de Dios por la fe en Jesús, ese, Judas Iscariote (13:18), siguió siendo un hijo de la incredulidad y se dirigió a la condenación. Aun en ese momento, Judas estaba afuera haciendo el trabajo de uno que estaba condenado.

El mensaje, que era para los discípulos, no se debía perder en nosotros. Por el nombre de Dios los discípulos de Jesús fueron guardados para Dios. Pero los que en la incredulidad rechazan su nombre están en el camino a la destrucción. Nosotros creemos y vivimos.

17:13-14. Ya había llegado el tiempo de Jesús. Iba a completar su obra de salvación e iba a regresar a su Padre. Pero ahora, mientras estaba todavía en la tierra con los discípulos, oró para que ellos pudieran tener la plenitud de su gozo en ellos mismos.

El simple hecho de escuchar la oración iba a ayudar a sostener a los discípulos en las horas difíciles que se acercaban, y ponía el fundamento para el gozo que seguirá. El gozo de Jesús era terminar la obra que el Padre le había encargado y luego regresar a su gloria. Los discípulos recibieron la plena medida de este gozo en la seguridad del éxito de Jesús a favor de ellos y de toda la gente.

Los discípulos podían depender de la Palabra de Jesús, que era también la Palabra del Padre. A través de ella, los seguidores de Jesús fueron separados de este mundo incrédulo y consagrados así a Dios. Sin embargo, como seguidores de la Palabra de Dios, los discípulos fueron odiados por el mundo incrédulo. Ya no eran parte del mundo, así como Jesús ya no era parte del mundo. Necesitaban la protección del Padre.

17:15-19. Jesús no oró para que Dios se llevara a los discípulos fuera del mundo y los mantuviera seguros. Después de la partida de Jesús, ellos iban a tener que trabajar para Dios. Jesús oró para que Dios los protegiera del maligno y de sus caminos (1 Juan 5:19). Al llevar a cabo su misión para Dios, los discípulos se iban a tener que enfrentar a una oposición encarnizada e infernal. Mientras estuvieran en este mundo, no podrían esperar menos oposición que la que Jesús enfrentó. Necesitaban la oración de Jesús.

Jesús le pidió al Padre que separara a los discípulos para él y que los dedicara a hacer el trabajo que Dios quería que hiciera. La palabra "santificar" contiene este significado. También se puede traducir como "hacer santo". Jesús le pidió a Dios que los consagrara para su ministerio.

Los discípulos son apartados cuando siguen la verdad de Dios, que es la Palabra de Dios (8:31, 32). Los pensamientos de Jesús siguen nuevamente el curso de una espiral: la fuente de la santidad, del poder y de la verdad salvadora es la Palabra de Dios. La Palabra de Dios es la verdad. Entonces Jesús también es el Verbo, la Palabra, y Jesús es la verdad. Y la Palabra de Dios, tal como la tenemos, nos une a Jesús. Oímos, creemos y vivimos.

Lo que Jesús era para el Padre, los discípulos lo eran para Jesús. El Padre había enviado al Hijo al mundo. Ahora el Hijo había enviado a sus discípulos al mundo. Él los convirtió en sus apóstoles (en sus "enviados"). Jesús se había consagrado a sí mismo para ganar la salvación para ellos, para que ellos se pudieran consagrar en su verdad.

Y así sucedió, y así es como continúa en su iglesia.

17:20-23. Jesús no sólo oró por los discípulos que estaban con él; oró también por los que continúan llegando a la fe en Jesús a través de su Palabra. La Palabra de Jesús vino del Padre, y la Palabra de los apóstoles vino de Jesús por medio del Espíritu Santo. La Palabra de Dios obra la fe en Jesús para la vida eterna.

Jesús vio esto como un proceso continuo; ya había usado a sus discípulos para que predicaran y enseñaran la Palabra (Mateo 11:1; Marcos 6:12; Lucas 9:6). Pero iban a suceder más cosas. Ya venía el gran día de Pentecostés en el que el Espíritu los iba a guiar a toda la verdad (14:26; 15:26, 27; 16:13). El Espíritu los iba a guiar a escribir su Palabra, y Dios la conservará en las Escrituras del Nuevo Testamento, para que nosotros la leamos hoy en día. Él edificará su iglesia de esta manera (Efesios 2:20). Jesús, en su poder omnisciente como Dios, lo vio todo y oró por los que iban a llegar a la fe en él a través de la Palabra de los apóstoles. Esta parte de su oración nos incluye directamente y nos vincula con los apóstoles.

Para entender mejor la oración de Jesús en este punto, ubiquemos con exactitud la secuencia de sus peticiones:

Jesús oró
para que todos los que creen en él lleguen a ser un solo cuerpo,
para que ellos estén en el Padre y en el Hijo,
para que el mundo pueda creer en él.

Él les ha dado la gloria a sus creyentes
para que ellos puedan ser uno,
para que lleguen a tener una unidad completa,
para que el mundo pueda saber que el Padre
envió a Jesús y ha amado a todos los creyentes.

Jesús oró para que todos los creyentes pudieran ser uno. Esa unidad iba a ser como la unidad perfecta, esencial del Padre y del Hijo. Iba a incluir a los creyentes de todos los tiempos. Dios estaba en Jesús, y Jesús estaba en Dios. Una unidad similar es la

Parte VI

que existe entre los que creen en Jesús. El vínculo es de naturaleza espiritual y crece conforme aumenta la fe.

Jesús quiere que estemos unidos con él y con el Padre. Esta es la razón por la que muchos que son tan diferentes a través de los tiempos aun así puedan ser uno. Estamos en el Padre y en el Hijo; ellos nos dan la vida misma. Ellos son la fuente de nuestra luz. Ellos son la vid y nosotros somos las ramas.

La conexión que existe con Jesús y con el Padre se muestra al mundo que nos rodea. Se da a conocer en nuestras palabras y en nuestras acciones para que el mundo vea la conexión y crea que el Padre envió a Jesús. Nos convertimos en los apóstoles de hoy en día. Esta es la unidad por la que Jesús oró y que llega a ser nuestra a través de la Palabra.

En Jesús vemos la gloria del Unigénito del Padre (1:14). Por la fe en Jesús nos pertenece esa misma gloria y se nos revelará por completo en la eternidad (Romanos 8:30; 2 Corintios 3:18). En su gloria somos uno así como el Padre y el Hijo son uno. El Padre mora en Jesús, y Jesús mora en nosotros. En Jesús se define nuestra unidad.

Y en Jesús, como él lo pidió en oración, nos volvemos completos en nuestra unidad. En esa unidad reflejamos a Jesús para el mundo. Otros nos ven y reconocen que la divinidad de Jesús y el amor de Dios están obrando en y a través de nosotros.

La unidad por la que oró Jesús ha llegado a nosotros ahora a través de la Palabra. Al seguir la oración de Jesús, podemos ver que nos convertimos espiritualmente en uno a través de él. Jesús no oró por un solo cuerpo visible de creyentes, y no se puede entender que sus palabras en el contexto señalan a un cuerpo unido que sea visible.

Es verdad, los que son uno por medio de la fe en Jesús buscaran a otros para compartir esta fe, y se unirán en un cuerpo visible que se basa en la confesión de fe. La unidad confesional se consigue cuando los creyentes están de acuerdo en las enseñanzas de la Palabra de Dios. En este mundo pecador se filtran los errores y dan por resultado las divisiones, y Dios nos advierte que guardemos puras todas sus enseñanzas, que nos aferremos a las enseñanzas de Jesús (8:32). Esta es la única manera de hacer que nos juntemos en un solo cuerpo aquí en la tierra.

Finalmente, ya en las glorias del cielo, todos los que creen en Jesús como el Hijo de Dios y como nuestro Salvador serán uno, un cuerpo unificado. La oración de Jesús tendrá su respuesta final.

17:24-26. Jesús quiere que nosotros y todos los creyentes estemos con él donde él está y que veamos su gloria.

En poco tiempo, Jesús debía regresar a la gloria de la que había disfrutado desde el principio con el Padre. Mientras tanto, Jesús tenía también la gloria del Padre en su naturaleza humana, porque Dios lo amaba aun antes de que el mundo fuera creado. Ahora Jesús dijo que quería que todos los creyentes compartieran esta gloria.

Jesús vio todo el cuerpo de cristianos como una unidad y oró por el día en que cada persona de ese cuerpo se uniera a él en la gloria del cielo; oró con una confianza nacida del amor perfecto que existe entre él y el Padre desde antes que el tiempo comenzara. Oró con un amor tan grande por nosotros que se iba a sacrificar a sí mismo en la cruz para hacer que su oración se convirtiera en realidad.

Jesús podía depender del Padre porque el Padre es justo. El Padre actuará con justicia. El mundo incrédulo no participa porque no conoce al Padre. En vez de esto, rechaza a su Hijo, que vino para revelar al Padre. Jesús conocía al Padre, y sus discípulos sabían que el Padre lo había enviado.

Como el Verbo eterno hecho carne, Jesús hizo que sus discípulos conocieran el nombre de Dios y continuará haciéndolo conocer. Hoy en día todavía lo hace para sus discípulos. El resultado es que el amor que Dios tiene por su Hijo obra también en sus discípulos, y Jesús mora en sus discípulos por medio de su Espíritu Santo. Jesús, que estaba ya de camino a la cruz, oró para que esta bendición fuera de todos nosotros.

Creemos y vivimos.

Parte VI

Ellos retrocedieron y cayeron en tierra

Parte VII

JESÚS TERMINA SU MINISTERIO EN LA CRUZ (18:1-19:42)

Jesús es arrestado y llevado ante Anás (18:1-14)

18:1-3. Al terminar su oración, Jesús llevo a sus discípulos, cruzando el valle del Cedrón al huerto de Getsemaní. Con frecuencia se reunían en el bosque de los Olivos, de modo que Judas el traidor sabía que lo podía encontrar allí.

El complot ya estaba en camino. Judas había reunido una compañía de soldados (más o menos seiscientos hombres) más algunos de los guardias del Templo que eran empleados de los principales sacerdotes y de los fariseos. Esta vez los enemigos de Jesús pusieron manos a la obra. Fueron con antorchas, linternas y armas.

Fueron con exceso de personal y de armas. Ya había llegado el tiempo de Jesús y él estaba listo para ir.

18:4-9. Jesús sabía todo lo que le esperaba y ni siquiera intentó evitarlo. Después de haber terminado de orar en el huerto (Mateo 26:36-46; Marcos 14:32-42; Lucas 22:40-46), salió al encuentro del grupo armado que había ido en su busca.

Antes de que Judas se acercara a Jesús para traicionarlo con un beso (Mateo 26:47-50; Marcos 14:43-46; Lucas 22:47, 48), Jesús le pregunto al grupo: "¿A quién buscáis?" Imagínense la sorpresa de ellos. Le contestaron: "A Jesús Nazareno", y él les respondió: "Yo soy". Pero fue algo más que sorpresa lo que sintió el grupo de soldados. Al oír sus palabras, retrocedieron y cayeron

El Evangelio segun Juan

en tierra. Fue muy evidente quién estaba a cargo de la situación. Ellos se sintieron impotentes ante la fuerza de las palabras de Jesús.

La respuesta de Jesús fue la misma frase griega que ya hemos mencionado varias veces antes, "YO SOY". Ya fuera que intentara o no causar el mismo impacto que causaron sus otras afirmaciones con YO SOY, al oír sus palabras, los hombres reaccionaron como si Dios (Yahvé) hubiera hablado.

Cuando los enemigos de Jesús trataron de recuperar la compostura, él les pregunto nuevamente a quién buscaban, y les dijo que él era la persona que buscaban. Solo que esta vez añadió: "Si me buscáis a mí, dejad ir a estos." Jesús se preocupaba por sus discípulos aun en esta hora cruel. Quería que su promesa se cumpliera y no quería perder a ninguno de sus discípulos, que el Padre le había dado (6:39; 17:12).

Parece que fue en este momento, cuando Judas avanzo y traiciono al Salvador con un beso.

18:10-11. Pedro, que siempre reaccionaba de una manera impetuosa, no iba a permitir que el enemigo arrestara a Jesús sin oponer resistencia. De repente sacó una espada corta e hirió al siervo del sumo sacerdote, que por lo visto se había empezado a acercar a Jesús para arrestarlo. El golpe casi le rompe la cabeza en dos al hombre, pero solo le cortó la oreja derecha. Inmediatamente, Jesús reprendió a Pedro y le dijo que guardara la espada. El hecho de pelear para ayudar a Jesús a que escapara era contrario a la voluntad del Padre para la salvación del mundo. "La copa que el Padre me ha dado, ¿no la he de beber?" le pregunto Jesús. Él ya estaba listo.

Juan es el único escritor del evangelio que identifica a Pedro como el discípulo que sacó la espada, y a Malco como el siervo que recibió el corte. No hay duda de que Juan estaba suficientemente cerca para ver todo lo que sucedió. También parece que estaba familiarizado con el sumo sacerdote y con los de su casa (18:15). Lucas 22:51 nos dice que Jesús sanó rápidamente la oreja del ciervo.

Parte VII

18:12-14. Los soldados se recuperaron del desmayo, arrestaron a Jesús y lo ataron. Él no ofreció ninguna resistencia. Lo llevaron ante Anás, que había sido sumo sacerdote y que era suegro del actual sumo sacerdote, Caifás. Los romanos habían derrocado a Anás en el año 15 d.C., pero todavía lo llamaban sumo sacerdote.

Anás todavía tenía influencia y jugó un papel importante en el complot contra Jesús. Y como el arresto había tenido lugar de noche, a Caifás le iba a tomar algún tiempo reunir al consejo judío (el sanedrín) para llevar a cabo el juicio. Así que hizo que Jesús fuera llevado ante Anás para interrogarlo antes del juicio.

En realidad, no iba a tener lugar ningún juicio legal según la ley judía. Ya todo había sido arreglado y apresurado de antemano para que ellos tuvieran éxito ante cualquier oposición que se pudiera presentar. Era ilegal enjuiciar a alguien de noche y también era ilegal tratar de condenar a una persona en el mismo día en que había sido apresada. Pero eso no les importaba a los enemigos de Jesús, que de todos modos hicieron un espectáculo de los procedimientos legales, con el resultado que ya había sido predeterminado.

Poco tiempo después, Anás envió a Jesús ante Caifás, que ya les había dicho a los judíos que a ellos les convenía que un solo hombre muriera por todo el pueblo (11:49, 50). Ya estaba lista la escena. Caifás no pensaba hacerle un juicio justo.

Pedro niega a Jesús (18:15-18)

18:15-18. Cuando arrestaron a Jesús, todos los discípulos huyeron, menos Pedro y Juan (la opinión general es que el discípulo al que no se nombra es Juan) que regresaron y siguieron al grupo para ver, si es que podían, lo que le iba a suceder Jesús. De alguna manera Juan estaba familiarizado con Anás y por esto tuvo acceso a los atrios a donde habían llevado a Jesús. Pero Pedro se quedó afuera en la puerta.

Entonces Juan salió y le dijo a la portera que dejara entrar a Pedro. Sin embargo, cuando ella dejo pasar a Pedro, sospechó quien era él. Le pregunto: "¿No eres tú también de los discípulos de este hombre [Jesús]?" ¿Por qué otra razón hubiera llegado un forastero en ese momento? No está claro si ella sabía que Juan era uno de los discípulos. Si así era, ella no hizo ninguna referencia a esto como lo hizo con Pedro.

Pedro mintió al responder, "No lo soy", mientras se unía al grupo de los siervos y de los miembros de la guardia del Templo que se estaban calentado cerca al fuego por el frío de la noche. Esta fue la primera vez que Pedro negó a Jesús. Lo iba a negar dos veces más antes de que terminara la noche, tal como Jesús lo había predicho (13:38).

¿Qué le había sucedido al valiente Pedro, que se había jactado de que moriría con Jesús y que hacía poco había sacado la espada para respaldar su afirmación? Ahora, cuando la portera lo interrogo, se llenó de terror al ser descubierto. Ahora, al ser sometido a la prueba de la verdadera honestidad y del valor, sin ninguna defensa, mintió y negó que conociera a Jesús.

Y Juan, ¿Por qué contó esta parte de la historia de la negación de Pedro, y de qué manera consiguió que Pedro ingresara a los terrenos del palacio? ¿Acaso quería que nosotros supiéramos que él era tan culpable como Pedro en lo que había sucedido? ¿Es que él quería que nosotros viéramos el peligro real que se presenta cuando nos acercamos demasiado a los enemigos de Jesús? Al estar frente a una situación como esta, es muy fácil que nos sintamos comprometidos y que neguemos a Jesús.

Jesús da testimonio ante Anás (18:19-24)

18:19-21. El interrogatorio comenzó con Anás que, por lo visto, sondeó a Jesús para ver si podía encontrar algún punto débil en él. Nos podemos imaginar a Anás desafiando a Jesús, preguntándole: "¿Quiénes son tus discípulos? ¿Dónde están ahora? ¿Qué es lo que hacen? ¿Qué es lo que les estás enseñando? ¿Qué es lo que tratas de hacer con tus enseñanzas?"

A Anás le hubiera gustado tenderle una trampa a Jesús para que dijera algo que ellos pudieran usar en su contra en el juicio

Parte VII

que siguió. Pero Jesús vio claramente el complot y le dio una pronta respuesta.

"Mis enseñanzas no son un secreto", le explicó Jesús. "He hablado abiertamente para que todos oyeran. He ensenado en las sinagogas y en el Templo. ¿Por qué me preguntas a mí? Pregúntales a los que me oyeron hablar. Ellos saben lo que dije."

En cierto sentido, la respuesta de Jesús fue un ejemplo de alguien que en el primer siglo apeló al derecho actual de negarse a contestar a una pregunta ante la posibilidad de auto incriminarse. Sin embargo, también tenía buen sentido. Lo que Jesús enseñaba, lo hacía públicamente. En realidad, hasta los miembros del consejo lo habían oído. Si él hubiera enseñado algo que mereciera la cárcel o la muerte, las autoridades no habrían tenido ningún problema en encontrar testigos. La respuesta de Jesús puso en evidencia la duplicidad de la pregunta de Anás.

18:22-24. Lo que hoy en día llamamos brutalidad policial y acoso tiene una larga historia. Jesús se tuvo que enfrentar a esto. Un guardia que estaba cerca golpeó a Jesús en la cara por haber contestado como lo hizo. "¿Cómo te atreves a contestarle de esta manera al sumo sacerdote?"

Sin embargo, Jesús no era ni altanero ni irrespetuoso. Les dijo la verdad de una manera calmada y sencilla, y le pidió al hombre que le explicara en qué había dicho él, Jesús, algo equivocado. Si no había nada, entonces, ¿por qué lo golpeaba?

Jesús dijo muy poco durante sus juicios. Cuando lo hizo, toda la verdad de lo que dijo se mantuvo firme frente a la intención siniestra de los que lo habían capturado.

A pesar del rápido interrogatorio, y viendo que no había llegado a ninguna parte, finalmente Anás envió a Jesús a Caifás.

Pedro niega a Jesús dos veces más (18:25-27)

18:25-27. Mientras tanto el juicio de Pedro, aunque menos formal, también estaba tomando un aspecto amenazador. Cuando Pedro se estaba calentando cerca del fuego, los que estaban allí lo identificaron como uno de los discípulos de Jesús; lo identificaron como un galileo (Lucas 22:59), y un hombre que era pariente del hombre a quien Pedro le había cortado la oreja estaba seguro de haber visto a Pedro en Getsemaní.

Las respuestas de Pedro no se parecían en nada a las del Señor Jesús. Pedro mintió cada vez. Abierta y enfáticamente negó a su Señor. Entonces oyó el canto del gallo, que era un recordatorio de la vergonzosa conducta que Jesús había predicho de Pedro (13:38).

Pilato declara a Jesús inocente pero lo sentencia a morir en la cruz (18:28-19:16)

18:28-32. Juan deja que los otros evangelios den los detalles de los juicios de Jesús ante Caifás. Los líderes judíos siguieron con la farsa, dándole el aspecto de ser algo legal. Reunieron al consejo por segunda vez, a las primeras horas de la mañana, para "darle validez" al ilegal juicio nocturno y para poder asegurar la sentencia de muerte (aunque debía pasar un día antes de pronunciar la sentencia de muerte).

Los líderes judíos no perdieron ningún tiempo para enviar a Jesús al palacio del gobernador, porque sólo el gobierno romano podía llevar a cabo la sentencia de muerte. Pero los hipócritas judíos no entraron en la casa del romano que era gentil, porque, de acuerdo a la ley rabínica, eso los haría impuros por el resto del tiempo que quedaba de las celebraciones de la Pascua, que duraban siete días. Hicieron un espectáculo de su deseo de seguir al pie de la letra sus tradiciones, mientras que cruelmente buscaban la injusta pena de muerte contra Jesús.

Pilato, el gobernador, salió preparado para el juicio. "¿Qué acusación traéis contra este hombre?", les preguntó. Pero los enemigos de Jesús no querían un nuevo juicio, sino una confirmación de la pena de muerte que ellos ya habían decidido. Argumentaron que ellos no hubieran traído a Jesús si él no hubiera hecho algo malo.

Parte VII

"Tomadlo vosotros y juzgadlo según vuestra ley", respondió Pilato.

Sólo entonces los líderes judíos hicieron evidente su intención. Ellos querían que Jesús fuera ejecutado, y por esto tuvieron que ir hasta Pilato. Si hubieran intentado ejecutarlo ellos mismos, lo habrían apedreado hasta que muriera, según la costumbre judía. Pero al acudir a Pilato, sometieron a Jesús a ser crucificado según la costumbre romana, precisamente como Jesús lo había predicho antes en esa misma semana (12:32, 33).

18:33-36. Pilato no podía entregar a Jesús a los líderes judíos. Por eso lo llevó al palacio para poder interrogarlo en privado. Sin embargo, no trató de establecer la veracidad de las acusaciones por las que el consejo judío había declarado que Jesús era merecedor de la muerte. Ellos habían encontrado a Jesús culpable del delito de blasfemia porque había dicho que era Hijo de Dios. Probablemente al gobernador romano no le iba a impresionar esta razón religiosa.

Sin embargo, Lucas nos dice, que estos judíos rápidamente inventaron razones para que Pilato encontrara culpable a Jesús bajo la ley romana, alegando especialmente que Jesús se oponía al César y que afirmaba que era rey (Lucas 23:2). Por eso Pilato le preguntó a Jesús: "¿Eres tú el Rey de los judíos?" Es probable que Pilato no lo creyera, no tenía ninguna razón para pensar que Jesús pudiera ser un rey que fuera rival del César.

Jesús nuevamente esclareció la verdad y puso al descubierto la farsa de los judíos. Le preguntó a Pilato si él estaba preocupado por el asunto o si preguntaba sólo porque otros le habían dicho que él decía que era rey.

Hasta ese momento, a Pilato realmente no le importaba, pero había sido presionado por los líderes judíos para que investigara el asunto. Le dijo a Jesús: "Tu gente te ha traído a mí, ¿Qué es lo que has hecho?"

La respuesta de Jesús debe haber desconcertado a Pilato, porque de repente dijo que tenía un reino. Pero Jesús no habló de un reino común y corriente; le hizo ver que un rey de esta tierra no sería arrestado tan fácilmente. Sus siervos pelearían contra sus enemigos. No, dijo Jesús: "Mi reino no es de este mundo".

El reino espiritual de Jesús nunca tuvo sentido para los hostiles judíos. Ahora, el pagano Pilato se enfrentaba a este reino.

18:37-38. Esta vez Pilato preguntó por sí mismo, "¿Luego, eres tú rey?" Jesús le contestó directamente: "Tú dices que yo soy rey." Aunque las apariencias decían lo contrario, Jesús era rey. Pilato ni siquiera se imaginó el esplendor del reino de Jesús en la gloria, ni siquiera se dio cuenta de la profundidad del gobierno de gracia de Jesús.

Jesús explicó que su reino era el gobierno de la verdad. Él había venido al mundo para "dar testimonio de la verdad". Todo el que es de la verdad escucha la voz de Jesús y lo sigue como rey, así como las ovejas siguen al pastor (10:27).

Hay sólo una verdad, una realidad, es decir, la verdad personificada en Cristo. Como el Verbo que existe desde la eternidad, él creó todo lo que podemos ver como algo real. Como el enviado del Padre, vino para restaurar la verdad del amor de Dios y de la salvación para todos. Como el camino, la verdad y la vida (14:6), vino para traernos el reino de Dios y para enviar su Espíritu de verdad para que nos mantuviera en su camino. Y fíjense nuevamente la manera en que aprendemos esta verdad y en que nos convertimos en parte del reino de Jesús: a él escuchamos.

Entonces, Pilato le hizo una pregunta que los incrédulos, o sea los ateos, agnósticos, filósofos y escépticos han hecho a través de los siglos: "¿Qué es la verdad?"

En nuestra limitada sabiduría humana no podemos comprender la verdad absoluta del Verbo hecho carne. Por nosotros mismos, siempre dudaremos de tener la verdad y nos burlaremos de los que dicen que la tienen. Pero en Cristo Jesús, a través de su Palabra y de su Espíritu, quedamos convencidos. Y todavía hay algunos, como Pilato, que se niegan a reconocer la verdad hasta cuando llega a su propio hogar.

Creemos y vivimos.

18:39-40. Tal vez Pilato todavía se preguntaba filosóficamente, "¿Qué es la verdad?", pero él sabía la verdad de que Jesús no era culpable de ningún crimen. Le anunció su hallazgo a la multitud que se había reunido afuera con los líderes judíos.

Entonces Pilato intentó un ardid por el que sentía que él podría guardar las apariencias y, a la vez, dejar en libertad a Jesús. Como era costumbre en la Pascua, ofreció dejar en libertad a un preso, y le dio a escoger a la gente entre Jesús y Barrabás, que era un ladrón. Es posible que ese fuera un rebelde conocido, ya que "ladrón" se puede traducir como "bandido" o "insurgente" (NVI). Los líderes judíos engañaron a la multitud para que se opusiera a Jesús (Mateo 27:20), que, desafiando la lógica y negando al Logos (Verbo), le gritaron a Pilato que no dejara en libertad a Jesús, sino a Barrabás. Por esta razón Pilato dejó en libertad a Barrabás.

19:1-3. Al enfrentarse ahora a una multitud agitada, Pilato dejó a Jesús a merced del abuso de los soldados. Tal vez ahora la multitud iba a quedar satisfecha. Hizo que azotaran a Jesús, y los latigazos desgarraron su carne porque las puntas de los látigos eran de plomo o de hueso. Los soldados le pusieron una corona de espinas en la cabeza y lo vistieron con un manto color púrpura. "¡Salve, Rey de los judíos!", le decían mofándose, y luego lo golpeaban en la cara.

19:4-7. Para apaciguar a la multitud, Pilato ya "había hecho justicia" al hacer azotar a Jesús. Ahora Pilato de nuevo intentó declarar inocente a Jesús para así terminar este juicio que era una farsa. Sin embargo, es triste decirlo, pero Pilato se había convertido en parte de la misma; él sabía que Jesús era inocente. Y aun así, lo había torturado y había permitido que se mofaran de él. A él le importaba más poder controlar a la multitud de los judíos que la justicia misma.

Jesús todavía estaba vestido como un rey en una farsa, cuando Pilato lo presentó nuevamente ante la multitud. "Sepan", les insistió él, "que no encuentro ninguna culpa en él." Entonces, cuando apareció la conmovedora figura de Jesús, Pilato les anunció, "¡Este es el hombre!"

Allí estaba el hombre que ellos acusaban de querer ser rey.

Allí estaba el hombre por el que ellos estaban haciendo tanto alboroto.

Allí estaba el hombre que ellos querían que fuera ejecutado.

Estas fueron las palabras que no se dijeron: "Seguro que no vale la pena hacer todo este alboroto por él. Es inocente e inofensivo. Dejen que el pobre desdichado se vaya."

Pero los líderes judíos, como por indicación, gritaron: "¡Crucifícalo! ¡Crucifícalo!"

Pilato todavía trató de escabullirse de su dilema. "Tomadlo vosotros y crucificadlo", les gritó. "Porque yo no hallo delito en él."

Entonces los hostiles judíos revelaron la verdadera base de su insistencia en la muerte de Jesús: "Nosotros tenemos una ley y, según nuestra ley, debe morir, porque se hizo a sí mismo Hijo de Dios." Aparte de alegar que era rey, este hombre decía que era el Hijo de Dios, que era igual a Dios, y por eso insistían en que muriera.

Ellos sabían lo que Jesús decía ser, pero no lo creían. En su incredulidad, sintieron la necesidad de acabar con él.

19:8-12. Esta última manifestación de indignación asustó a Pilato más de lo que ya estaba por ser el blanco de los reclamos de la multitud. Debido a sus antecedentes paganos, él no sabía lo que debía hacer con un hombre que alegaba ser el Hijo de Dios. ¡Inocente, rey de un reino que no era terrenal, e Hijo de Dios! ¿En qué se había metido Pilato?

Pilato llevó a Jesús otra vez al palacio. Insistió en preguntarle: "¿De dónde eres tú?" Pero Jesús no le respondió. Exasperado, y resuelto a conservar su sentido de dignidad y de poder, Pilato amenazó a Jesús, diciéndole: "¿A mí no me hablas? ¿No sabes que tengo autoridad para crucificarte, y autoridad para soltarte?" Aunque era claro que Pilato había perdido el control de la situación, quería que Jesús supiera que él todavía tenía en sus manos el poder de decidir si Jesús moría o vivía.

Después de esto, Jesús habló. Le dijo a Pilato que él no tendría ningún poder sobre Jesús si no le hubiera sido dado desde lo alto. Sí, aun los gobiernos paganos y tiranos tienen el poder por la providencia de Dios. Y en última instancia, Dios usa los gobiernos para el beneficio de su reino. La jactancia de Pilato era vana, especialmente porque Jesús estaba allí por su propia voluntad.

Pilato pecó al seguir deteniendo a Jesús, que era inocente, y al someterlo por último a la crucifixión. Jesús dijo que aquel que lo había entregado a Pilato era culpable de un pecado aún mayor. Por lo visto, él se estaba refiriendo a Caifás o a Judas. ¿Quién se puede imaginar la enormidad del pecado de estos dos?

A partir de este punto, el cobarde Pilato buscó la manera de dejar libre a Jesús. Sin embargo, no hizo uso del poder que él alegaba tener para dejarlo en libertad. Los adversarios judíos le gritaron a Pilato, despiadados en su propósito de deshacerse de Jesús. Amenazaron la base misma del poder de Pilato al decir que él no era amigo del César si dejaba libre a Jesús. Cualquiera que alegara ser rey se oponía al César. Sería mejor que Pilato cumpliera con su deber, de otro modo se arriesgaría a caer en desgracia con el César.

La amenaza era real. El gobernador romano ya tenía otros problemas que hacían que su situación fuera poco firme. Los judíos podrían derrumbar el gobierno de Pilato si seguían adelante y le informaban al César acerca de esta situación.

19:13-16. Los judíos estaban obligando a Pilato a hacer algo, pero él no iba a ceder sin mostrar el desdén que sentía por ellos. Sacó nuevamente a Jesús, se sentó en el tribunal (mejor conocido como el Enlosado, o Gábata), y dijo: "Aquí tenéis a vuestro Rey". Esas palabras irritaron a los judíos, que se sintieron ofendidos ante el pensamiento de tener a Jesús como rey.

Era el viernes de la semana de la Pascua, el día de la preparación para el día sábado. Era alrededor de la hora sexta, probablemente las 6:00 a.m. de acuerdo a la hora romana. La crucifixión tuvo lugar tres horas más tarde, a las 9:00 a.m., la hora tercera según el horario judío (Marcos 15:25).

Ante las palabras de Pilato, la multitud respondió: "¡Fuera! ¡Fuera! ¡Crucifícalo!"

Por última vez Pilato les preguntó si eso era lo que ellos querían para su rey. "¡No tenemos más rey que César!", contestaron los principales de los sacerdotes. En realidad, ellos despreciaban al César, pero siguieron con su juego hipócrita hasta el final. Entonces Pilato les entregó a Jesús para que fuera crucificado.

En estos procedimientos hay una triste ironía. Pilato tenía razón en lo que decía, pero no expresaba ninguna fe en Jesús cuando lo dijo. Por otro lado, los incrédulos judíos rechazaron vigorosamente a su rey eterno.

La muerte de Jesús

Jesús es crucificado (19:17-27)

19:17-18. Todo ya estaba preparado, y los soldados se llevaron a Jesús para crucificarlo. Jesús tuvo que cargar con su propia cruz (probablemente fue sólo la viga más corta), como era costumbre. El lugar de la ejecución se llamaba Gólgota, o Gólgota, o el lugar de la Calavera. Por lo que parece, era un crestón rocoso que sobresalía de la tierra, y que tenían la forma de una calavera. (Actualmente existe una como está cerca de la antigua Jerusalén, pero en el lugar más tradicional se ha construido una iglesia, y ya no se puede ver ninguna apariencia de calavera).

En el Gólgota crucificaron a Jesús junto con los otros dos hombres, uno a cada lado de él.

19:19-22. Pilato todavía tenía algo por hacer: Si los líderes judíos querían que él ejecutara a un rey que era rival del César, entonces Jesús era rey. Escribió este letrero "Jesús Nazareno, Rey de los judíos" en tres idiomas, para que los judíos y romanos lo

Parte VII

pudieran leer por igual, e hizo que lo pusieran en la cruz. Y como el Gólgota estaba cerca de Jerusalén, muchos judíos vieron el letrero.

Eso irritó a los principales de los sacerdotes, que protestaron ante Pilatos, diciendo: "No escribas: 'Rey de los judíos', sino, 'Éste dijo: Soy rey de los judíos.' "

Pilato contestó bruscamente: "Lo que he escrito, he escrito".

Y tenía razón, aunque ni él ni estos judíos entendieran de qué manera.

19:23-24. Para los soldados romanos, esta ejecución era como las muchas otras que habían llevado a cabo en el pasado. Por lo menos esta vez tenían la oportunidad de obtener algunos despojos. Se repartieron la ropa de Jesús en cuatro partes, una parte para cada soldado. Sin embargo, la túnica que usaba bajo el manto era sin costura, había sido hecha de una sola pieza, era muy fina para cortarla en cuatro partes. Entonces acordaron echar suertes sobre ella para ver a quién se iba a quedar con ella.

Tal como nos hemos acostumbrado a esperar, Juan les estaba dando a sus lectores una información que no está en ninguno de los otros evangelios. También tenía el propósito de demostrar la manera en que todo lo que estaba sucediendo era para cumplir el plan de Dios, y hasta ciertos detalles habían sido profetizado por los escritores del Antiguo Testamento. La Palabra de Dios nos dice todo lo que necesitamos para nuestra fe y para nuestra salvación.

En este caso, los soldados paganos, sin saberlo, hicieron que se cumpliera la profecía del Salmo 22, que describe gráficamente el sufrimiento del Mesías (versículo 18). Este sorprendente detalle no deja lugar a ninguna duda acerca de la conexión con la crucifixión de Jesús.

19:25-27. Mientras los soldados todavía se estaban repartiendo la ropa de Jesús, tres mujeres que se llamaban María, entre otras, habían venido a pararse cerca de la cruz de Jesús: su madre, la esposa de Cleofas y María Magdalena (de Magdala).

Sólo aquí oímos acerca de la esposa de Cleofas, pero sabemos que Jesús había sanado a María Magdalena de varios espíritus malignos. Ellas y otras ayudaban al sostenimiento de los doce discípulos (Lucas, 8:2, 3).

Jesús vio allí a su madre y a Juan, "el discípulo a quien él amaba", que estaban cerca de él. María, que por muchos años guardaba en su corazón las maravillas del nacimiento de Jesús, estaba parada allí con el corazón deshecho, sin duda meditando otra vez en lo que estaba sucediendo.

En medio de ese sufrimiento inimaginable, Jesús hizo algo sorprendente. Allí mismo se aseguró de que alguien cuidara a su madre cuando él ya no estuviera. Sus palabras fueron sencillas y directas; le dijo a María: "Mujer, ahí tienes a tu hijo", y a Juan: "Ahí tienes a tu madre" (NVI).

Los deseos de Jesús se cumplieron. A partir de ese día Juan se llevó a María a su casa. Para los que se preguntan dónde estaban ahora los hermanos de Jesús, no lo sabemos. Sin embargo, es muy probable que en este tiempo ellos hayan seguido por su propio camino de la incredulidad (7:5).

¿Hay alguien que pueda leer esta parte del relato de Juan sin emocionarse ni derramar una lágrima? Es un episodio increíble que llega al corazón. Sin embargo, es mucho más que esto. El Hijo de Dios mismo, cuando estaba entregando su vida para pagar por nuestros pecados, todavía estaba cumpliendo de manera perfecta, y en lugar nuestro, la ley de Dios. Honró a su madre en plena obediencia al Cuarto Mandamiento. Vivió en justicia perfecta y murió como el sacrificio sin mancha. Ahora el Padre cuenta la justicia de Jesús como la nuestra, y acepta el sacrificio de Jesús como la satisfacción de la justicia que Dios exige de cada uno de nosotros.

Jesús muere (19:28–37)

19:28-29. Juan deja que sepamos por los otros evangelios más detalles acerca de los ladrones que fueron crucificados al lado de Jesús, y varios otros detalles de las horas que pasó Jesús en la cruz. En vez de hablarnos de esto, nos relata los últimos momentos de la vida de Jesús.

Jesús había cumplido con todo lo que Dios lo había enviado a hacer, incluyendo el cuidado de su madre. Él sabía que le había llegado el momento de morir. Habló una vez más, dijo lo que en el idioma griego es una sola palabra: "¡Tengo sed!".

Podemos estar seguros de que tenía sed, más sed de la que cualquiera de nosotros haya experimentado o se pueda imaginar. La sed insaciable era una de las agonías que hacían parte del sufrimiento de la crucifixión. Sin embargo, no fue precisamente la sed lo que lo llevó a hablar. Él no haría nada que disminuyera lo voluntario de su sacrificio, ni nada que hiciera que su sacrificio fuera menos que completo. Jesús habló otra vez para cumplir las Escrituras (Salmos 69:21; 22:15). A Jesús le dieron vinagre para aplacar la sed, tal como Dios lo había predicho.

19:30. Jesús dijo otra palabra que en el idioma griego es una y que en español es: "Consumado es". Suena casi como una palabra de resignación, de alivio tal vez, de que el sufrimiento estuviera llegando a su fin. Pero tenía que ser más que esto. Recuerden que Juan nos había hecho recordar que esta era la hora de Jesús, que Jesús fue a la cruz voluntariamente, que Jesús estaba allí para completar el plan de Dios para la salvación de la humanidad. Jesús no estaba diciendo que el malvado complot contra él ya había terminado, estaba diciendo que su tarea como el único Hijo del Padre celestial ya estaba cumplida.

En ese momento ya podía morir, y murió. Los que habían sido crucificados a su lado todavía estaban con vida. Por lo general, Jesús tal vez hubiera durado un poco más de tiempo con vida, pero él "entregó el espíritu". La expresión parece que le poner un signo de exclamación a lo determinado de la muerte de Jesús.

19:31-34. Durante la semana de la Pascua, al viernes que caía entre la fiesta de la Pascua que se celebraba el jueves y el sábado de la Pascua se le llamaba el día de Preparación. Todo tenía que estar exactamente cómo debía ser en preparación para ese sábado especial. A los hombres no se les podía dejar muertos y sin sepultar en el día sábado, que comenzaba al atardecer del viernes y duraba hasta el atardecer del sábado. Por eso, los líderes judíos le pidieron a Pilato que apresurara la muerte de los crucificados y que los bajaran de la cruz.

La manera de apresurar la muerte era quebrarles las piernas. Sin poder sostener el peso del cuerpo en las piernas, los crucificados se asfixiaban rápidamente, porque el cuerpo pendía sólo de sus brazos clavados.

Pilato dio la orden. Los soldados primero les quebraron las piernas a los dos ladrones que estaban a cada lado de Jesús. Pero cuando llegaron a Jesús, no necesitaron hacerlo porque él ya estaba muerto. Sin embargo, uno de los soldados, como para asegurarse doblemente o tal vez en una insensible muestra de crueldad, clavó su lanza en el costado de Jesús.

Inmediatamente brotó sangre y agua. Se ha dicho mucho acerca de esta mención de la sangre y del agua, incluso se ha dicho que esto sugiere que el corazón mismo de Jesús fue atravesado. Pero todo son puras especulaciones. Juan no dice que el significado de la sangre y el agua sea algo más que una segunda prueba de que realmente había muerto en esa cruz. En vez de eso, Juan se apresura a añadir lo que es significativo.

19:35-37. Debemos tener la seguridad de que este relato es verdadero, no sólo por lo que sabemos acerca de que el Espíritu Santo inspiró a los escritores de la Biblia, sino también porque es el relato de un testigo ocular. Juan sabía exactamente lo que había sucedido porque lo había visto. Él nos cuenta lo que vio para que nosotros podamos creer y seamos salvos.

Sin embargo, no se nos deja creer sólo porque Juan mismo nos dice que fue testigo ocular. Podemos creer el resto de las Escrituras que se estaban cumpliendo en este mismo momento. Al igual que el Cordero pascual, los huesos de Jesús no le fueron quebrados (Éxodo 12:46; Números 9:12; Salmos 34:20). Y los que lo habían crucificado miraron al que habían traspasado (Zacarías 12:10).

Jesús es sepultado (19:38-42)

19:38-42. Si nadie hubiera reclamado el cuerpo de Jesús, los soldados probablemente lo hubieran bajado de la cruz, y sin ninguna ceremonia lo hubieran arrojado a una fosa que precisamente era para los cuerpos que no habían sido reclamados después de la ejecución. Pero en vez de esto, un hombre rico (Mateo 27:57), que era un miembro respetado del consejo judío (Marcos 15:43), José de Arimatea, se acercó de manera inesperada a Pilato y le pidió el cuerpo de Jesús.

José no había estado de acuerdo con la sentencia de muerte que el consejo judío había decretado para Jesús (Lucas 23:51); tal vez ni siquiera había estado presente en el juicio. Sin embargo, hasta ahora, le había faltado el valor para identificarse como discípulo de Jesús. Por lo visto, él y Nicodemo (3:1; 7:50) compartían esta fe secreta en Jesús, pero temían las represalias si los demás se enteraban de esto.

Ahora los dos juntos dejaron al descubierto su secreto y arreglaron la manera de sepultar a Jesús. Probablemente Nicodemo también era adinerado ya que se apareció con una cantidad inusitadamente grande de mirra y áloe para prepararlo para la sepultura.

Siguiendo la costumbre judía, ellos envolvieron el cuerpo de Jesús en bandas de lino junto con las especias y lo cubrieron con un sudario (Mateo 27:59; Marcos 15:46; Lucas 23:53). El tiempo era corto, pero había una tumba nueva, que estaba destinada para el mismo José (Mateo 27:60) y estaba disponible en el huerto que se encontraba cerca del Gólgota. Y pusieron allí a Jesús.

Nuevamente Juan no nos da muchos de los detalles que ya se dicen en los otros evangelios, como las precauciones que se tomaron para conservar el cadáver (Mateo 27:62-66). Pero nos dice lo que necesitamos saber.

Cristo se le aparece a María Magdalena

Parte VIII

JESÚS RESUCITA DE ENTRE LOS MUERTOS Y FORTALECE LA FE DE SUS DISCÍPULOS (20:1–21:25)

Los seguidores de Jesús descubren que la tumba está vacía (20:1-9)

20:1-2. A la mañana siguiente después de la celebración del sábado, María Magdalena salió rumbo a la tumba de Jesús, cuando todavía estaba muy oscuro. Ella y otras mujeres (Marcos 16:1; Lucas 24:10) llegaron a la tumba llevando especias para el cuerpo, después que el sol ya había aparecido. Juan nos cuenta lo que hizo María, que cuando vio que la piedra había sido quitada del sepulcro, dejó a las otras mujeres y salió corriendo para contárselo a los hombres.

Encontró a Pedro y a Juan (aquel "al cual Jesús amaba," 13:23) y les comunicó sus temores de que el cuerpo de Jesús hubiera sido robado, ya que no lo podían encontrar.

20:3-9. Los dos hombres no perdieron ni un minuto y emprendieron una carrera para llegar a la tumba. Aunque Juan corrió rápido y llegó primero, se detuvo a la entrada, se inclinó para mirar hacia abajo, y vio que allí estaba los lienzos con los que habían sepultado a Jesús. Luego llegó Pedro, que pasó corriendo al interior de la tumba, tan impetuoso y audaz como podríamos esperar que fuera.

Ya adentro, donde Juan lo siguió después de poco tiempo, vieron las vendas de lino en las que había sido envuelto el cuerpo de Jesús. También vieron que la pieza que había envuelto la cabeza de Jesús, el sudario, estaba doblada y puesta allí separada de la otra. No era la escena que podríamos esperar, si Juan estuviera describiendo los resultados del robo de una tumba. Las cosas estaban muy en orden. ¿Y por qué los ladrones se habían tomado el tiempo de dejar doblados y en orden los envoltorios del cadáver?

Cuando Juan vio las señales, creyó. Aquí estaba la evidencia de que Jesús había resucitado precisamente como lo había predicho. Sin embargo, ninguno de los dos discípulos se dio cuenta por entero de que estaban siendo testigos del cumplimiento de las Escrituras (Salmos 16:10). Pedro, más que Juan, salió perplejo del lugar del sepulcro (Lucas 24:12).

Jesús se le aparece a María Magdalena (20:10-18)

20:10-16. María quedó atrás de Pedro y de Juan cuando salieron, y ella se demoró en llegar. Cuando estaba llorando frente a la tumba, ni siquiera se le ocurrió pensar que Jesús había resucitado. La palabra que se usa para expresar su llanto sugiere un llanto fuerte, sollozos de lamento por la pérdida sufrida. Cuando María miró hacia adentro de la tumba, vio algo que no estaba allí cuando Pedro y Juan miraron. Había dos ángeles vestidos de blanco que estaban sentados, uno a la cabecera y otro a los pies del lugar donde había estado el cuerpo de Jesús.

Como María estaba tan angustiada, no se dio cuenta del significado de la presencia de los ángeles cuando le preguntaron por qué lloraba. Ella contestó sencillamente que se habían llevado a su Señor y que no sabía dónde lo habían puesto. Pero no tuvo tiempo para pensar en quiénes eran estos dos extraños vestidos de blanco, ni de escuchar nada más de lo que ellos le dijeron, porque en ese momento se volvió y vio a Jesús.

María no reconoció a Jesús, y nosotros nos preguntamos por qué. Juan tampoco nos lo dice. Además, ella pensó que él era el jardinero encargado de mantener en buen estado el lugar de las tumbas. También sabemos que después de la resurrección otros de los seguidores de Jesús tampoco lo reconocieron inmediata-

Parte VIII

mente (Mateo 21:4; Mateo 28:17; Lucas 24:16, 37). En este caso, debe haber habido varias razones.

1 Los ojos de María veían todo borrosamente porque había estado llorando y por esto no pudo ver claramente a Jesús.

2 María no esperaba ver a Jesús. Ella pensaba que su cuerpo había sido robado.

3 Puede ser que Jesús se viera diferente de lo que los demás lo ha habían visto antes.

4 Puede ser que Jesús intencionalmente no quisiera que ella lo reconociera al principio.

Jesús le hizo a María la misma pregunta que los ángeles le habían hecho y añadió: "¿A quién buscas?" Tal vez las preguntas tenían la finalidad de calmar a María primero y luego captar su atención. La respuesta demostró que ella estaba lista a hacer cualquier cosa para recuperar el cuerpo de Jesús.

Entonces Jesús hizo que lo reconociera, llamándola sencillamente por su nombre. "María", dijo Jesús, y ella respondió inmediatamente: "Maestro". La palabra que dijo ella, "Rabuní", o Raboni, era una palabra que denotaba profundo respeto.

Así es como Jesús hoy en día llega a cada uno de nosotros. La invitación de su evangelio es una invitación personal. Cuando nos damos cuenta de lo que esto significa para nosotros, es como si él nos hubiera llamado por nuestro nombre y miráramos el rostro de nuestro Salvador resucitado.

20:17–18. Las emociones de María pasaron rápidamente de la tristeza profunda a las alturas celestiales. No sólo había encontrado el cuerpo de Jesús como ella deseaba, sino que lo había visto junto a ella y ¡vivo! Nos podemos imaginar el deseo que tenía de aferrarse a Jesús y de abrazarlo dándole la bienvenida, en anticipación al regreso del estado de las cosas tal como eran antes. Para ella debió haber sido muy difícil dejar que él se fuera.

Pero debió dejarlo ir. La muerte y la resurrección de Jesús habían cambiado la relación que existía entre ellos. Él ya no iba a andar ni a hablar con ellos de la misma manera en que lo había hecho antes. Jesús le dijo que no lo tocara porque en esta nueva relación él iba a ser su Señor que había ascendido. Ella no iba a perder a Jesús, sino que la relación iba a ser de diferente manera.

Mientras tanto, María debía correr y contarles a los hermanos esta verdad maravillosa. Jesús había llamado amigos a sus discípulos cuando los preparaba para su crucifixión (15:14, 15). Ahora había dicho que eran sus hermanos. Cuando los preparó para su ascensión, los acercó más a él. Como hermanos, ellos tenían el mismo Padre: ellos por medio de su fe en él, y él por naturaleza. Ellos compartían la misma herencia de la vida eterna en la presencia del Padre. Jesús iba a regresar a estar con Dios: el Dios con quien Jesús también había estado desde el principio (1:1, 2). Sin embargo, Jesús en su naturaleza humana, decía que el Padre era su Dios.

Dios había cumplido las promesas que les había hecho a sus discípulos.

María mostró un entusiasmo como el que nos hemos acostumbrado a esperar de Pedro. Ella no perdió ni un momento, sino que fue a los discípulos y les dijo: "¡He visto al Señor!" (NVI). Hacemos bien en seguir el ejemplo de su entusiasmo para contarles a otros acerca del Salvador resucitado.

Jesús se les aparece a sus discípulos (20:19-23)

20:19-23. Esa mañana, las otras mujeres también vieron a Jesús (Mateo 28:9, 10) y agregaron su testimonio al de María Magdalena. Sin embargo, los apóstoles, excepto por la fe que Juan sintió en la tumba (versículo 8), permanecieron escépticos, es decir incrédulos (Lucas 24:10, 11). Ellos probablemente pensaron: "¿Quién sabe lo que en verdad habrán visto estas mujeres nerviosas?"

Así que en un estado mental de confusión y de temor, diez de los apóstoles, probablemente con otros discípulos, se reunieron esa noche tras las puertas cerradas. Después de lo que los líderes judíos le habían hecho a Jesús, y con el cuerpo de Jesús que no aparecía, ahora estaban preocupados de que esos mismos judíos se volvieran contra ellos. Temían por su seguridad.

Pero hubo uno a quien las puertas cerradas no lo detuvieron: a Jesús resucitado. No sabemos mucho acerca de su cuerpo resucitado, pero sí sabemos que había abandonado una tumba sellada donde había dejado intactas las vestiduras fúnebres y que se apareció adentro de un recinto que había sido cerrado con llave.

Jesús saludó a los discípulos con el típico saludo hebreo: "¡La paz sea con ustedes!" (NVI). Pero en los labios del Salvador resucitado había mucho más que un deseo superficial. Él les trajo la paz que el mundo no puede dar (14:27), la paz que los iba a sostener a través de todas las dificultades terrenales (16:33). Todo discípulo todavía puede leer y aplicar este saludo de manera personal. Jesús también nos dice a nosotros: "¡La paz sea con ustedes!"

En su temor los discípulos reaccionaron como si estuvieran viendo un fantasma (vea Lucas 24:37-39). Pero el cuerpo resucitado de Jesús todavía tenía las marcas de los clavos y de la lanza, que le habían sido hechas en la crucifixión; y Jesús se las enseñó a sus discípulos para borrar las dudas que todavía les quedaban. Ellos se regocijaron. ¿Quién se puede imaginar esta alegría? ¿Quién puede producir esta escena? Era el Señor, ¡vivo!

Jesús les dio nuevamente la paz y les encargó que llevaran a cabo su trabajo. En los 40 días que faltaban, y que incluían su ascensión, Jesús preparó a sus seguidores para que extendieran su iglesia. Y aunque él había reservado un derramamiento especial del Espíritu Santo sobre ellos para el día de Pentecostés, aquí también les dio el Espíritu para que los ayudara en su misión.

Jesús envía a sus seguidores al mundo así como el Padre lo había enviado a él, para llevar su salvación (17:18). Jesús había obtenido esta salvación para nosotros, y en su resurrección nos la aseguró. Hablamos de ella y difundimos su paz.

La clave para la misión de los discípulos era el perdón de los pecados, y con el don del Espíritu Santo, Jesús les dio la autoridad y el poder de perdonar los pecados. Esta verdad sigue siendo el centro mismo del cristianismo. Por medio de su muerte, Jesús ganó el perdón para todos. Sin embargo, muchos se negarán a arrepentirse de sus pecados y rechazarán el perdón. Otros se arrepentirán y buscarán la seguridad de que en verdad son perdonados. Fue de esta manera que Jesús le extendió a la iglesia su autoridad para perdonar a los pecadores que se arrepienten, y de no perdonar a los que no se arrepienten de sus pecados.

A esta autoridad la iglesia la llama el ministerio de las llaves, porque esta acción puede cerrar o abrir el camino a la vida eterna. Funciona porque Jesús llevó a cabo su obra y les dio a sus discípulos la autoridad. La iglesia la lleva a cabo en el nombre de Jesús. Y nosotros creemos y vivimos.

Jesús se le aparece a Tomás (20:24-31)

20:24-25. Uno de los doce discípulos, Tomás, llamado Dídimo (el Mellizo) (11:16), no estaba presente cuando Jesús se les apareció la noche del Domingo de Pascua. Cuando los otros le dijeron: "¡Hemos visto al Señor!", Tomás no lo creyó; exigió una prueba, no sólo una prueba visible (tal vez ellos había visto un fantasma), sino una prueba física. Él quería examinar las heridas reveladoras en las manos y en el costado de Jesús antes de creer.

Sentimos una sacudida ante la duda de Tomás. Jesús había predicho su muerte y su resurrección. Ahora los amigos más cercanos de Tomás y los discípulos más cercanos de Jesús habían confirmado el hecho de la resurrección. Sin embargo, Tomás no estaba convencido. Pero, ¿era muy diferente a los otros? El ejemplo de Tomás nos muestra cuan imposible es para los seres humanos creer por sí mismos que Jesús en verdad resucitó corporalmente de entre los muertos. No obstante, la insistencia de Tomás en que debía recibir una prueba creó una demostración convincente también para nosotros.

20:26-29. Una semana después los discípulos estaban reunidos otra vez tras las puertas cerradas. En esta oportunidad

Tomás estaba con ellos. Nuevamente Jesús se apareció en medio de ellos y les deseó la paz. Entonces se volvió hacia Tomás y presentó delante sus ojos la prueba exacta que Tomás había exigido, le dijo: "Pon aquí tu dedo y mira mis manos; acerca tu mano y métela en mi costado; y no seas incrédulo, sino creyente."

Tomás no tuvo que examinar nada. Confesó su fe en Jesús: "¡Señor mío y Dios mío!"

Una vez más, para los que piensan que Jesús no reclamó ser Dios, la Palabra de Dios es clara. Tomás confesó a Jesús como su Señor y su Dios, y Jesús lo aceptó como la verdad que toda la gente está invitada a creer.

Jesús había satisfecho la necesidad que tenía Tomás de verlo. Pero este privilegio no iba a estar disponible para la mayor parte de la gente. Después de la ascensión, sólo el apóstol Pablo, por medio de una visión especial, pudo afirmar que había visto directamente a Jesús. Otros, sin ninguna oportunidad de ver a Jesús, todavía serían llamados a la fe y recibirían las bendiciones de Dios en él.

La incredulidad de Tomás

Jesús obra la fe por medio de su Palabra y mediante el Espíritu Santo. Y nosotros que "no hemos visto, y sin embargo, hemos creído" somos verdaderamente bendecidos.

20:30-31. Con la resurrección de Jesús, el evangelio de Juan llega a su punto culminante. No trató de escribir todo lo que hizo Jesús y que fue significativo mientras estuvo con sus discípulos, pero todo lo que escribió tiene un propósito para la vida de sus lectores. No trató de impresionarnos con los milagros de Jesús, no los llamó milagros. Fueron "señales". Las señales apuntan o señalan hacia algo, a alguien que está más allá de nosotros mismos: al Hijo de Dios, al Mesías (Cristo) prometido, nuestro Salvador. Nos dan la vida eterna.

Así que el tema del evangelio de Juan está sintetizado en el versículo 31. Juan escribió estas cosas por inspiración del Espíritu Santo para que nosotros podamos creer que Jesús es el Cristo, el Hijo de Dios, y que al creer podamos tener vida en su nombre. Lo que hemos leído en este evangelio fortalece nuestra fe y asegura para siempre nuestra vida en Jesús.

Jesús se les aparece y ocasiona una pesca milagrosa (21:1-14)

21:1-3. Después de haberse mostrado vivo a los discípulos, Jesús vino y se fue cierto número de veces durante los 40 días hasta su ascensión. Aprovechó estas oportunidades para preparar a sus discípulos para que llevaran a cabo su obra después de la ascensión.

Juan nos habló de una aparición más, un epílogo importante a la negación de Simón Pedro, antes de terminar su evangelio. Durante ese tiempo los discípulos volvieron parcialmente a algunas de sus antiguas actividades.

En esta ocasión, siete de los discípulos salieron a pescar en el mar de Tiberias (Galilea). Pedro fue el de la idea, y los otros no necesitaron que los presionara para unírsele. Salieron en una barca para una noche habitual de pesca, pero no pescaron nada. La escena había sido dispuesta de manera similar al tiempo del inicio del ministerio de Jesús, cuando llamó a Pedro (junto con Santiago y con Juan), a que lo siguieran (Lucas 5:1-11). Jesús les iba a proveer el pescado y también iba a usar esta oportunidad para hacer que la atención de ellos se concentrara en él y en su ministerio.

21:4-7. Temprano por la mañana Jesús vino y se puso de pie en la playa. Una vez más, no lo reconocieron de inmediato, pero eso podría haber sido debido a la nublada luz del amanecer y a la distancia que había entre él y los discípulos.

La manera como Jesús los llamó fue muy similar a la de un pescador cuando llama a otro: "Oigan muchachos, ¿han pescado

Parte VIII

algo para comer?" Ellos contestaron: "No", pero todavía no se habían dado cuenta que era Jesús.

Cuando Jesús les dijo que echaran la red a la derecha de la barca, lo hicieron sin pensar mucho en quien les estaba diciendo que lo hicieran. Pero cuando vieron que la pesca fue tan grande que casi no podían subirla a la barca, volvieron su atención a Jesús. Juan, probablemente recordando la pesca que hicieron cuando comenzaron a seguir a Jesús (Lucas 5:1-11), le dijo a Pedro: "¡Es el Señor!"

21:8-14. Como de costumbre, Pedro reaccionó de inmediato y de una manera impetuosa cuando oyó que era Jesús, se ciñó la ropa para tenerla puesta cuando alcanzara a Jesús. Entonces abandonó la barca y el pescado y se lanzó al agua a nadar hacia la playa antes que los demás. Los otros lo siguieron en la barca, arrastrando con ellos la red que estaba llena de peces, aproximadamente a ochenta metros de la orilla.

Cuando los siete discípulos llegaron a la orilla, vieron que el desayuno ya se estaba cocinando. Eran un pescado sobre las brasas y pan para acompañarlo. Parece que se sorprendieron de ver que el pescado se estaba asando, aunque nadie preguntó dónde lo había conseguido Jesús. En vez de esto, Jesús les dijo que trajeran algo del pescado que acababan de acoger.

Pedro, rápido como siempre para obedecer al Señor, se subió a la barca para sacar la red que estaba llena de peces. Aunque la red era muy pesada para que la barca la recogiera, Pedro se las arregló con la ayuda de los otros para arrastrarla a la playa. Estaba repleta y contenía 153 peces grandes; pero no se rompió, a diferencia de la red de la pesca milagrosa que había ocurrido al principio del ministerio de Jesús (Lucas 5:6). Parece que el número de peces no tiene ningún significado especial distinto del de recalcar la cantidad de lo que pescaron, como nos lo dice (¡nos lo cuenta!) el escritor de este evangelio, que fue testigo presencial de lo que sucedió.

Imagínense cómo se debieron sentir los discípulos cuando Jesús los invitó a desayunar con él. Ellos sabían que era Jesús, pero desde que había muerto, esta era sólo la tercera vez que se les aparecía a ellos como grupo. ¿Cómo era posible que ellos temieran, cuando lo que querían era preguntarle: "¿verdaderamente eres tú, Jesús?' " Pero se callaron porque sabían que era él.

Entonces Jesús les sirvió el pan y el pescado de desayuno.

Jesús reintegra a Pedro (21:15-25)

21:15-17. En esta aparición, Jesús tenía en mente un plan para Simón Pedro. Pedro le había jurado a Jesús una lealtad que era más grande que la vida misma (13:37; Lucas 22:33). Pedro se había jactado de que tenía un amor tan profundo por su maestro, que si él fuera el único discípulo que le quedara a Jesús, nunca lo abandonaría ni se descarriaría (Mateo 26:33; Marcos 14:29). Después, esa misma noche, Pedro negó tres veces a su Señor. Cada vez su negación fue más enfática que la anterior.

Era el tiempo de reintegrar a Pedro y de darle instrucciones. Jesús le habló tres veces a Pedro, haciendo así un paralelo con sus tres negaciones. Se dirigió a Pedro como Simón, el hijo de Jonás, no como Pedro (que significa "roca", vea 1:42); aquí, lo importante no era que Pedro fuera como una roca.

La primera vez, Jesús le preguntó a Simón Pedro: "¿Me amas más que estos?" Ésta era la prueba. ¿Qué iba a decir ahora Pedro acerca de su amor por Jesús? Jesús usó la palabra griega para el tipo de amor que encontramos en Dios de cuando Jesús le habló a Nicodemo *(ágape, 3:16). The New International Version* (en inglés) refleja este amor que se caracteriza por su determinación, y por estar dispuesto siempre al sacrificio, con la palabra "verdaderamente". "¿Verdaderamente me amas?"

La frase "más que estos" puede tener por lo menos tres significados:

1. "¿Me amas más de lo que estos otros discípulos me aman?"
2. "¿Me amas más de lo que amas a estos otros?

Parte VIII

3 "¿Me amas más de lo que tú amas estas otras cosas [es decir, pescar y todo lo que acompaña a esta actividad]?"

El primer significado parece ser el más probable, en vista de las jactancias anteriores de Pedro de que los otros podrían flaquear en la fe, pero que él nunca lo haría.

Pero esta vez Pedro era un hombre mucho más humilde y ya no era tan impulsivo en la afirmación del amor que le profesaba al Señor; le respondió sencillamente: "Sí, Señor; tú sabes que te quiero." Él ya no quería ni podía compararse con los otros; la palabra que usó para expresar su amor no fue la misma que usó Jesús, sino una palabra que significaba algo así como "Considero que eres un amigo querido en quien puedo confiar". No afirmó esto por su propia cuenta, sino que sencillamente dijo lo que Jesús sabía que había en su corazón.

Jesús le respondió: "Apacienta mis corderos." Le dio a Pedro una orden permanente de para que se ocupe del trabajo de alimentar a los corderos. En el idioma griego la palabra "apacienta" se puede traducir como "alimenta continuamente".

Como lo registra el evangelio de Juan, Jesús usaba con frecuencia situaciones de la vida diaria para ilustrar las verdades espirituales. Esta alimentación se refería al alimento espiritual, a guiar a los corderos a la Palabra de Jesús y a los sacramentos. De esa manera, los corderos podían crecer en la fe para la vida eterna.

Muchos lectores suponen que aquí "corderos" significa "niños". Es una suposición justa, porque Jesús escoge sus palabras deliberadamente y luego continúa, como por contraste, con el cuidado de las "ovejas". Los corderos significan los niños; y las ovejas los adultos.

"Corderos" también podría ser una manera de hablar de todos los cristianos, y especialmente de los que son nuevos en la fe. Por ejemplo, Juan, en su primera carta se refiere repetidamente a sus lectores como "hijitos míos".

La segunda vez, Jesús le hizo la misma pregunta a Pedro pero omitió la comparación "más que estos". Pedro también contestó de la misma manera. No se jactó. No puso ninguna objeción. Sencillamente dependió del conocimiento que tenía Jesús del amor que había en el corazón de Pedro hacia su Señor.

Esta vez Jesús le contestó: "Pastorea mis ovejas". Si la palabra "ovejas" debía añadir más significado que la palabra "corderos", la orden de "pastorear" claramente tiene un significado más amplio que el mandato de "apacentar" que significa alimentar. Pedro no sólo debía alimentar al rebaño, sino que lo tenía que cuidar y ser un verdadero pastor para él. Además del alimento, esto implicaba guía, protección, consuelo; y desde entonces esa se ha convertido en una orden no sólo para Pedro sino para todos los pastores y maestros del rebaño.

La tercera vez que Jesús le hizo la pregunta a Pedro, cambió la palabra griega para "amor" (*ágape*) que usó en las dos anteriores, y la cambió por la que Pedro había usado. Es como si Jesús le hubiera dicho: "Está bien, Simón, no insistiré en un amor auténtico, divino, de sacrificio. ¿Me consideras como a un amigo querido, tal como dices?"

Pedro se entristeció cuando oyó que Jesús le hacía la misma pregunta una vez más. Sólo podemos adivinar lo que pasó por el pensamiento de Pedro. Era muy difícil que a él se le olvidara que había negado a Jesús, y probablemente parte de la tristeza que expresaba ahora era el dolor de su pecado. Otra cosa es que también le debió doler que Jesús le preguntara acerca de su amor por él, como si el amor que Pedro sentía por él tal vez no fuera auténtico.

Aun así, Pedro permaneció humilde y fiel, no se jactó de su integridad ni tampoco sugirió que podría superar con éxito alguna prueba a su amor por parte de Jesús. En vez de hacer eso, apeló al conocimiento que Jesús tenía de él como su Dios y su Señor. Pedro insistió en que Jesús ya sabía la respuesta a su propia pregunta.

Una vez más, Jesús le encomendó: "Apacienta ['continúa alimentando'] mis ovejas ['mis ovejitas']".

Imagine lo que cualquiera de nosotros le podría haber dicho a Pedro en circunstancias similares: algo así como "No puedo

Parte VIII

creer en tu amor, ni puedo confiar en que tú trabajes otra vez para mí, después de la manera en que me has negado". En vez de hacer eso, Jesús, con perdón y con amor, dirigió al vil y arrepentido pecador, para que se convirtiera en líder de su pueblo.

De la misma manera Jesús quiere que nosotros trabajemos para él.

21:18–19. Por última vez en este evangelio, oímos que Jesús insiste en la solemne verdad de sus palabras: "De cierto, de cierto ['amén, amen']". Jesús ya había cumplido el propósito que tenía para Pedro y lo reintegró a su cargo de ser pastor del rebaño de Jesús. Pedro ya estaba listo para oír lo que iba a suceder mientras llevara a cabo la petición de Jesús.

Usando un lenguaje descriptivo, Jesús le dijo a Pedro que iba a llegar a una edad avanzada, pero que entonces será llevado por la fuerza, les extenderán los brazos y será llevado contra su voluntad. Le estaba diciendo a Pedro la manera en que iba a morir por su fe. Por lo común, se interpreta esta descripción como la predicción de que iba a morir como un mártir por crucifixión, precisamente como murió Jesús. Según la tradición, Pedro fue crucificado cabeza abajo.

Aunque sólo imaginarse esa forma de morir suene horripilante y depresivo, para Pedro iba a ser el acto final con el que le daría gloria a Dios. Por su fe, Pedro tuvo la vida eterna. Por su fe, Pedro les llevó la Palabra de Dios a las gentes y, como pastor de Dios, las cuidó. Por su fe, Pedro dio el mayor de todos los testimonios para la gloria de Dios al morir como un mártir y al entrar en la casa de gloria del Padre.

Después de cumplir con su propósito, Jesús le dijo a Pedro: "Sígueme". Al comienzo de su ministerio, Jesús ya le había dicho las mismas palabras a Pedro (Mateo 4:19). En esa ocasión, Pedro literalmente caminó con Jesús y aprendió lo que él le enseñó día tras día. Pero ahora Jesús había resucitado de los muertos y sólo se apareció ante sus discípulos de vez en cuando. Pronto iba a ascender al cielo.

La expresión "¡Sígueme!" esta vez tenía un significado adicional; significaba permanecer fiel a la palabra de Jesús y continuar enseñándola, permanecer fiel aún hasta la muerte de mártir para la gloria de Dios. "¡Sígueme!" significaba la esperanza segura de reunirse nuevamente con Jesús en el cielo.

21:20-23. Parece que Jesús y Pedro se habían alejado del grupo caminando, para poder conversar. Ahora Pedro miró a su alrededor y vio que Juan los estaba siguiendo. Pedro y Juan eran muy unidos como amigos y, con Santiago, habían compartido el papel de liderazgo entre los discípulos. Fue por esto que Pedro le preguntó a Jesús si Juan también iba a glorificar a Dios con el martirio: "Señor, ¿y qué de este?"

Pedro no recibió la respuesta que esperaba. En vez de eso, Jesús le dijo que no se preocupara por el futuro de Juan, sino por el suyo. Si Jesús quería que Juan permaneciera vivo hasta su segunda venida, eso no iba a afectar a Pedro. Pedro tenía que dar cuenta sólo de sí mismo. Tenía que perseverar siguiendo a Jesús hasta el final.

Cuando los otros se enteraron de las palabras de Jesús, las malinterpretaron y entendieron que Jesús había dicho que Juan no iba a morir hasta que él regresara. Pero Jesús sólo dijo: "Si quiero que él quede hasta que yo vuelva, ¿qué a ti?

Todo discípulo hace el mayor bien al llevar a cabo fielmente su propio servicio a Jesús, sin vigilar lo que otros están haciendo.

21:24-25. Como ya lo hemos dado a entender, el discípulo a quien Jesús amaba y a quien identificamos como Juan es el que escribió este evangelio. Podemos confiar en su testimonio.

La expresión "[nosotros] sabemos que su testimonio es verdadero" nos lleva a creer que fueron otros, y no Juan, los que escribieron este final. Tal vez fueron contemporáneos y amigos que le ayudaron a Juan a publicar su evangelio. Sin embargo, no podemos descartar que Juan, que se refería a sí mismo en la tercera persona cada vez que aparecía en la narración, al final también podría haber decidido no llamar la atención y por eso se

Parte VIII

expresa en plural (al que también se le llama el "nosotros" del editor).

Finalmente, la persona que escribe estos últimos versículos hizo énfasis en lo que Juan había dicho anteriormente (20:30): que sólo una parte, una parte pequeña, de lo que Jesús había hecho fue lo que quedó registrado para nosotros. Juan nos contó lo que Dios quería que supiéramos, eso es todo lo que necesitamos para nuestra salvación.

Creemos y vivimos.

Bibliografía

Agreda Quiróz, Alcira. *El protagonismo de María Magdalena en Jn 20, 11-18*. San José, Costa Rica: Seminario Bíblico Latinoamericano, 1996. Tesis de Licenciatura.

Arens, Eduardo. *Asia Menor en tiempos de Pablo, Lucas y Juan. Aspectos sociales y económicos para la comprensión del Nuevo Testamento*. Córdoba: Almendro, 1995.

Blank, Josef. *El evangelio según San Juan*. Barcelona: Herder, 1991, 2da. Edición revisada.

Boismard, M. E. *El prólogo de san Juan*. Madrid: Fax, 1970.

Bonnet, Luis y Alfredo Schroeder. *Comentario del Nuevo Testamento. Vol. 2: Juan y Hechos*. Buenos Aires: Editorial Evangélica Bautista, 1955.

Bornkamm, Günther. *Estudios sobre el Nuevo Testamento*. Salamanca: Sígueme, 1983.

Brown, Raymond. *El Evangelio según Juan*. Madrid: Cristiandad, 1979. Dos volúmenes.

──────. *La comunidad del discípulo amado. Estudio de la eclesiología juánica*. Salamanca: Sígueme, 1999. 5ta. Edición.

──────. Evangelio según Juan, en R. Brown. *Introducción al Nuevo Testamento. Vol 1: Cuestiones preliminares, evangelios y obras conexas*. Madrid: Trotta, 2002, pp. 443-502.

Bussche, Henri van den. *El evangelio según San Juan*. Madrid: Studium, 1972.

Caicedo Narváez, Roberto. *Exégesis de Juan 2.13-22. Una lectura desde el conflicto social*. San José, Costa Rica: Universidad Bíblica Latinoamericana, 1999. Tesis de Licenciatura.

---

pp. Páginas

Cárdenas Pallares, José. *Jesús, la luz que ilumina y que pone en evidencia*, en RIBLA 17, San José, Costa Riva: DEI, 1994, pp. 47-56.

Castro, Secundino. *Evangelio de Juan. Comprensión exegético-existencial*. Madrid: Universidad Pontificia Comillas, 2001.

Cassidy, Richard. *John's Gospel in New Perspective. Christology and the Realities of Roman Power*. New York: Orbis Books, 1992.

Cervantes Gabarrón, José. *Sinopsis bilingüe de los tres primeros Evangelios con los paralelos del Evangelio de Juan*. Estella, Navarra: Verbo Divino, 1999.

Comblin, Joseph. *El enviado del Padre. Jesús y el creyente en el Evangelio de Juan*. Santander: Sal Terrae, 1977.

Croatto, José Severino. *Jesús a la luz de las tradiciones del Éxodo (La oposición Moisés/Jesús en Jn. 6)*, en RIBLA 17, San José, Costa Rica: DEI, 1994, pp. 35-46.

Cullmann, Oscar. La oposición contra el templo de Jerusalén, motivo común de la teología juánica y del medio ambiente, en O. Cullmann. *Del evangelio a la formación de la teología cristiana*. Salamanca: Sígueme, 1972, pp. 41-66.

Destro, Adriana y Mauro Pesce. *Cómo nació el cristianismo juánico. Antropología y exégesis del Evangelio de Juan*. Santander: Sal Terrae, 2000.

Dodd, Charles. *Interpretación del cuarto evangelio*. Madrid: Cristiandad, 1978.

—————. *La tradición histórica en el cuarto evangelio*. Madrid: Cristiandad, 1979.

---

pp. Páginas

pp. Páginas

pp. Páginas

Bibliografía

Dorado, Guillermo G. *Moral y existencias cristianas en el IV Evangelio y en las cartas de Juan*. Madrid: PS, 1989.

Ernst, Josef. *Juan, retrato teológico*. Barcelona: Herder, 1992.

Estévez, Elisa. "La mujer en la tradición del Discípulo Amado", en RIBLA 17, San José, Costa Rica: DEI, 1994, pp. 87-98.

García Moreno, Luisa Amanda. *Mujer y autoestima. Una relectura del texto de la Samaritana, según Juan 4, 1-44*. San José, Costa Rica: Seminario Bíblico Latinoamericano, 1997. Tesis de Licenciatura.

Gómez Estrada, Aleyda. *Mujer, nueva creación. Relectura teológica de la espiritualidad de la mujer desde la perspectiva del cuarto evangelio*. San José, Costa Rica: Seminario Bíblico Latinoamericano, 1997. Tesis de Maestría.

Hengel, Martin. *The Johannine Question*. London: SCM Press, 1989.

Hinkelammert, Franz. *El grito del sujeto. Del teatro-mundo del evangelio de Juan al perro-mundo de la globalización*. San José, Costa Rica: DEI, 1998.

Jaubert, Annie. *El evangelio según san Juan*. Cuadernos Bíblicos 17. Estella, Navarra: Verbo Divino, 2004.

Karris, Robert. *Jesus and the Marginalized in John's Gospel*. Minnesota: Liturgical Press, 1990.

Käsemann, Ernst. *El testamento de Jesús. El lugar histórico del Evangelio de Juan*. Salamanca: Sígueme, 1983.

Konings, Johan. "Mi Reino no es de este mundo": ¿De qué se trata?, en RIBLA 17, San José, Costa Rica: DEI, 1994, pp. 71-86.

Köster, Helmut. *Introducción al Nuevo Testamento. Historia, cultura y religión en la época helenística e historia y literatura del cristianismo primitivo*. Salamanca: Sígueme, 1988.

---

pp. Páginas

pp. Páginas

León-Dufour, Xavier. *Lectura del Evangelio de Juan*. Salamanca: Sígueme, 2000. 3ra. Edición. Tres volúmenes.

Manson, T.W. *Cristo en la teología de Pablo y Juan*. Madrid: Cristiandad, 1975.

Martín-Moreno, Juan Manuel. *Personajes del cuarto evangelio*. Bilbao: Desclée de Brouwer, 2002.

Martyn, Louis. *History and Theology in the Fourth Gospel*. Nashville: Parthenon Press, 1979.

──────. *The Gospel of John in Christian History*. New York: Paulist Press, 1979.

Mateos, Juan y Juan Barreto. *Vocabulario teológico del Evangelio de Juan*. Madrid: Cristiandad, 1980.

──────. *El evangelio de Juan. Análisis lingüístico y comentario exegético*. Madrid: Cristiandad, 1982. 2da. Edición.

Matzigkeit, Wesley. *Un paralelo de los evangelios sinópticos con referencias a Juan*. México: Casa Unida de Publicaciones, 1958.

Mena Oreamuno, Francisco. *El evangelio de Juan*. San José, Costa Rica: Universidad Bíblica Latinoamericana, 1998. Curso de lecturas.

Meyer, Frederick Brotherton. *Exposiciones de Juan I-XII. La vida y la luz de los hombres*. El Paso, Texas: Casa Bautista de Publicaciones, 1949.

Neyrey, Jerome. "My Lord and My God": The Divinity of Jesús in John's Gospel, en Seminars Papers SBL. Atlanta: Scholars Press, 1986, pp. 152-171.

Panimolle, Salvatore. Tradición y redacción en Jn 1-12, en Rinaldo Fabris (Ed.). *Problemas y perspectivas de las ciencias bíblicas*. Salamanca: Sígueme, 1983, pp. 273-300.

---

pp. Páginas

pp. Páginas

Bibliografía

Pertuz Güette, Maribel. *Discipulado y amistad. Una estrategia de solidaridad para tiempos difíciles: Juan 11: 1-45.* San José, Costa Rica: Universidad Bíblica Latinoamericana, 1999. Tesis de Licenciatura.

Pietrantonio, Ricardo. *El Mesías asesinado. El Mesías ben Efraim en el Evangelio de San Juan.* Buenos Aires: Pontificia Universidad Católica, 1981. Tesis de Doctorado.

Poffet, Jean-Michel. *Jesús y la samaritana: (Juan 4, 1-42).* Estella, Navarra: Verbo Divino, 1999.

Pongutá H., Silvestre. *El evangelio según San Juan. Cartas de San Juan. Una presentación.* Caracas: Asociación Bíblica Salesiana, 1994.

Quispe Aguirre, Richard. *El Espíritu y la vida en el Evangelio de Juan y en la espiritualidad aymara. Análisis exegético de Juan 4.4-26.* San José, Costa Rica: Universidad Bíblica Latinoamericana, 2001. Tesis de Licenciatura.

Rensberger, David. *Johannine Faith and Liberating Community.* Philadelphia: The Westminster Press, 1988.

Richard, Pablo. Claves para una re-lectura histórica y liberadora (cuarto Evangelio y cartas), en RIBLA 17, San José, Costa Rica: DEI, 1994, pp. 7-34.

Rubeaux, Francisco. El libro de la comunidad (Juan 13-17), en RIBLA 17, San José, Costa Rica: DEI, 1994, pp. 57-70.

Sabugal, Santos. *Investigación exegética sobre la cristología joannea.* Barcelona: Herder, 1972.

Hugo Zorrilla y Daniel Chiquete, Evangelio de Juan, Comentario para Exegésis y Traducción (Miami, FL: Sociedades Bíblicas Unidas, 2008), 645–650.

Santos, Hugo N. *Así no sana Jesús. Una lectura pastoral de Juan 7:53, 8:11.* Buenos Aires: ISEDET, 1970.

---

pp. Páginas

pp. Páginas

Schnackenburg, Rudolf. *El evangelio según San Juan*. Barcelona: Herder, 1980-1987.

Theissen, Gerd. Política eclesial en el evangelio de Juan, en G. Theissen. *La redacción de los evangelios y la política eclesial. Un enfoque socio-retórico.* Estella: Verbo Divino, 2002, pp. 135-170.

Tuñí Vancells, Josep-Oriol. *El testimonio del evangelio de Juan.* Salamanca: Sígueme, 1983.

—————. *Jesús y el evangelio en la comunidad juánica.* Salamanca: Sígueme, 1987.

—————. *Escritos joánicos y cartas católicas.* Estella, Navarra: Verbo Divino, 2005. 7ma. Edición.

Vidal, Senén. *Los escritos originales de la comunidad del discípulo «amigo» de Jesús. El evangelio y las cartas de Juan.* Salamanca: Sígueme, 1997.

Vidales Pérez, Rosalía. *He visto al Señor. La resurrección: un anuncio a personas excluidas, Jn 20,1-2.11-18.* San José, Costa Rica: Universidad Bíblica Latinoamericana, 1999. Tesis de Licenciatura.

Vielhauer, Philipp. El círculo juánico, en Ph. Vielhauer. *Historia de la literatura cristiana primitiva. Introducción al nuevo testamento, los apócrifos y los padres apostólicos.* Salamanca: Sígueme, 1991, pp. 427-498.

Wengst, Klaus. *Interpretación del evangelio de Juan.* Salamanca: Sígueme, 1988.

Woll, Bruce. *Johannine Christianity in Conflict. Authority, Rank, and Sucesión in the First Farewell Discourse.* Chico: Scholars Press, 1981.

Zorrilla, Hugo. *La fiesta de liberación de los oprimidos. Relectura de Jn. 7,1-10.* San José, Costa Rica: SEBILA, 1981.

---

pp. Páginas

pp. Páginas

—————. La comprensión de Jesús en la comunidad de Juan, en: H. Zorrilla. *Lenguaje y pensamiento del Nuevo Testamento. Comprensión de la palabra de Dios encarnada en la historia humana.* Guatemala: SEMILLA, 1991, pp. 241-268.

APÉNDICE

Cree en Jesús y vive para siempre

Jesús fue enviado por Dios el Padre

Jesús y el Padre son uno.

Debemos aferrarnos a la Palabra de Jesús

Jesús vino para ofrecer su vida como sacrificio.

---

pp. Páginas

Jesús trae la luz al mundo[1]

Reflexión bíblica y pastoral

Como hemos mencionado, esta última sección del libro recupera el equilibrio entre Pedro y el discípulo amado respecto al protagonismo y peso simbólico. Parece ser que también se escribió para aclarar ciertas leyendas en boga entre las comunidades juaninas respecto a que el discípulo amado no habría de morir. Al mismo tiempo el autor de este capítulo se identifica con este enigmático personaje, calificándose como miembro de un grupo que avala este escrito testificando a favor del discípulo amado. La afirmación "sabemos que su testimonio es verdadero" (v. 24) seguramente fue muy importante en las iglesias juaninas, donde la tradición en torno al discípulo amado estaba sostenida por el testimonio comunitario y por una experiencia de fe muy intensa.

Este último redactor del evangelio cierra su obra con una afirmación tan bella como hiperbólica: "Y hay también otras muchas cosas que hizo Jesús, las cuales si se escribieran una por

---

[1] Gary P. Baumler, *Juan*, ed. John Braun, Armin J. Panning, y Curtis A. Jahn, La Biblia Popular (Milwaukee, WI: Editorial Northwestern, 1999), 1–302.

v. Versículo

una, pienso que ni aún en el mundo cabrían los libros que se habrían de escribir" (v. 25). Esta linda y un tanto ingenua afirmación probablemente fue motivada por el impacto que Jesús y su obra habían ejercido en este escritor y las comunidades por él representadas. Tal vez para él no es la cantidad de obras de Jesús las que ameritan una biblioteca del tamaño del mundo, sino la calidad y el poder apelativo que contienen. Y aunque esas obras no llenan bibliotecas del tamaño del mundo, ciertamente que la literatura en torno al evangelio de Juan sí llena muchos estantes de muchas grandes bibliotecas en muchas partes del mundo. Y es que la fascinación y el encanto de este viejo y enigmático libro no han perdido nada de su fuerza y cada vez somos más los creyentes y los estudiosos que queremos participar en la ardua tarea de desentrañar sus misterios y ponerlos al servicio de la fe cristiana y de la vida de las iglesias. Confiamos que con esta obra nosotros también hemos hecho un modesto aporte a estos esfuerzos.

---

v. Versículo

Made in the USA
Monee, IL
05 August 2023